# Le ketchup & le gratin

Histoire(s) parallèle(s)
des habitudes alimentaires
françaises et américaines

© Éditions Assouline
26-28, rue Danielle-Casanova, Paris 75002 France
Tél. : 01 42 60 33 84   Fax : 01 42 60 33 85
Accès Internet : www.assouline.com

Suivi éditorial : Emmanuelle Bigot

Dépôt légal : 1er semestre 1999
Tous droits réservés
ISBN : 2 84323 133 7

Toute reproduction, même partielle,
de cet ouvrage est interdite
sans l'autorisation préalable de l'éditeur.

Achevé d'imprimer : avril 1999

MAURICE BENSOUSSAN

# Le ketchup & le gratin

Histoire(s) parallèle(s) des habitudes alimentaires françaises et américaines

EDITIONS ASSOULINE

*À mes petites-filles, Sarah, parce qu'elle aime goûter ce qui est nouveau, et Mathilde, parce qu'elle préfère manger ce qu'elle connaît bien.*

## Sommaire

|      | Avertissement | *9* |
|---|---|---|
|      | Préface, par Michel Dovaz | *11* |
|      | Introduction | *15* |
| I    | Guerre culinaire entre Français et Anglais du Nouveau Monde | *23* |
| II   | Il y a bien une cuisine américaine | *45* |
| III  | Les pauvres mangent debout, les riches dans des palaces roulants | *67* |
| IV   | Trois révolutions font entrer l'industrie dans la cuisine | *87* |
| V    | Invasions (des cuisines) barbares | *99* |
| VI   | Les médecins et les politiciens mettent leur grain de sel | *121* |
| VII  | L'industrie alimentaire sort victorieuse de la guerre de 1914-1918 | *145* |
| VIII | Et que buvez-vous avec cela ? | *169* |
| IX   | Tout va plus vite, et les repas n'échappent pas à la règle | *189* |
| X    | La gastronomie va-t-elle aussi bien qu'on le dit ? | *211* |
| XI   | Où mange-t-on le mieux ? en Amérique ou en France ? | *237* |
| XII  | Les Français tiennent le réduit de la gastronomie… | *261* |
| XIII | Le fast-food va-t-il envahir le monde… | *287* |
|      | Épilogue : Autour de l'an 2000 | *311* |
|      | Bibliographie | *333* |
|      | Remerciements | *337* |

## ∽ *Avertissement*

    Les allers et retours continus, au long de ces pages, de la France aux États-Unis, et vice versa, m'ont amené à employer quelquefois des appellations américaines au milieu de textes en français. À titre d'exemple, une ville comme La Nouvelle-Orléans figure aussi sous le nom de New Orleans ; de même, la restauration rapide est bien souvent appelée fast-food. J'ai souligné typographiquement ces changements de langue, dans la mesure du possible. Que les puristes qui pourraient être choqués par cet usage un peu abusif du franglais veuillent bien me pardonner.

∽ *Préface,*
*par Michel Dovaz*

C'était en 1978. Le vin n'était pas encore à la mode. Seuls les purs fréquentaient l'Académie du vin de Paris. C'est là que je rencontrai Maurice Bensoussan. Toujours discret, affable, hédoniste déjà.

À cette époque – et depuis dix ans –, il séjournait régulièrement aux États-Unis. Peut-être est-ce là-bas qu'il eut l'idée de venir à l'Académie, car, aux États-Unis, il rencontrait des Américains fous de vins français. Là-bas, il est facile de boire des vins français, italiens, espagnols, etc., de même qu'il est facile de fréquenter des restaurants français, indiens ou japonais, mais on peut aussi "manger et boire américain". Durant ses séjours, Maurice Bensoussan eut l'occasion de tout goûter, de tout comparer, sans autre pensée que boire et manger aussi agréablement que possible, mais aussi en s'adaptant aux us et coutumes locaux.

On ne se nourrit pas ainsi impunément et les constatations de l'auteur sur le temps et l'alimentation, l'industrialisation de la nourriture, les sphères d'influences des cuisines régionales, nationales, continentales, l'ont conduit en 1988 à constituer des dossiers qui sont devenus un livre.

Maurice Bensoussan m'a fait l'amitié de me communiquer son manuscrit et j'en suis de suite devenu un fervent supporter. Pourquoi ? Pour une foule de raisons, dont voici quelques-unes : la nouveauté du sujet ; sa polyvalence, donc sa richesse : histoire, économie, sociologie, art de vivre, hédonisme, tradition, innovation et futur… ; l'objectivité de l'auteur, qui n'est coiffé ni du béret basque ni d'un chapeau de cow-boy ; la forme littéraire choisie, une chronologie parallèle et une succession de touches – on croirait un tableau de Seurat traitant de la table aux USA et en France.

Pour ma part, je suis entré dans ce livre en picorant à gauche et à droite, passant d'une touche à l'autre. Cela m'a rapidement poussé à le reprendre par son début, ce qui est indispensable si on veut comprendre les évolutions parallèles des deux cuisines et leurs interférences.

*Le ketchup et le gratin* défend-il une thèse ? L'auteur peut très bien livrer des informations avec objectivité et néanmoins avancer une thèse. En l'occurrence, je ne le crois pas.

Ce n'est pas faire preuve de parti pris que de reconnaître la richesse, la complexité, en un mot la supériorité de la cuisine française.

Ce n'est pas faire preuve de parti pris que de constater que la Ville lumière est aujourd'hui constellée de fast-foods.

Ce n'est pas faire preuve de parti pris que d'affirmer qu'à l'approche de l'an 2000 davantage d'Américains (même si cela demeure un tout petit pourcentage) portent intérêt à la cuisine – celle qui s'oppose au fast-food – qu'au début du siècle.

Ce n'est toujours pas en faire preuve que d'avouer que les Français consacrent aujourd'hui moins de temps à leurs repas qu'il y a cent ans.

Constatations alarmantes ? Peut-être.

À terme, trois évolutions sont possibles : la victoire du fast-food, le développement d'un melting-pot culinaire, l'exacerbation d'un intégrisme de la casserole soutenu par le régionalisme, le nationalisme, la défense des particularismes et des minorités, sans oublier la mode écologique.

N'est-ce pas encore une fois la lutte de l'industrie contre l'artisanat ? Fast-food, ethnic food ou melting-pot, les multinationales sont là pour rationaliser, fabriquer, aplatir les prix de revient et assurer le matraquage publicitaire.

Face à ce rouleau compresseur, que pèse le cuisinier, même assisté d'une myriade de marmitons ? Peut-être plus qu'on ne le croit ; car si l'industrie est multinationale – ou internationale –, le goût du terroir reste universel.

Tout se passe comme si la planète était envahie par une armée internationale. Partout, dans les pays, les villages, les maisons, on ne résiste même pas, on se contente d'être : le mangeur de grenouilles en mange toujours, le Chinois cuit son riz, l'Indien prépare son curry et le Bavarois engloutit sa choucroute arrosée de bière. Je ne défends pas un "fixisme culinaire" et n'oublie pas les mutations, qui peuvent être gigantesques.

Le monde latin a imposé le vin à la Terre entière (Islam moderne excepté), comme l'Amérique agit aujourd'hui avec le Coca-Cola ; les fondements de la cuisine populaire italienne sont les pâtes, le maïs (polenta) et la tomate, tous trois importés relativement récemment (XIV$^e$ et XVI$^e$ siècle) – même remarque concernant la pomme de terre et la cuisine française.

Tout évolue, tout bouge. Oui, mais le gratin a une âme, le ketchup n'en a pas. N'est-ce pas dit un peu vite ?

Peut-être la greffe d'âme est-elle possible ? Chacun fera sa religion à la lecture de cette histoire parallèle brossée par Maurice Bensoussan, un livre essentiel si l'on admet l'hypothèse : "Dis-moi ce que tu manges, je te dirai qui tu es."

## ∽ *Introduction*

> *"Les Américains peuvent manger des ordures à condition de les arroser abondamment de ketchup, de moutarde, de Tabasco ou de tout autre condiment qui dénature leur saveur originale."*
> Arthur Miller, *Paris*, 1947.

En 1900, les États-Unis avaient un tout petit peu plus d'un siècle d'existence. Les règles du savoir-manger provenaient du socle des treize colonies anglaises sur lequel le pays avait été construit, avec des apports diffus et des influences changeantes des immigrés de diverses origines. Tout cela était mal stabilisé au tournant du siècle et personne n'aurait imaginé que d'autres peuples tentent de s'inspirer du modèle alimentaire américain. Bien des visiteurs le disent, "le véritable Yankee […] promène sa fourchette à l'aventure […] ou en compose de redoutables mélanges assaisonnés de mille ingrédients divers, après quoi il croit avoir dîné[1]". On importait en France des matières premières américaines, mais elles étaient heureusement transformées en produits culinaires raffinés qui en masquaient l'origine. Le Français, à moins de passer pour un excentrique, ne copiait pas à table les manières des Yankees et ne s'intéressait pas aux produits alimentaires élaborés là-bas comme le ketchup, inconnu en dehors du petit cercle d'Américains[2] vivant en France.

Cent ans après, le ketchup est très répandu en France.

S'il fallait élaborer la norme idéale pour la table, c'est dans la France de 1900 qu'il faudrait la chercher. La culture culinaire française s'exportait partout, comme en témoignent les menus des palais royaux d'Europe, et aussi vers les États-Unis par le biais des cuisiniers français œuvrant là-bas ou par celui des Américains fortunés qui, ayant goûté à la fine cuisine de France, voulaient en perpétuer le souvenir. Dans le concert d'éloges à l'endroit de notre cuisine, on n'entendait pas toujours ce qui aurait pu passer pour de fausses notes, comme ce maire de New York de l'époque, Philip Hone[3], qui se lamentait (fautes comprises) : "On ne sait plus ce qu'il faut choisir pour la bonne raison que l'on ne sait pas ce qui vient après ou même s'il y a quelque chose après [...] Que l'on nous serve les bons plats français, fricandeau de veau, perdrix au chou et côtelettes à la province, mais de grâce, que l'on nous permette de voir l'ensemble de ce que nous aurons à manger." Les plats difficiles à réaliser, entre autres le gratin, étaient recherchés chez nous et ailleurs, et ce jusqu'à l'après-deuxième guerre mondiale. "Les gratins sont partout, écrit Claude Fischler[4] dans une recherche faite sur un échantillon significatif de menus, dans les préparations de crustacés, de jambon du Morvan (*La Côte-d'Or,* Saulieu, 1951), de quenelles (*La Mère Brazier,* Lyon, 1935)..."

Cent ans après, à New York, en dehors de quelques initiés, on ne sait pas ce qu'est le gratin.

Les habitudes alimentaires de l'Américain ont subi une sorte de mutation qui, peu ou prou, nous ramène aux époques où l'homme se

*Introduction*

nourrissait du produit de la cueillette. Dans toutes les villes américaines, la nourriture à portée de la main et de la bouche est évoquée. Il faut avoir vu la marée humaine qui déboule des sorties de la Grand Central Station, la gare de Manhattan qui draine la population de banlieue, pour percevoir comment mangent les Américains ! On dirait que tous mangent à l'unisson, pas seulement vite, car manger en mouvement donne l'impression de manger plus vite, mais d'une façon permanente, les uns commencent, d'autres les relaient dans une sorte de continuité, faisant de cette foule un ensemble qui participe au même repas. Certes, cette vision n'englobe pas tous les Américains. Entre le snack[5] "cueilli" n'importe où, à n'importe quel moment – comme repas ou substitut – et le restaurant huppé, entre l'ubiquité des boîtes à fast-food et la salle à manger du plus sélect *luncheon club,* il y a toute une gamme de repas possibles, y compris ceux que l'on sert dans les restaurants français.

La façon de manger dans une grande ville américaine des années quatre-vingt se retrouve en France avec une vingtaine d'années de décalage, malgré les protestations que soulève cette vérité. Les filiales d'usines, les sociétés de service, les chaînes d'hôtels exportent, en effet, des recettes, des formules, des produits et des plats prêts à consommer, qu'ils soient classés en fast-foods, en snacks ou en cuisine américaine. Ces échanges induisent des changements d'habitudes et préparent le public à aimer ou à rejeter les nouvelles formes d'alimentation. En ajoutant les spots publicitaires pour céréales, sodas, barres chocolatées, chewing-gums, en tenant compte des séries américaines où le héros mange "comme en Amérique", on obtient une action de transfert d'habitudes d'une rare puissance. Néanmoins, à entendre les industriels des grandes marques américaines de produits alimentaires, la résistance des Français est forte, car la consommation de telle boisson ou de tel sandwich reste inférieure à celle des autres pays en dehors des États-Unis. Cette résistance est soutenue par les chroniqueurs qui fustigent le "néfaste food", ou à tout le moins évaluent les qualités des chaînes de "fastfoudes", encourageant la restauration minute "à la française" arrivée tardivement mais qui, quelquefois, réussit à avoir une tête de pont aux États-Unis.

Il y a même eu des contre-offensives. Des chroniqueurs et des cuisiniers américains ont repris à leur compte le temps passé par les Français à table et le soin pris pour que le repas soit un plaisir. Boire du vin pendant le repas a été encouragé aux États-Unis par des médecins, des viticulteurs et des restaurateurs, au point de devenir typique dans la Napa Valley, à San Francisco et ailleurs. À partir de ces îlots, le nouvel état d'esprit émigre dans le reste des États-Unis pour donner une cuisine moderne, légère, jeune, partant de produits frais, qui se superpose (à petites doses) au *fast-food,* au *junk food* et autres *garbage foods* industriels. Ce courant a même amené certains experts (américains) à se risquer à prédire que les États-Unis pourraient bien devenir le centre du monde gastronomique au XXI$^e$ siècle[6].

Comment les situations respectives du début du siècle se sont-elles inversées ?

Nous avons fait des allers et retours au-dessus de l'Atlantique, à différents moments du siècle, aligné des faits (ou des légendes) étonnant(e)s, des facteurs qui nous ont paru significatifs, d'amusantes anecdotes, les uns à la suite des autres… et la conclusion s'est dessinée au fil de ces voyages. La position française concernant la table était compliquée et ses obligations beaucoup trop contraignantes. Les Américains, plus nombreux, ont généré, avec des investissements plus élevés, une formidable puissance de persuasion de leurs formules alimentaires. Les façons de s'alimenter des deux pays ont évolué en

*Introduction*

accordant une place plus importante à la trépidation et au grignotage plutôt qu'au goût des choses et aux repas structurés. Pour défendre le réduit français et résister à la pression, il a fallu adapter la cuisine à un monde qui change. Les grands cuisiniers s'y sont mis ainsi que toute une nouvelle génération de chefs, mais le combat est loin d'être gagné.

Antony, mars 1999

---

1. Paul de Rousiers, *La Vie américaine,* Firmin-Didot, 1892.
2. Colette Guillemard – *Les Mots de la cuisine et de la table,* Belin, 1991 – dit que le ketchup est utilisé depuis au moins un siècle en France. Elle en a trouvé dans des recettes ménagères aux environs de 1890. C'est néanmoins très marginal.
3. Rapporté par Evan Jones, *American Food,* Vintage, 1981.
4. Claude Fischler, *L'Homnivore,* Odile Jacob, 1990.
5. Terme d'origine néerlandaise (*snacken* : mordre) dont la traduction en français serait une médiane entre friandise, amuse-bouche, goûter, en-cas, coupe-faim. Le *snack-bar* était au départ l'endroit où l'on avait "*snack*" rapide.
6. Conférence de John Mariani à la California Wine Experience tenue à San Francisco du 5 au 7 novembre 1998.

*Première partie*
*Relents de fast-food dans la cuisine mijotée*
1900-1914

*"La destinée des nations dépend de la manière dont elles se nourrissent."*
Brillat-Savarin, *La Physiologie du goût.*

## Chapitre I
## Guerre culinaire entre Français et Anglais du Nouveau Monde

*"Là où sont les Français, un homme peut dîner, ce qui est très important."*
Frank Marryat, *Mountains and Mollhills*, Harper Bros, 1855.

### Georgetown (Colorado), 1900
*La nostalgie de Paris devant un plat de haricots*

La procession suit le corbillard qui emmène à sa dernière demeure Louis Dupuy, propriétaire-cuisinier de l'*Hotel de Paris*[1] à Georgetown, patelin perché dans les Rocheuses. Comment, en cette fin du XIX$^e$ siècle, un Français avait-il pu atterrir dans ce coin perdu pour construire un hôtel et y faire une délectable cuisine ? Rien ne laissait prévoir, à la naissance d'Adolphe François Gérard, cinquante-six ans plus tôt à Alençon, qu'il s'appellerait, à sa mort, Louis Dupuy et serait un représentant significatif de la grande cuisine française aux États-Unis. D'abord séminariste à Saez, il s'aperçoit qu'il n'a pas la vocation, "monte" à Paris, fait un apprentissage auprès d'un chef de l'époque, dépense le peu d'argent que ses parents lui avaient légué, décide d'apprendre l'anglais et part pour Londres où il est journaliste. La guerre de Sécession venait de se terminer, ce qui le décide à se rendre à New York comme correspondant de quelques feuilles parisiennes. Il se lasse très vite et s'engage, un soir de 1869, dans l'armée américaine. Affecté à Fort Russell, situé à trois jours de train de New York, près de Cheyenne[2], il goûte tous les jours à l'ordinaire du militaire, rations abondantes médiocrement préparées sans aucune alternative dans les environs du fort. Le maïs, les haricots, omniprésents, flanquent le porc salé extrait de barils ou (plus rarement) la viande fraîche de bison. Pas de poisson en dehors de la morue, cependant beaucoup trop salée pour qu'elle se conserve à cette distance de l'Océan. Pour l'habitué des restaurants de Paris[3], vivre enfermé dans un fort dans ces conditions était intolérable… alors il déserte ! Le fait d'être recherché par les autorités militaires lui fait changer de nom et c'est sous le patronyme de Louis Dupuy qu'il décide de recréer l'atmosphère qu'il a connue à Paris.

En attendant, il achète une mule, un bât et il s'enfonce dans le Colorado minier pour réaliser des reportages. Il couche dans des auberges ou des *boarding houses* faites de tentes, mange les sempiternels haricots au lard, la même crêpe de maïs et boit le même liquide sale et tiède, affublé du nom de café. Il arrive à Georgetown, bourgade de cinq mille habitants née de la découverte de mines d'argent[4], et pense qu'"avec une grande hostellerie et les meilleurs vins [il fera vivre ses habitants] comme des princes". Faute d'une authentique cuisine française, il fera en sorte d'en "avoir la reproduction [comme pour] les œuvres d'un Michel Ange ou d'un Cellini". Quand, le 9 octobre 1875, à quarante et un ans, il inaugure l'*Hotel de Paris,* construit avec des fonds collectés à Georgetown, la presse locale le qualifie de "respectable concitoyen". Il importe son vin en tonneaux, le met en bouteilles et fait ses achats aux meilleures sources.

*Du ris de veau Eugénie au cœur du Colorado*

L'expression consacrée par le *Guide Michelin,* "vaut le voyage", s'applique avant l'heure à l'*Hotel de Paris,* car il faut quatre heures au train à voie étroite pour faire 75 km à partir de Denver. Des amateurs, comme ces neuf convives dont les fortunes cumulées pesaient deux cents millions de dollars, font le voyage pour goûter des huîtres transportées à toute vitesse sur des milliers de kilomètres[5], un *faisan en casserole,* du *ris de veau Eugénie*[6] et quelques autres merveilles de la cuisine française du XIX$^e$ siècle. Le pain portait le nom de *french bread* sur la carte servant à cette occasion. Les *beignets aux pommes* et la *charlotte aux pêches sauce au cognac* clôturaient le repas. De richissimes Américains accourent pour la cuisine et pour la cave – qui regorgeait de bordeaux de grands millésimes, de rares cognacs et de vieux madères. Apprécier un repas français est une attitude minoritaire dans une population qui ne cherche pas à imiter les "mangeurs de grenouilles", expression importée d'Angleterre. On raconte en effet qu'après la guerre d'Indépendance, les Américains avaient fait ramasser dans les environs de Boston des grenouilles pour honorer des officiers français invités à un dîner et les avaient incorporées dans la soupe sans autre préparation. L'un des convives tomba sur une des petites bêtes et s'écria : "Mon Dieu ! Une grenouille[7] !", au grand embarras de son hôte.

Il ne fallait pas compter son temps pour apprécier les repas chez Louis Dupuy ; or, le temps était, en cette fin de siècle, un ingrédient déjà rare aux États-Unis, comme en témoigne un voyageur français : "Non seulement on mange toujours vite, mais on mange généralement mal." Dans les États-Unis de 1900, la notoriété de la cuisine française est bonne dans les villes de l'Est, moins sur la côte Ouest (San Francisco excepté), et, entre ces deux pôles, les territoires indiens et la prairie ne comptent que des gargotes. Mais ce n'est pas toujours vrai. On rapporte que Denver compte d'assez hauts représentants (de la cuisine française), dont un restaurant établi au centre de la ville, qui a pris le nom célèbre de *Tortoni,* sorte d'amusante évocation du "Boulevard" dans les montagnes Rocheuses. On ne sait pas en effet s'il s'agit d'un bon restaurant français ou s'il en est une caricature. On voit même dans une gargote perdue dans le Far West un tenancier qui recopie (sans rien comprendre) un menu en français, trouvé par hasard, et qui le pose sur ses tables, alors qu'il servait un rustique porc aux haricots et des habituels œufs au jambon. Quand un voyageur veut se régaler d'un vol-au-vent inscrit sur la carte, le tenancier, se sentant sans doute insulté, dégaine promptement son pistolet, le pointe sur le ventre du client et lui dit, en le regardant droit dans les yeux : "Dis donc, l'étranger, un conseil, commande plutôt du *beef hash* !" Quand les cuisiniers français cherchent à supprimer l'interminable menu de l'American Plan[8], on leur rétorque que le client aime avoir devant lui tout en même temps et manger "sans être esclave de l'ordre du service comme au restaurant[9]". Dans cet océan de repas bâclés, l'*Hotel de Paris* est comme une goutte d'eau dans ce pays qui a cent ans à peine. Avec l'arrivée massive d'émigrants, la population va doubler en quarante ans et les Français ne plus peser qu'un demi pour cent (Acadiens exclus), avec quelques bons cuisiniers cependant. Louis Dupuy avait introduit le cassoulet dans la carte de son restaurant, faisant ainsi accéder ce plat régional à ce que les Américains appelleront beaucoup plus tard *"la Haute"* (en français, pour dire cuisine gastronomique "en anglais").

Pour accomplir un voyage de quatre mois en France, il avait indiqué, sur sa demande de passeport, qu'il était américain naturalisé, mais pour ses concitoyens, il restait le *mysterious frenchman*. Cette double nationalité (si l'on peut dire) s'appliquait aussi à sa cuisine. On y proposait une cuisine française sophistiquée, mais également de simples steaks. Après l'enterrement de son fondateur au cimetière d'Avaredo à Georgetown, la responsabilité du restaurant revenait à Sophie Gally, Française entrée à son service. Elle mourut quelques mois après lui, ce qui supprimait une nouvelle chance d'imposer la culture gastronomique française dans un pays marqué par la cuisine anglo-saxonne.

**Paris, le 22 septembre 1900**
*La restauration industrielle française est née*

L'œuvre de Louis Dupuy à la gloire de la cuisine française n'eut aucun écho à Paris, capitale mondiale de la gastronomie. Il y avait la distance et le fait que le métier de cuisinier ne faisait pas l'objet d'attentions particulières, en dehors des chefs connus. On disserte sur les plats dans les milieux huppés, sans pour cela honorer leur auteur ou le métier de cuisinier. De plus, un événement éclipse tous les autres : l'Exposition universelle. Ce 22 septembre, on a repoussé les limites du possible, en invitant les maires de toutes les villes, de tous les villages de France et des colonies. Quand le président de la République, Émile Loubet, prend place à sa table, après avoir entonné *la Marseillaise,* on lui souffle à l'oreille que quelque 22 700 maires ont répondu à l'invitation au banquet. Servir sur l'esplanade des Tuileries un nombre aussi important de convives n'est pas une mince affaire, avec un menu qui comporte, après des olives et des tranches de saucisson (de l'authentique rosette de Lyon), *darne de saumon, filet de bœuf en Bellevue, pain de caneton, poularde de Bresse, ballottine de faisan, salade, fromage, fruits, petits fours,* le tout arrosé de vins de Bordeaux (sauternes et margaux), de champagne et se terminant par du café et des liqueurs.

Personne n'a pensé que le mot "industriel" pouvait qualifier ce gigantesque repas, bien qu'il eût été sans doute le plus adéquat pour décrire le tour de force déployé pour servir (à table) autant de monde (assis) en aussi peu de temps (une heure et quart). La quantité de matières premières mises en œuvre (deux tonnes et demie de viande, cinq tonnes de faisans et de poulardes, une tonne et demie de pommes de terre), la concentration de la main-d'œuvre en un même point (trois cents plongeurs, trois mille six cents serveurs et cuisiniers, mille huit cents maîtres d'hôtel), les produits accessoires (deux cent cinquante mille assiettes, quatre-vingt-quinze mille verres), les produits servis en l'état (des milliers de pêches, poires, prunes et pommes, ni trop mûres ni pas assez, trente mille cigares), la dimension de l'"usine" à fabriquer le repas (douze mille mètres carrés le long de la terrasse des Feuillants), la division du travail en "ateliers" (douze chefs dirigeant des cuisines distinctes), la planification (servir mille deux cents litres de mayonnaise en même temps que le saumon), le niveau de qualité (servir les filets de bœuf chauds, le vin de Bordeaux chambré et le champagne glacé), et enfin les matériels nouveaux (sonnettes électriques pour annoncer les sorties de "chaque mets de douze cuisines [...] et le téléphone qui veille aux manquements possibles du service") sont bel et bien de la restauration industrielle. Un petit opuscule remis à chacun des serveurs indiquait "qui fait quoi", comme dans un atelier de fabrication. Le banquet était une réussite sur le plan de l'organisation, mais les plats ne valaient pas les préparations d'un bon restaurant. L'industrie aboutit à des produits différents, quel que soit le soin que l'on prend pour se rapprocher du produit artisanal. Maurice des Ombiaux le confirme quand il écrit, trente ans plus tard, que "pour quelques personnes, on peut faire de la cuisine, tandis que pour un banquet on travaille en série[10]".

Même si on mange mal dans les banquets, tout, en cette fin de siècle, est prétexte à banqueter. Le nombre de participants à un banquet, qu'il soit professionnel, corporatif ou politique, impose aux cuisiniers des méthodes adaptées. L'Exposition universelle est l'occasion rêvée pour que se réunissent les membres de sociétés, groupements, associations, partis et cercles divers ; et ces réunions se terminent toujours par un banquet qualifié d'"expositionnel[11]". Celui de l'Union des commissaires de l'Exposition, tenu un mois avant l'ouverture, est exemplaire. Le menu, intitulé *Visite à travers l'Exposition,* comporte des plats aux noms réinventés : Une *soupe de collège* pour l'Éducation, des *petits hors-d'œuvre multicolores* pour les Beaux-Arts, une *bombe* au dessert pour le groupe des Armées de terre et de mer. Les vins, château pontet-lionet 1869 et corton 1878, étaient la contribution du Groupe des aliments (on ne disait pas encore Industries alimentaires). Les allocutions portèrent sur "l'harmonie parfaite et la plus franche cordialité des relations entre les commissariats des trente-neuf pays". En renouvelant l'habillage du repas standard on donnait l'illusion d'un produit nouveau, marquant plus encore le penchant industriel que prenait la cuisine.

À la confluence des XIX$^e$ et XX$^e$ siècles, la cuisine française vivait donc sa phase industrielle, sans que personne songe à classer le repas servi aux maires dans cette catégorie. Mais l'Exposition était aussi l'occasion, pour la cuisine française, d'une confrontation universelle avec toutes les cuisines du monde : les taux de remplissage des restaurants des "Palais" attestaient de sa primauté. La gastronomie était à son sommet et la France en était le centre de gravité. Cette supériorité se traduisait malheureusement aussi par une sorte de cécité à l'émergence d'autres façons d'être à table ou de faire la cuisine.

*Les États-Unis présents en matière culinaire*

Comment, malgré ce positionnement, le pays de la gastronomie éprouvait-il paradoxalement de l'attrait pour les consonances anglo-américaines ? Pourquoi choisir comme enseigne *Café Anglais,* alors que la maison abrite la haute cuisine française ? Au 3 de la rue Royale, que venait faire le nom américain de *Maxim's* (baptisé en 1893) ? Rue

Royale encore, le *Weber* sert des tartines de fromage au nom imprononçable de *welsh rarebit*[12]. N'y avait-il pas là une provocation à moins que le but recherché ne soit une contribution à la notoriété des sandwiches anglo-américains ? Place de la Madeleine, l'*International Luncheon Bar* confirme que les plats américains ont une clientèle à Paris. Dans l'enceinte même de l'Exposition, il existe plusieurs bars américains. Plus nette encore est la présence des conserves alimentaires américaines. Le plus grand conserveur de viande de bœuf du monde, fournisseur de l'armée française, *Armour,* offrait à tous une petite tasse de bouillon chaud, à base d'extrait de viande, afin de prouver que c'est "le seul qui conserve la saveur de la viande fraîche". Le maïs en boîte n'a pas beaucoup de succès car les Français destinent ces graines au poulailler. Échec également rencontré par la tentative de faire goûter gratuitement des gâteaux de maïs (*corn cakes*), malgré les grand-mères américaines mobilisées pour pétrir la pâte devant les visiteurs. Les conserves françaises ont peu de succès, car la cuisine est tellement bonne chez nous qu'on imagine mal que l'on puisse l'améliorer par l'usage de "boîtes", alors que l'on en fabrique tous les ans cent vingt millions d'unités. Les Français en achètent un petit pourcentage, le reste étant exporté. La morue ou le haricot, matières premières de la brandade et du cassoulet, n'auraient pas pu venir d'Amérique s'ils n'avaient pas été "conservés", le poisson dans le sel et la légumineuse par dessiccation. Les bocaux et les boîtes de 1900 sont un progrès, mais on fait peu crédit à ce qui sort de l'usine.

Pour l'amateur de vins qui est passé par les pavillons vinicoles de l'Exposition, c'est un étonnement d'apprendre qu'il y a un stand des vins pour les États-Unis. On savait que les pieds de vigne américains avaient eu raison du phylloxera, sans imaginer pour autant que l'on produise là-bas de bons vins. On connaît mal, en 1900, les appellations des vins de France, mais on ne remet pas en cause leur primauté. L'accord d'une poularde de Bresse avec un bourgogne reste abstrait pour la majorité des Français, plutôt portés sur le "gros rouge[13]", mais tout le monde sait que nos grands crus ne craignent personne, et surtout pas les Américains. Vingt maisons de Californie (*Paul Masson, Berringer Brothers,* etc.), des viticulteurs de Virginie, de l'État de New York, de l'Ohio décrochent trente-six médailles et quatre mentions honorables, ce qui est une bonne performance[14], mais personne ne s'en inquiète.

Le repas des maires de l'Exposition terminé, c'est l'allocution du président de la République. Les invités, toutes tendances confondues, lui font une véritable ovation, ce qui s'explique parce que l'on a "quelque peu forcé sur les vins". Émile Loubet se retire dans le salon d'honneur. Il serre quelques mains et félicite messieurs L'Hermite, directeur retraité, et Legrand, directeur en exercice de *Potel et Chabot,* pour avoir conduit l'énorme usine (le mot n'a pas été employé). Il faut que le président s'en aille, car une autre manifestation l'attend. Il n'est pas mécontent de reprendre ses habitudes ; son repas de ce jour-là, malgré le soin que l'on a pris à le bien servir, est loin de valoir la cuisine de monsieur Tesche, le chef qui officie à l'Élysée.

## Boston (Massachusetts), 1901
### *Une école de cuisine purement américaine*

La jeune directrice de la Boston Cooking School, Fannie Farmer, démissionne. Elle souhaite avoir sa propre école de cuisine pour faire accéder plus rapidement ses élèves à un niveau professionnel honnête grâce aux nouvelles méthodes pédagogiques. L'école s'était donné pour vocation de dispenser des rudiments de cuisine et, en fin de cycle, d'inviter à l'approche d'une cuisine plus élaborée. La mode des manuels techniques était au "*how to*", c'est-à-dire qu'ils décrivaient pas à pas le savoir-faire, et c'est cette méthode que voulait adopter Fannie Farmer dans son livre de base, découpant en séquences élémentaires les recettes les plus difficiles. Plus de vagues "une pincée de ceci", "une noix de beurre" ou "quelques minutes dans un four tiède", mais des poids précis, des volumes exacts et des niveaux de chaleur mesurables, ce qui ne s'était jamais vu jusque-là. Le *Fannie Farmer,* publié à compte d'auteur, lui a survécu[15] et a atteint, bien après son décès, un tirage cumulé de plusieurs millions d'exemplaires. Les éditions revues et complétées par ses successeurs ont eu un rôle d'influence plus marqué que nombre de recueils de grands chefs.

En ce début de XX$^e$ siècle, Boston comptait un demi-million d'habitants, plus homogènes autour du noyau anglo-saxon que ceux de sa cosmopolite voisine, New York. La table bostonienne avait une bonne réputation, sans le devoir à l'influence française. L'Océan tout proche approvisionnait les cuisines en produits frais, ce qui donnait de fort bonnes choses, préparées simplement. Le menu du restaurant du *Young's Hotel,* qui comportait des huîtres, suivies d'un homard grillé ou d'un *sirloin planked steak,* sans plus, coûtait quatre dollars par convive. Le menu du restaurant *Muisset* qui présentait, sur sa carte, le *lobster à la Muisset*[16], qualifié de cuisine française, avait un prix moyen de soixante-quinze *cents.* Cette comparaison est révélatrice de l'inclination gustative des Bostoniens, prêts à payer le prix fort pour des plats simples faits à partir de bons produits plutôt que de se risquer à commander des préparations savantes. *Young's* (le *Delmonico's*[17]) de Boston servait des plats américains, alors que la carte du *Delmonico's* de New York était de tradition française. Émile Camus, Français attaché à la cuisine de son pays, responsable du *Winter Place Hotel,* a ajouté à la très française carte du restaurant des plats typiques de Boston, à la demande de sa clientèle. Son choix lui a survécu et le *Winter Place* a eu droit aux éloges des critiques gastronomiques[18] bien après.

*Des plats mijotés comme du temps des colonies*

Compte tenu de cet environnement et des origines de l'auteur, la cuisine de Fannie Farmer avait un fort caractère anglo-saxon. On passait moins de temps à la préparation du *consommé Dubary* qu'à la confection d'une *tomato soup*. Le plus grand hôtel de Boston avait beau s'appeler *Touraine,* avec des "chambres décorées dans le style du château de Blois" (?) et un restaurant français[19], cette enclave latine n'intéressait pas le *Boston Cooking School Book*. L'influence française y est donc en filigrane, avec des *cuisses de grenouille à la sauce poulette,* éliminant l'ail qui aurait pu choquer le goût des Américains. On y trouve aussi la recette du *vol-au-vent,* de la *meringue,* du *demi glacé aux fraises* (en français dans le texte). Il était plus normal que ce livre fasse une belle place à la cuisine de Boston, les *Boston baked beans* par exemple, haricots préparés avec du porc salé et de la mélasse qui nécessitent une cuisson mijotée à petit feu[20]. Un autre plat bostonien y figure naturellement, la *clam chowder,* soupe à base de porc salé préparée avec des pommes de terre et du lait, dans laquelle sont cuits des clams décortiqués. Les mets avec le qualificatif "Boston" sont bien traités, le *Boston brown bread* par exemple, à base de plusieurs farines. Dans un pays où le pain est servi avec du beurre, avant le repas, un peu comme un amuse-bouche, il était important de bien savoir le faire. L'hôtel *Parker House* alla même jusqu'à "inventer" un tout petit pain, mollet, rond, légèrement sucré, qui tenait plus du gâteau que du pain. Ces *Parker House rolls* ont eu un tel succès qu'ils "ont été copiés par chaque auteur de livre de cuisine, par chaque boulanger de ce pays[21]", Fannie Farmer comprise.

On retrouve dans le livre l'appartenance anglo-saxonne des colons du Massachusetts, mais aussi les clivages que la guerre de

Sécession a accentués. Sur les quatre-vingt-dix recettes de poulet, il y a seulement deux ou trois *fried chickens* sudistes. Le livre ne dit rien du jambon de Virginie et du jambon cru de Smithfield (pourtant américains, mais du Sud), alors qu'il cite le jambon de Westphalie (allemand, donc survivant en Pennsylvanie). Le *chili con carni* (qui aurait dû s'écrire *carne*) est dans le livre, mais avec du poulet comme base et non du bœuf, ce qui montre l'éloignement culturel avec le sud des États-Unis, alors que l'Angleterre est, elle, omniprésente avec les cent vingt-cinq puddings que compte le livre.

L'auteur se départ parfois de ses principes et incorpore à la viande hachée un œuf, ajoute un petit coup de râpe de noix muscade, quelques gouttes de citron. La simple grillade d'une galette de viande hachée se trouve bonifiée par ces ajouts et devient la recette du *Hamburg steak* (pas encore *hamburger*). Fannie a oublié, pour une fois, les poids exacts et la stricte procédure pour laisser place à la fantaisie. Elle se détache de la rigueur puritaine de ses ancêtres et donne un peu de goût au plat. Hommage indirect à la façon de faire des cuisiniers de France qui laissent agir leur inspiration. S'il ne faut pas tourner le dos à l'austérité, il est évident que l'on ne peut pas tout enfermer dans des formules précises. On peut rêver et imaginer l'auteur qui insère le *Hamburg steak* à "sa" façon dans un délicat *Parker House roll*, léguant ainsi un sandwich chaud aux antipodes du *hamburger* des chaînes industrielles. Signalons, avant de sortir du rêve, qu'au 132 Tremont Street, à Boston, il y avait, au tournant du siècle, un restaurant qui s'appelait *McDonald,* mais sans relation avec la chaîne de fast-foods !

*Des Américaines au Cordon-Bleu dès 1905*

Les locaux de l'école de Fannie Farmer se limitaient à quelques pièces louées dans une belle maison. Les élèves étaient, dans leur majorité, des jeunes filles de ferme, débarquées d'Irlande, cherchant à obtenir en deux semaines le titre de *cook*. Quelques jeunes filles riches, payant le prix fort, suivaient un cycle de soixante leçons, qu'elles pratiquaient rarement une fois mariées, les jeunes couples préférant vivre dans une *boarding house,* sorte de pension de famille qui leur évitait la corvée de la cuisine. Une école comme celle de Boston n'aurait pas percé en France car la définition de la nature de la "cuisine" est différente de ce côté de l'Atlantique. Seule la filière de l'apprentissage, selon les gastronomes de l'époque, permettrait de maîtriser l'art culinaire. La capitale mondiale de la gastronomie n'avait donc pas de centre de formation professionnelle, seulement quelques institutions où les ménagères pouvaient "puiser les principes d'une cuisine usuelle, bonne et facile". À l'initiative de madame Distel, l'école *Le Cordon-Bleu,* sorte de prolongement d'une revue culinaire, *La Cuisinière cordon-bleu,* avait ouvert ses portes à Paris. La publication jouait un rôle éducateur en matière de cuisine, que l'école allait relayer. Dès 1905, *Le Cordon-Bleu* comptait, parmi ses élèves, des Américain(e)s venu(e)s chercher la vérité culinaire en France.

### Paris, le 29 septembre 1902
*Zola, l'inconditionnel de la cuisine française*

Émile Zola vient de mourir, à soixante-deux ans, asphyxié par les émanations toxiques que son poêle, mal réglé, a laissées échapper. C'est une perte pour les gourmets, même si, près de deux siècles après sa mort, Courtine lui en refuse le titre[22] et le qualifie (avec une pointe de mauvaise foi, avoue-t-il) de "gourmand gras". Pourtant Edmond de Goncourt attribuait à Zola "une science de la cuisine qui lui fait dire aussitôt ce qui manque à un plat : ou l'absence d'un certain assaisonnement ou la quantité de minutes qui ont manqué à son mijotement". Zola aimait se régaler et exécrait les villes où il n'y avait pas de bonnes tables – Londres par exemple ; quand il y était, c'est au *Savoy* qu'il se réfugiait, parce que Escoffier officiait en cuisine.

Zola et Escoffier eurent d'ailleurs l'occasion d'évoquer des souvenirs communs, en tant qu'anciens petits Méridionaux. Ils parlèrent du pot-au-feu de mouton, que les Grassois préféraient à celui réalisé à partir de viande de bœuf. Son délicat bouillon servait à faire cuire le chou (*fassum*) farci de riz, de lard maigre, de diverses viandes assaisonnées d'une pointe d'ail et de persil. Ils se souvinrent des "sardines fraîches grillées sur des braises de sarments", accompagnées d'une "persillade à l'huile d'olive". Ils en vinrent à parler de blanquette, non de veau mais d'"agneau de lait", dont la chair délicate était cuite au beurre, avant de la saucer, et qui s'entendait à merveille avec des "pâtes safranées". Ils parlèrent des omelettes, celles baveuses des gens du Nord, mais aussi celles qui, "retournées des deux côtés, plus rissolées que des crêpes, si fermes qu'on aurait dit des galettes", avaient la faveur des habitants du pourtour de la Méditerranée. Le grand cuisinier et le romancier se passaient la balle des souvenirs aux senteurs du Midi[23] avec des plats qui fleuraient bon l'ail – qu'Escoffier utilisait d'une façon discrète, contrairement au goût excessif de Lantier pour cette plante décrit par Zola dans *L'Assommoir*.

*L'ail doit être utilisé avec discernement*

Ont-ils parlé des Anglais (et par extension des Américains) qui avaient la hantise de l'ail et des grenouilles ? Escoffier a sans doute été conduit à raconter qu'il avait réussi à les séduire avec un plat de cuisses de grenouille, baptisées *cuisses de nymphe,* avec une petite pointe d'ail pour en relever la saveur. Réussir ce tour de force ne gommait pas le fait que pour la masse des Anglo-Américains, l'usage de l'ail restait détestable. La tentative d'Escoffier pour faire apprécier le charme de la cuisine française aux Anglais et présenter aux Français le meilleur de la cuisine anglaise n'impressionnait pas Zola. Le romancier n'était en effet guère disposé à entendre que la "bonne" cuisine anglaise pouvait être plaisante. Il ne fallait pas lui proposer de goûter, même au *Savoy,* au *beefsteak pie,* ou au *beefsteak pudding,* au pâté de poulet à l'anglaise (*chicken pie*) ou encore au gigot accompagné d'une sauce menthe. La position de Zola restait sans appel. Plutôt que de parler des Anglais, Escoffier faisait prendre à la conversation un tour plus aimable, en évoquant les Piémontais et leur cuisine, que le père[24] de l'auteur aimait tant. Le cuisinier avait commencé sa carrière à Nice, pas encore rattachée à la France, où la cuisine était fortement marquée par les apports piémontais. Quel plaisir que cette *brouillade d'œufs au fromage et aux truffes blanches du Piémont,* dressée dans une croûte de vol-au-vent ou sur de la polenta ! Il en détailla alors "sa" recette : "Faire tomber en pluie la semoule de maïs sur de l'eau bouillante salée, l'étaler sur une planche où elle refroidit toute une nuit, la découper en fines tranches que l'on colore et saupoudre de fromage râpé et de beurre fondu. La polenta est alors placée dans un moule à charlotte tapissé de truffes blanches et, une fois démoulée, elle est entourée de la brouillade." Qui oserait dire qu'ainsi préparée la polenta est difficile à avaler ?

*Un peu de place pour des plats étrangers !*

Un an après la mort de Zola, le grand cuisinier, qui n'avait jamais été à l'école pour apprendre son métier, publia le *Guide culinaire* dans lequel il prêche le rapprochement des cuisines. Ce livre contient une majorité de recettes françaises, mais aussi des préparations anglaises, allemandes, flamandes, turques, américaines et même égyptiennes. Philéas Gilbert, son ami et collaborateur, n'avait-il pas rêvé en 1884 d'une école où les peuplades des cinq parties du monde retrouveraient les mets qui leur sont chers ? Son livre permet à Escoffier de rompre avec le passé et de ranger au magasin des accessoires les socles de présentation de plats, les dressages compliqués. Personne n'avait rejeté d'une façon aussi nette la cuisine architecturale parce que la "vie ultra-rapide qui est celle de nos jours" nous oblige à rechercher le principe essentiel de notre travail : "Il n'y en a qu'un, affirmait Carême, qui est de donner satisfaction à celui que l'on sert. [On ne peut pas rester figé] alors que tout se modifie et se transforme." Escoffier montre que l'on peut réduire les temps de préparation tout en préservant la "valeur savorique (*sic*) et nutritive des mets".

Traité de paix entre cuisines française et anglaise, basé sur la rapidité du service avec ouverture au reste du monde, amenant les Anglais à oublier que "Dieu a donné de bons produits alors que c'est le diable qui a inventé les cuisiniers". Le *Guide culinaire* (comme plus tard *Ma Cuisine*) s'attache à des techniques plutôt qu'à des nationalités. Ses collaborateurs, Philéas Gilbert et E. Fétu, vont plus loin dans la simplification. Auguste Montagné, plus jeune, est encore plus radical. Il modifie le dressage des plats et sert les garnitures séparément, pour que les mets arrivent à table "bien plus chaudement, et plus rapidement". Si Montagné n'était pas un véritable chantre de la cuisine française, on aurait pu croire qu'il énonçait des principes de base de la cuisine anglaise. Allant dans le même sens, Alfred Suzanne publie en 1904 *La Cuisine et la Pâtisserie anglaises et américaines,* fustigeant les confrères qui sacrifient la "bonne, franche et saine cuisine [...] au colifichet et à l'ornement".

### New York, 1902
*Un Américain juge les plats anglais et français*

Le septième livre que George H. Ellwanger vient de publier, chez Doubleday and Co., est l'écho d'outre-Atlantique aux préoccupations d'Escoffier. Fin gourmet, américain de surcroît, l'auteur s'est donné comme mission de diffuser, dans *The Pleasures of the Table,* son savoir en matière de plaisirs de la table. Ce livre aurait pu faire penser à un traité de cuisine, mais l'auteur précise que ce n'est pas un recueil de recettes. Il s'agit d'une "histoire de la gastronomie des temps les plus reculés à nos jours, avec ses aspects littéraires, ses écoles, ses artistes les plus remarquables, des recettes spéciales et quelques vues concernant l'esthétique des repas et les invitations à dîner". Vaste programme qui aurait pu voir le jour en France, où l'on disserte beaucoup sur la gastronomie, alors que le thème est peu abordé dans le pays qui a connu, durant deux siècles, le conflit entre tenants des cuisines française et anglaise. Il demande d'excuser l'emploi du français pour de longues citations, mais c'est pour lui "la langue classique en cette matière", alors que le français aux États-Unis est en panne comme langue véhiculaire des mets.

En 1838, la carte de l'*Astor House*, une des meilleures tables de New York, est en anglais (*boiled cod, corn'd beef*), en français (*tête de veau en marinade*[25]), et compte quelques barbarismes (*ballon de mouton au tomato*). Mais en 1849 le français a disparu de la carte du même hôtel[26], le *macaroni au parmesan* est devenu du *macaroni and cheese* – et le reste étant aussi en anglais. Cette tendance ne fait pas reculer Ellwanger, qui n'a pas le sentiment d'aller à contre-courant. Il respecte les grands cuisiniers qui ont fait la gastronomie française et maintient qu'il faut adopter leur langue pour leurs œuvres.

*Cinq cents pages d'érudition gastronomique*

Un chapitre est consacré à Brillat-Savarin, un autre à La Reynière et Ellwanger n'oublie pas les talents de cuisinier et les qualités d'amphitryon de l'auteur du *Comte de Monte-Cristo*. Selon Ellwanger, *Véry*, *Véfour* et le *Café Anglais* amorcent leur déclin dès le milieu du XIXe siècle, alors que les *Frères Provençaux*, *Philippe* et le *Café de Paris* sont à leur apogée. Pour assurer la transition avec la cuisine anglaise, il cite le Comte d'Orsay, qui disait que les vrais talents avaient émigré en terre anglaise, rendant hommage aux chefs français expatriés en Angleterre, tel Charles Elmé Francatelli, élève de Carême devenu l'"officier de bouche"[27] de la Reine. Ellwanger revient ainsi au praticien (même) moyen de France qui a, selon lui, un don naturel faisant défaut aux cuisiniers d'autres pays. Si l'on mange bien dans les "oasis gastronomiques de Londres [qui] réussissent à faire fondre le brouillard de cette métropole en un soleil éclatant", c'est grâce aux chefs français. Son livre évoque quelques épicuriens anglais du XIXe siècle et nous apprend que William Kitchener a sabré, dans son *The Cook's Oracle,* les décorations pompeuses de la table et les plats lourds des Anglais. La monotonie du *roast beef,* du mouton et des viandes froides est rompue par des sauces en bouteilles (la *Worcester,* la *Halford* et la *Harvey*) et cette industrialisation est "la preuve du manque d'imagination des chefs anglais". La recherche quotidienne de la sauce la mieux adaptée au plat fait la grandeur de la cuisine française ; la faiblesse de l'anglaise viendrait de la réciproque.

*Les bons produits font la cuisine américaine*

Ellwanger cite les produits qui donnent une certaine primauté à la cuisine américaine, comme les pommes et les citrouilles des États-Unis qui font de belles tartes[28]. Sans sirop d'érable, il n'y aurait pas le contrepoint sucré des crêpes de sarrasin du *breakfast* américain, avec leur goût salé (saucisse ou bacon). Il cite le maïs frais dont les grains, gorgés du sucre peu transformé en amidon, fondent dans la bouche, quand on les arrache de leur épi à pleines dents. Si, dit Ellwanger, le turbot et la sole ne fréquentent pas les côtes américaines, il faut goûter "au *bluefish,* au *whitefish,* ou à notre *flounder* et à notre *pampano*[29], préparés de toutes les façons accumulées par la cuisinière américaine". Il évoque "la tortue du Maryland, le homard du Maine, la morue du Massachusetts", ainsi que l'alose[30] et le saumon. "Nous n'avons pas de truffes, mais nous avons de remarquables champignons", et il poursuit avec la liste du gibier à plume et à poil des forêts des États-Unis. Il arrive aux plats simples, le *corned-beef* avec du chou, le rustique *porc aux haricots*, l'*alose sur planchette,* monte d'un cran avec le *homard Newburg*, les *pâtés d'huîtres et de crabes,* et conclut en qualifiant la *clam chowder* de grand plat.

Cet amateur de bonne chère milite pour l'entente cordiale franco-anglaise et égrène tous les plaisirs de la table. Comme Brillat-Savarin, il estime qu'il ne peut y avoir de repas sans fromage, ne choisit pas le roquefort (orthographié "rocquefort") mais opte pour du salé-sucré, et pose sur un morceau de pain beurré une fine tranche de brie, la recouvre de fromage blanc frais, verse un mince filet de sirop d'érable et en fait des petits canapés. Ce serait, selon lui, la bonne façon de manger du brie. Il y a, dans cette recette, toute l'ambivalence du gourmet américain qui se réfère à la France sans renier le filet de sirop d'érable sur le fromage frais. Cette note originale mérite que l'on se penche d'un peu plus près sur la cuisine américaine, la vraie, s'il y en a une.

1. Classé monument historique en 1970, l'hôtel de Louis Dupuy, devenu musée, ne porte toujours pas d'accent circonflexe.
2. Ville-tripot, pas encore capitale du Wyoming (cet État n'existant alors pas).
3. Le Paris du XIXe siècle, qu'avait entrevu Adolphe Gérard, représentait une sorte d'apothéose de la gastronomie, diffusée par les restaurants.
4. Georgetown perdra de son importance après l'épuisement du filon.
5. Soit des huîtres en boîte (conserve fabriquée aux États-Unis, dès l'origine de l'industrie de la conserve), soit des huîtres ouvertes, les chairs placées dans des récipients refroidis par de la glace et remises sur coquille au moment de servir.

6. Le *ris de veau Eugénie* est un plat bien compliqué. Il subit une précuisson de douze minutes dans du vin de Xérès, est coupé en quatre, lardé, sauté dans du beurre, dont on fait une sauce avec du concentré de bœuf, des aromates, des champignons. Ris de veau et champignons sont placés sur des toasts mouillés au xérès, recouverts de crème fraîche et passés dans des plats individuels au four.
7. En français dans le texte. Osborn Cummings, *The American and his Food,* University Chicago Press, 1941.
8. Formule généralisée dans les premiers hôtels américains consistant à offrir un prix de chambre, repas compris.
9. Paul de Rousiers, *La Vie américaine,* Firmin-Didot, 1892.
10. Maurice des Ombiaux, *L'Amphitryon d'aujourd'hui,* Dorbon Aîné, 1936.
11. Émile Berr, journaliste, *Le Figaro,* 30 mars 1900.
12. Orthographié bien plus tôt *"wouelche rabetté"* par Beauvilliers, qui étendait du fromage anglais fondu dit "de Glocester" avec une pincée de gros poivre rouge dit "de Cayenne" sur des rôties de pain qu'il gratinait avec une pelle rouge placée au-dessus et qu'il servait avec de la moutarde anglaise.
13. Chaque habitant en a ingurgité 234 litres l'année de l'Exposition.
14. Les chances de repartir avec une médaille étaient grandes pour tout exposant. Quelque 3 250 citations ont été attribuées à un peu moins de 4 000 exposants en 1844 !
15. Il sera exploité par une des sociétés commerciales de Fannie Farmer, qui a poursuivi son développement après le décès de l'auteur.
16. Homard débité en morceaux, que l'on fait sauter avec des échalotes, des carottes et des poivrons émincés, des tomates concassées, de l'extrait de viande, des herbes diverses, du vin de Xérès, le tout noyé dans une sauce épaissie par un roux et enrichie d'une cuiller de cognac et de ciboulette cisaillée.
17. Meilleur restaurant de New York.
18. "Bonne table", dit le *Guide Beadeker États-Unis* de 1905. Le restaurant, devenu centenaire sous un nouveau nom (*Ober*), mais ayant gardé la même formule, sera très bien classé par… *Gault-Millau* !
19. Jules Huret rapporte dans *L'Amérique moderne* (Lafitte, 1911) sa visite à l'école de Miss Farmer et nous dit que le chef du *Touraine* collabore aux cours de cuisine, mais il se trompe quand il situe l'hôtel *Touraine* à New York.
20. Cette longue préparation explique son éclipse au $XX^e$ siècle et, en 1901, les *Boston baked beans* ne figuraient plus sur les cartes de restaurants huppés de Boston car il s'agissait d'un plat apprécié en famille. Seuls des restaurants modestes, surnommés péjorativement *beaneries,* les préparaient pour une clientèle appartenant à la population laborieuse.

*Guerre culinaire entre Français et Anglais du Nouveau Monde*

21. James Beard, critique gastronomique, dans son livre dédié au pain.
22. Robert Courtine, *Zola à table,* Robert Laffont, 1978.
23. Cette conversation, dont la forme est imaginaire, a, selon Escoffier, effectivement eu lieu.
24. Bien que celui-ci soit mort quand Émile était encore tout jeune.
25. Des plats comme la tête de veau, qui étaient courants dans les grands restaurants des États-Unis, vont disparaître plus avant dans le siècle.
26. La *charlotte russe* étant la seule exception, sur une cinquantaine de plats.
27. En français dans le texte.
28. La *pumpkin pie* par exemple ou l'*apple pie*.
29. Il s'agit de poissons fins des côtes des États-Unis, dont les noms français s'appliquent plutôt à des poissons proches. Le *pampano* est utilisé par *Antoine's* de La Nouvelle-Orléans pour sa spécialité : *pampano en papillote.*
30. L'alose (*shad*) est un poisson migrateur que l'on trouve en Europe et aux États-Unis. Selon Grimod de La Reynière, il remonte les fleuves pour frayer en eau douce, dans le but de charmer les gourmets. L'alose américaine serait plus fine que celle d'Europe, à en croire les patronymes latins la première est qualifiée de "*sapidissima*", la seconde de "*vulgaris*" !

## Chapitre II
## Il y a bien une cuisine américaine

> *"Fiers de notre supériorité culinaire, incontestable du reste, dominés par un chauvinisme ridicule et par d'absurdes préjugés, nous n'avons jamais voulu admettre qu'une autre nation pût produire de la bonne cuisine."*
> Alfred Suzanne, *La Cuisine et la Pâtisserie anglaises et américaines*,
> L'Art culinaire éditeur, 1904.

**Forest Park, Saint Louis (Missouri), 1904**
*Un repas géant à l'ouverture de la Foire*

David R. Francis, ancien gouverneur du Missouri, était satisfait. Il avait organisé la Louisiana Purchase Fair (exposition du centième anniversaire de l'achat de la Louisiane à la France) et il sentait le succès s'inscrire dès cette journée inaugurale. Chaque État de l'Union avait son pavillon et soixante-deux pays étrangers étaient représentés. Un lunch avait été préparé pour l'ouverture : sur les tables étaient disposés, pour chacun, "une assiette contenant un hachis de volaille et de céleri, un sandwich, une fourchette[1]". Les Français s'étonnent de la frugalité du repas officiel, de l'unique fourchette alors qu'il y a des personnalités importantes et de ces civils et militaires qui, à chaque bouchée, à chaque gorgée, se congratulent. Ils se présentent en mangeant, en tenant d'une main leur assiette et en serrant de l'autre des "mains inconnues mais vigoureuses pour certifier la vertu du *shakehand*". Certains ont des siphons à soda, des verres, des bouteilles de whisky, alors que des serveurs noirs prennent dans des barils des morceaux de glace, pour les répartir entre les invités, qui ne savent pas boire autrement que glacé. Les femmes savourent "maints pavés d'*ice cream,* la friandise de saison, pêchés dans des réfrigérants [...] Cent cuillers attaquent le bloc rose, blanc et brun, font glisser des parcelles appréciables dans les assiettes".

Dans les discours d'ouverture revenaient les mêmes idées, "l'union des peuples américains, les splendides succès, Jefferson et Bonaparte, et par-dessus tout, les millions de dollars". Les Français furent sévères pour le discours de l'envoyé du Président des États-Unis, Theodore Roosevelt, qualifié de "Yankee hâbleur athlétique et enfantin" (*sic*), sévérité qui s'expliquait peut-être par le fait que des Américains de l'auditoire utilisaient, durant les discours, "un seul verre auquel chacun boit fraternellement l'eau trouble et froide sans exiger [que les grooms gantés de blanc] rincent le verre". On dénombrait, dans la procession qui suivait la police montée, des Sioux, des trappeurs, des Apaches, des cow-boys, des Lapons, avec les sosies de Jefferson et de Bonaparte signant et resignant l'acte de cession de la Louisiane.

*Hot dog, hamburger, cône de glace... nés en 1904*

Dès le lendemain, la Foire ouvrit ses portes au public, qui pouvait se sustenter dans l'un des nombreux stands de l'enceinte. Un certain Ernest A. Hamaoui, originaire d'un pays du Moyen-Orient, vendait une spécialité de son pays, des *zalabias* (beignets au miel), et son stand jouxtait celui d'un vendeur de crème glacée qui la débitait sur des coupelles en carton. Un jour, le marchand de glaces manque de coupelles et, pour le dépanner, Hamaoui forme, avec la pâte à beignets, une sorte de cône, inventant ainsi le cône à crème glacée ! Cette prétention est vite réfutée par un autre vendeur de glaces, David Avayou, qui dit en avoir eu l'idée dans son *Ice Cream Parlor* de New Jersey. Ayant vu en France des marchands ambulants mettre la glace dans un cône en papier, il fit de même mais avec de fines gaufrettes. Abe Doumar[2] tenait aussi un stand de crème glacée à l'Exposition et s'attribue la paternité du cornet mangeable parce qu'il l'avait baptisé *Cornucopia* (corne d'abondance), comme si le fait d'avoir trouvé un nom pouvait garantir la primauté. La seule trace écrite d'une telle innovation est un brevet déposé en décembre 1904 par un certain Italo Marchiony, portant sur le caractère consommable du cône. Mais Marchiony n'a jamais pu faire valoir ses droits car le brevet fut déposé après que la Foire eut fermé ses portes. Entre la vérité prouvée par l'existence d'un brevet et une histoire romancée, le public préfère, en matière alimentaire, la deuxième voie. C'est pourquoi "personne n'est sûr que la paternité de l'invention [du cône] aux États-Unis soit à attribuer à un groupe d'hommes qui tenaient des stands à la Foire de Saint Louis de 1904[3]".

À côté des cinquante-trois restaurants que comptait la Foire de Saint Louis, d'autres marchands servaient à boire et faisaient, aux heures chaudes, des affaires en or. Dick Blechtynden, qui servait du thé chaud dans son stand, se lamentait d'avoir eu l'idée saugrenue de vendre une boisson aussi peu adaptée au climat. Se souvenant que les gens du Sud appréciaient de grands verres de thé glacé, citronné et sucré, il change son fusil d'épaule et, dès le lendemain, voit repartir ses affaires avec une queue de plus en plus longue devant son stand. Son succès lui a fait attribuer la paternité d'une boisson que des Américains du Sud ou du Nord préfèrent. Le thé glacé s'avère un moyen d'échapper à la platitude de l'eau, dans ce pays où, note un Français de la fin du XIXᵉ siècle, "l'eau glacée est le seul breuvage usité pendant le dîner".

Ludwig Feuchwander vendait des *frankfurters* (pas tout à fait de Francfort, étant de pur bœuf), que l'on prenait avec les doigts et que l'on mangeait devant le stand après les avoir trempées dans un pot de moutarde douce. Il faisait un bon score, dû, selon lui, au petit bruit sec de la peau de la saucisse déchirée par les incisives. Mais il arrivait qu'un client, surpris par la chaleur de la saucisse un peu grasse, desserre les doigts une fraction de seconde et la laisse glisser. Pour éviter ce risque, Feuchwander décida de prêter à ses clients un gant blanc, en coton, présentant le double avantage d'isoler et de freiner l'éventuel glissement. Mais un client sur deux demandait s'il pouvait emporter le gant en souvenir, et un client sur cent s'en allait avec le gant sans rien demander. Il opta alors pour un "gant qui se mange", et remplaça le gant blanc par un pain au lait. Si on croit à cette histoire, ce serait encore à Saint Louis qu'est né le *hot dog*. Mais il ne faut pas le dire à des New-Yorkais car, pour eux, la saucisse chaude dans un petit pain mollet, avec une giclée de moutarde, existait bien avant.

Un autre commerçant, partant du même concept, inséra une galette de viande hachée dans le petit pain. Comme le nombre d'Allemands était élevé à Saint Louis, il pensa que le nom idéal devait rappeler le pays. Il rejeta le nom de *frikadelle*[4], comme là-bas, et choisit *hamburger frikadelle*, sorte d'A.O.C. – Hambourg étant le port de départ de la plupart des émigrés allemands. À l'usage, *hamburger frikadelle* se contracta en *hamburger* (qui deviendra *burger*). Il est puéril d'attribuer une nationalité à une galette de viande hachée grillée, alors qu'elle est de tous les pays, mais c'est par la vertu du petit pain rond et mollet dans lequel elle est enserrée que le *hamburger* a acquis la nationalité américaine. Il existait bien avant, à Cincinnati

(Ohio), quelque chose (avec de la viande de porc) ressemblant au *hamburger,* mais quand des journalistes sont en mal de copie dans une exposition, leurs textes restent comme une vérité.

En 1904 à Saint Louis, la prépondérance germanique était visible dans les restaurants. Le *Munchener Rathskeller* de Market Street sert une cuisine allemande ; on mange autrichien au *Speck's Vienna Café* dans la même rue. Les adresses américaines (*American Café, Broadway Café*) sont majoritaires alors que les Français sont virtuellement absents. Les *Rathskellers* débitent avec leur *sauerkraut* d'énormes quantités de bière produites par la brasserie *Anhauser Busch,* qui a pulvérisé trois ans plus tôt le record du million de barils. Cette entreprise, au bord de la faillite au siècle précédent, avait été redressée par un émigré originaire de Mayence, Adolphus Busch, qui avait cru, avant ses confrères, à la pasteurisation de la bière. Ainsi conservée, la bière pouvait être expédiée plus loin que le rayon habituel. La bière, fabriquée à Saint Louis, même avec un brasseur de Mayence, était un produit américain authentique car, en plus de l'orge fermentée, la bouillie de base contenait du riz et du maïs atténuant l'amertume.

Les restaurants servaient peu de vin, essentiellement du mousseux, appelé pompeusement "champagne", provenant des caves toutes proches de l'American Wine Company Plant. Pas de vignoble local, mais des moûts du cépage Catawba[5] planté dans les îles du lac Érié, importés et mélangés à des vins de trois à quatre ans, vieillis de "six mois à douze ans", pour donner un stock de trois cent mille flacons de *medium, dry* et *very dry champagne* ! Les Français se plaignaient déjà des imitations "des bouteilles, des bouchons, des étiquettes, de la marque de négociants en vins les plus renommés de France, et [que] ces falsifications se vendent au prix de la marchandise vraie et légitime. On vole, on empoisonne son prochain ; mais on réalise de très gros bénéfices".

L'Exposition de Saint Louis de 1904 marque d'une pierre blanche la façon de manger des Américains. Les repas ne sont pas encore destructurés comme ceux de la fin du XX$^e$ siècle, mais on sent déjà que les habitants apprécient le côté pratique des choses. On mange, en marchant, une saucisse, un cornet de crème glacée ou une frikadelle dans un petit pain, ce qui annonce l'ère du grignotage. Pour accompagner le tout, les Américains ont le choix entre un "verre d'eau à la glace", des cocktails, du thé glacé, de la bière fabriquée à Saint Louis, ou encore du vin mousseux qu'ils appellent "champagne". Quand un ouvrier français, venu avec une délégation à la Louisiana Purchase Fair, voit des "hommes boire du café au lait comme digestif après un lunch sans pain[6]", il en est tout retourné. Ce n'est pas le premier et ce ne sera pas le dernier étonnement des Français face à la façon de boire des Américains.

### Gare Saint-Lazare, Paris, 1905
*Entre un homard breton et un autre de la côte Est, lequel choisir ?*

Le couple venait de terminer son repas à la brasserie *Mollard*. Il n'avait plus qu'à traverser la rue pour rejoindre le quai de la gare Saint-Lazare, où attendait le train spécial qui devait le conduire jusqu'à la passerelle du paquebot *Lorraine*. La liaison Le Havre-New York durait sept jours et sur le *Lorraine* la table constituait l'agrément principal du voyage. Quand on paie de 1 500 F à 2 000 F par personne pour traverser l'Atlantique en première, c'est aussi pour les repas de rêve. Malgré cette perspective gourmande, le couple avait voulu marquer le dernier repas en métropole. Il fallait, certes, bien déjeuner, mais le temps jusqu'au départ du train était compté, d'où l'idée de la brasserie. Le choix se porta sur la brasserie *Mollard,* située face à la gare, qui servait d'excellents crustacés. Son propriétaire avait fait fortune en tenant un "bougnat" à partir duquel il livrait avec sa voiture à cheval du charbon dans le quartier, pendant que sa femme servait à boire au comptoir et préparait un plat pour les habitués. Quand il décida d'en faire un beau restaurant, il choisit un architecte à la mode, Édouard Niermans, qui ne lésinait pas sur les marbres, mosaïques, glaces, céramiques et faïences peintes. La brasserie *Bofinger,* à la Bastille, avait montré la voie, en ordonnançant le décor autour d'une coupole en verre aux motifs à fleurs. *Mollard* fit mieux en entremêlant paysages, victuailles, personnages et représentations allégoriques.

C'est là que notre couple commanda deux homards bleus de Bretagne sortis du vivier, préparés à la thermidor, en pensant à une discussion entre un Français et un Américain sur la valeur gustative comparée des homards bretons et de ceux des côtes des États-Unis. Le Français affirmait que les "homards sont abondants sur la côte Est des États-Unis, où ils atteignent une taille double de leurs congénères d'Europe. Mais, comme il arrive dans la faune des mers, les plus grosses pièces ne valent pas toujours, en saveur, celle des tailles moindres". L'Américain[7], qui n'accordait aucune qualité à toute bestiole qui n'était pas un *Maine lobster,* rétorquait : "La vérité est qu'aucune des bestioles que l'on trouve dans le monde sous le nom de homard ne peut se comparer par la taille, la saveur et la texture, aux merveilles que nous connaissons."

*La tradition française se perpétue à New York*

Sur le quai de la gare, quelques compagnons du voyage avaient une sorte de petit bréviaire à reliure rouge, le *Baedeker États-Unis,* pour leur permettre, débarquant à New York, d'avoir des adresses de restaurants français. Dans un deuxième temps, les plus hardis acceptaient l'aventure des plats autochtones. D'ailleurs la cuisine française occupe un bout de terrain à New York, mais à lire les appellations, on pourrait croire qu'elle occupe une place plus grande. Des auteurs, des chefs, des restaurateurs accolent *"french"* chaque fois qu'ils le peuvent pour des préparations inconnues ici. Ainsi, la *club french dressing* a deux cuillers de cognac, la *Columbia french dressing* part de la *Worcestershire sauce,* un autre *french* assaisonnement, du *tabasco,* une vinaigrette qui se veut "franco-californienne", contient du jus de pamplemousse, etc. New York, au début du siècle, est la ville américaine où l'on mange le mieux (dans l'acception française). "Le New-Yorkais a honte de l'Amérique parce qu'elle ne ressemble pas à l'Europe ; il est séduit par nos manières plus raffinées, par nos habitudes de vie élégante, qu'il entrevoit à Paris, et regrette de ne pas retrouver quand il remet le pied sur le sol de sa patrie.[8]" Les grandes adresses – *Delmonico's, Sherry's, Rector's* – qui ont des chefs français participent à cet engouement. Les Français trouvent à New York des enseignes fleurant bon la France, le *Café Martin,* le *Café Francis,* le *Café des Beaux-Arts,* le *Petit Véfour,* ou encore l'un des deux *Mouquin's* qui avaient "des serveurs français, des musiciens français, de la musique française, une décoration française et naturellement de la cuisine française[9]".

Les restaurants huppés sont le long de la Fifth Avenue, alors que les plus amusants sont dans le quartier des théâtres, ce fameux *theater district,* le croisement de la 42nd Street avec la Fifth Avenue étant la frontière entre les deux mondes. Près de cette frontière, le *Baedeker* cite le *Delmonico's* qui fait salle "comble de 7 heures à 8 heures du soir ainsi qu'après la fermeture des théâtres". L'origine de ce restaurant se situe en 1827 : deux Suisses, Giovanni et Pietro Delmonico, vont être les initiateurs de la plus grande percée culinaire française outre-Atlantique. Ils commencent par vendre des glaces et des pâtisseries dans un petit local au 21 William Street à Manhattan, à l'enseigne de *Delmonico Brothers Restaurant Français,* alors que l'établissement n'a rien de français.

*Il y a bien une cuisine américaine*

Sa carte énonçait, en français et dans sa traduction anglaise, les parfums des glaces offertes, les gâteaux, les boissons. Les maîtres de céans détectent que leur succès vient de la magie du mot "*french*" et en font la base de leur exploitation. L'ascension des Delmonico allait être jalonnée de restaurants prestigieux situés au gré de la mode, et se déplaçant avec elle. Point culminant de cette réussite, le restaurant cité par le *Baedeker,* occupant quatre étages et comportant salle de bal, salons, cabinets particuliers, café pour repas rapides. Entre la douzaine de tables du départ et l'immeuble de la 44th Street, les propriétaires avaient fait l'effort d'avoir un nombre imposant de chefs français, parmi lesquels l'Alsacien Charles Ranhofer. Ce fils de cuisinier, arrivé très jeune aux États-Unis après un apprentissage en France, travaille à Washington comme cuisinier du consul de Russie et au restaurant *La Maison d'Or,* mais c'est chez *Delmonico* que son talent atteint sa plénitude avec une carte de sept pages exécutée à la perfection avec quarante-deux collaborateurs.

*Lobster à la Newburg, chicken à la King.*

Des cuisiniers travaillant sous Ranhofer ont dirigé des restaurants américains et beaucoup de maîtres d'hôtel firent leurs classes chez *Delmonico's*. Pierre Caron, chef pâtissier, a publié *Plats français pour la table américaine*. Ranhofer a transposé la cuisine française aux États-Unis, utilisant des produits locaux, adoptant des plats créoles et acceptant même de laisser des clients "mettre la main à la pâte" pour leur faire plaisir. Le riche Ben Wenberg demanda à préparer une sauce pour accompagner son homard, et l'appela *homard à la Wenberg* rebaptisé *homard à la Newberg,* puis *homard à la Newburg*[10]. Le *chicken à la King*[11] aurait également été conçu au *Delmonico's* par un client au nom de Foxhall Keene. Le plat appelé *chicken à la Keene* ayant une parenté phonétique avec "*queen*" (reine), on est passé du *poulet à la reine* au *poulet royal.* Ranhofer a consigné quatre mille recettes en anglais, dans un livre de mille deux cents pages, *The Epicurean,* paru vers 1893. Ce livre a joué un rôle dans la diffusion de la cuisine française aux États-Unis tout en renforçant l'idée que se faisaient les Américaines d'une cuisine difficile à réaliser par un public non averti.

La réputation du *Delmonico's* a traversé l'Atlantique. Châtillon-Plessis l'évoque de la façon la plus élogieuse dans *La Vie à table à la fin du XIX<sup>e</sup> siècle.* Il y reproduit un "menu du restaurant *Delmonico's* de New York" et fait figurer Ranhofer dans la *Galerie des gastronomes et praticiens, de Brillat-Savarin à nos jours,* aux côtés de Carême, Escoffier, Marguery. Il existe donc, dans le New York du début du siècle, une place pour la gastronomie, avec des chefs aux salaires élevés et du personnel de classe en salle. Avec le temps, les plats prennent la nationalité américaine, nous disent les historiens[12]. "Les restaurants *Delmonico* ont créé pour les gourmets de New York un standard qui a fait de cette ville, après Paris, la capitale des restaurants du monde." Mais les gourmets de New York sont "un épiphénomène", car, selon Ali Bab, tout le monde là-bas est occupé à autre chose qu'à chercher à bien manger.

Dans le train qui les emmène au Havre, les heureux touristes ne savent pas tous qu'ils peuvent faire à New York le tour des tables des grandes capitales européennes. Ils peuvent dîner au *Café Boulevard,* mais ce n'est pas un restaurant français car les notes aiguës de la musique tzigane et le goulasch rappellent la Hongrie. Ils peuvent goûter aussi à la cuisine allemande chez *Luchow,* en choisissant dans la gigantesque carte l'une des sept saucisses différentes, des jambons dont celui de Westphalie, du hareng préparé de diverses façons, du fromage servi avec ce pain noir nommé *pumpernickle,* qui a gardé ici le même nom. Mais n'est-il pas plus simple de traverser le Rhin que l'Atlantique ? Ceux qui souhaitent goûter à la cuisine américaine vont au restaurant

*Childs* à l'heure du déjeuner pour voir les lois de la gastronomie outrageusement violées au bénéfice du dieu temps. La rapidité pousse le restaurateur à servir plusieurs clients successifs à la même table, logique qui aboutit au *quick lunch*. Le décor de *Childs* n'évoquait pas un café français, ni un *rathskeller* allemand, pas plus qu'un pub de Londres. Authentique restaurant autochtone, frais, net, propre, hygiénique, en conformité avec la mode américaine : des plats sains plutôt que goûteux.

Le couple de la brasserie *Mollard* a dîné un soir chez *Delmonico*, puisque depuis une dizaine d'années les femmes y sont admises. Ayant choisi le *homard thermidor* chez *Mollard*, et peut-être un *homard à la Newburg* chez *Delmonico*, ils ne sauront pas laquelle des deux bestioles est la meilleure, car la mode est aux préparations compliquées. Ils auraient pu mieux trancher entre la taille[13] et la finesse s'ils avaient goûté l'américain grillé[14] et le breton "à la nage".

### San Francisco, mercredi 18 avril 1906
*Au Palace Hotel, on accepte tous les caprices*

C'est un peu avant une heure du matin que le "grand" Caruso entre dans le hall du *Palace Hotel*, épuisé mais dans un état de parfaite félicité. L'accueil du public de l'Opéra de San Francisco avait été délirant avec neuf rappels dans un tonnerre d'applaudissements. Il venait de camper le personnage de don José dans la représentation de *Carmen* et son triomphe lui avait fait oublier l'altercation qu'il avait eue avec l'*assistant manager* de l'hôtel pour le choix de son appartement. On lui avait présenté l'appartement 622 qu'il avait refusé parce que les lourds rideaux des fenêtres évoquaient pour lui une chambre funéraire et Caruso était superstitieux. Le sous-directeur du *Palace Hotel* l'avait donc conduit à la suite 580 que "la voix la plus puissante de tous les temps" trouva à son goût. Caruso occuperait donc la suite 580. Monter se coucher était la dernière chose qu'il souhaitait faire, car tintait encore à ses oreilles comme un écho des applaudissements de la salle. Un petit verre de cognac pris en compagnie du chef d'orchestre l'avait détendu. Des membres de la troupe décidèrent d'aller faire le tour des restaurants à la mode. Il y avait un *Delmonico's,* comme à New York, et puis, la mode voulait que l'on s'arrête un instant au célèbre *Old Poodle Dog,* qui portait à l'origine le nom pompeux de la *Poule d'Or,* impossible à prononcer d'une façon correcte par les autochtones. Caruso n'avait pas envie de faire cette tournée de noctambules, car il ressentait un brin de nostalgie qui lui donnait une folle envie de spaghettis. La cuisine du *Palace,* sous la houlette du chef Fred Mergenthaler, était superbe, mais elle n'évoquait pas le pays natal de l'artiste. Caruso pouvait tout se payer, mais dans les moments de fragilité émotionnelle, il recherchait des choses simples évoquant la cuisine qu'il avait connue quand il n'était qu'un pauvre petit Napolitain. Le cocher le conduisit au *Zinkand's Restaurant,* réputé pour ses énormes platées de pâtes fumantes, et là, le chanteur commanda des spaghettis à la napolitaine, ce qui eut pour effet d'effacer sa faim, et dans la foulée son spleen. Il devait être quatre heures du matin quand il se mit au lit. Il ne pouvait pas prévoir qu'il allait être réveillé avec violence à 5 h 14 par le plus grand tremblement de terre de San Francisco. Si l'hôtel n'avait pas été construit pour résister aux secousses sismiques, la suite 580 aurait pu devenir la chambre mortuaire de Caruso.

*Une gigantesque salle à manger d'hôtel*

New York, ville réputée pour ses fabuleux caravansérails, n'avait pas d'hôtels ayant coûté le prix du *Palace Hotel.* Il fallait compter un million de dollars pour un très bel hôtel et le *Palace* avait coûté cinq fois plus. Presque mille chambres, faisant toutes plus de vingt-cinq mètres carrés et soixante-quinze appartements d'une surface de plusieurs chambres chacun. Si Caruso avait refusé une nouvelle fois l'appartement qu'on lui destinait, il aurait été possible de lui en montrer soixante-quinze autres, du plus raffiné au plus délirant. Du mobilier précieux avait été placé dans les chambres, dans les couloirs, dans les salons innombrables, la salle à manger spéciale pour le petit déjeuner, les salons fumoirs pour les hommes, les élégantes salles réservées aux femmes. La salle à manger principale, qui faisait cinquante mètres de long et seize mètres de large, donnait sur un patio central qui occupait quatre cent cinquante mètres carrés au sol, avec des palmiers, d'où le nom de *Palm Court*. On n'avait lésiné ni sur les marbres, ni sur les bois précieux, ni sur les fontaines, ni sur les tableaux anciens, ni sur les sculptures.

Il fallait que le *Palm Court* fasse mieux que les meilleurs restaurants pour marquer sa différence. La cuisine de Carême avec ses présentations architecturales convenait bien, car elle était comme le prolongement du style de la construction. À l'inauguration, en 1875, le chef Pierre Epinot, venu de Lyon en passant par *Delmonico's* New York, et le chef pâtissier Maurice Bonneau, originaire de Normandie, s'étaient surpassés. Seule l'orthographe du *patè de fois gras* ou de la *salade à la francaise (sic)* pouvait faire l'objet de réclamations. La carte des vins ne comportait, elle, aucune erreur typographique, du moins pour les crus de Californie, car le vin était bien chez lui à San Francisco. Des vignerons du nom de Latour firent avec des cépages bordelais *Beaulieu Vineyards* et leurs vins figuraient sur *The Palace Hotel Wine List*. Plusieurs blancs de chez *Wente Brothers* se rapprochant des graves bordelais étaient alignés sur une demi-page de cette même carte. Il y avait des bouteilles moins prestigieuses de chez *Beringer Brothers*, à côté de *sparkling sauternes*, de *sparkling moselle* et de *sparkling burgundy*, d'origine californienne. La Paul Masson Champagne Company, qui produisait depuis 1852 du rouge, du blanc, du rosé, tranquilles et qui pétillent, était représentée. Il ne fallait pas confondre ces Masson avec leur homonyme maître de chez Pleasant Valley Wine Company dans l'État de New York, qui avait obtenu de l'administration des postes que la localité s'appelât Reims ! Cette liste de vins américains comportait d'authentiques vins de France, des blancs de Bourgogne, des rouges de Bordeaux et des champagnes de Champagne. Seule ombre au tableau, le château-margaux était devenu château-margeaux, erreur sans gravité comparée à la volontaire confusion phonétique créée par le château la feet, voulant se faire passer pour le premier cru château-lafite: De tels produits[15] n'avaient pas leur place sur sa carte des vins.

*Les huîtres Kirkpatrick, spécialité américaine*

Parallèlement à l'harmonieuse juxtaposition des vins américains et français dans une même carte, s'opérait la fusion de la cuisine française, *saumon glacé au four à la Chambord,* avec des spécialités américaines, *oysters Kirkpatrick*[16], du nom du directeur de l'hôtel. Un vieux boulanger noir préparait à longueur de repas, dans la salle à manger même, des *muffins* de maïs, spécialité du Sud, alors que le meilleur boulanger français de San Francisco livrait du pain au levain. Le chef du *Palm Court,* Fred Mergenthaler, cherchait à étendre la gamme des spécialités américaines et s'était couché fort tard cette nuit-là, peut-être parce qu'il pensait éditer une nouvelle spécialité. Comme Caruso, c'est en sursaut qu'il s'était réveillé à 5 h 14. Tout se déplaçait dans tous les sens dans sa chambre comme dans la suite occupée par Caruso. Le lit avait été soulevé et était retombé comme une chaloupe sur une mer démontée, les lustres valsaient, des craquements se faisaient entendre. Dès que les choses se calmèrent un peu, Caruso se rendit compte qu'il était bien vivant, les murs de l'hôtel tenaient, mais instantanément une folle panique l'envahit : "Le tremblement de terre m'a-t-il fait perdre la voix ?" se demanda-t-il. Pour faire taire cette intolérable angoisse, il fallait essayer de chanter tout de suite. C'est ainsi que, dans le matin blême, les rescapés du tremblement de terre, hébétés par la secousse, chassés de leurs maisons par la peur, cherchant à s'orienter dans les rues éventrées et coupées par les tramways couchés sur le flanc, essayant d'éviter de recevoir sur la tête des pans de murs fissurés, ne réalisèrent pas bien si c'était le rêve qui succédait au cauchemar et aux hurlements. Car ils entendaient, ce qui n'était pas pensable, la voix du grand Caruso émanant d'une des fenêtres du plus bel hôtel de la ville, le *Palace,* couvrant les cris de terreur des blessés qui, un instant, restèrent comme suspendus. Le *Palace* avait tenu malgré la violence des secousses alors que des milliers d'immeubles du quartier des affaires et d'autres hôtels n'étaient plus qu'un tas de gravats.

La rupture des canalisations d'eau et de gaz eut des conséquences plus dramatiques car les fuites de gaz allaient provoquer des incendies que le manque d'eau empêcherait de maîtriser. Les autorités, qui avaient proclamé la loi martiale, font occuper San Francisco par la troupe. On ferme les *saloons* et on retire toutes les licences des débits de boissons. L'une des patrouilles choisit la bonne adresse pour en faire son cantonnement, *Delmonico's* en ruine, et comme les hommes épuisés ont faim, ils chargent l'un d'entre eux de préparer à manger. Ce dernier trouve un récipient dans les décombres, découvre dans un placard du café moulu et allume un réchaud pour faire du café. La flamme jaillit on ne sait d'où, le feu atteint le toit en un clin d'œil, s'étend très vite, embrase l'hôtel *Saint Francis* et atteint le *Palace*. Durant trois jours et trois nuits, l'incendie va calciner les immeubles ébranlés et répandre sur toute l'agglomération une épaisse fumée, des cendres et une odeur âcre difficile à supporter, sauf quand le feu atteint un important stock de café qu'il torréfie, dégageant pendant un petit moment un délectable arôme pour tous les sans-abri. C'est, en fin de compte, le feu allumé chez *Delmonico* qui a eu raison de son concurrent le *Palm Court*. On aurait voulu symboliser la concurrence des restaurants entre eux, on n'aurait pas mieux trouvé.

La vie reprend immédiatement et l'hôtel *Saint Francis* construit un bâtiment provisoire qui comporte quelques chambres et un *grill-room*. La direction du *Palace* annonce l'ouverture d'un établissement annexe avec une salle de bal. Un an après le tremblement de terre, le *Fairmont Hotel* ouvre ses portes. Les restaurants célèbres, revus et corrigés, s'installent et d'autres restaurateurs se font une place. Le *Old Poodle Dog* fusionne avec *Frank's Rotisserie* et présente une liste de vins qui compte soixante-cinq bouteilles provenant de France et soixante-neuf de Californie. Le *Palace* ouvre au même emplacement en décembre 1909, avec des chambres mieux adaptées aux exigences de la clientèle ; la cour centrale est maintenue ; son restaurant est encore plus beau que la version ancienne. Le contenu des assiettes faisait honneur à la tradition de l'hôtel et les sept cent soixante-cinq personnes invitées au banquet d'ouverture en étaient le témoignage. Par la suite, la présence sur la carte des *spaghettis à la Caruso*, avec une sauce à base de foies de volaille, rappelle le passage du grand chanteur[17] et crée une polémique entre ceux qui estiment que les foies de volaille se suffisent à eux-mêmes et ceux pour qui la sauce tomate améliore le plat.

D'autres visiteurs affluent dans la ville. Parmi eux, la soprano Luisa Tetrazzini, qui partageait avec Caruso un goût démesuré pour la cuisine napolitaine, chante à l'Opéra de San Francisco. C'est le coup de foudre entre elle et le public, ce qui l'amena à chanter encore, et à manger encore plus. Pour lui rendre hommage, un restaurateur mit au point à son intention un plat qui devait porter son nom, *chicken Tetrazzini*[18]. Le *chicken Tetrazzini* allait faire une carrière américaine à côté du *chicken à la King*.

*Il y a bien une cuisine américaine*

**Coney Island (N.Y.), 12 août 1906**
*Des "chiens chauds", des clams, de l'agneau rôti*

Ce dimanche 12 août, les lecteurs du *New York Sun* apprirent dans un article de journal traitant du Luna Park, nouveau parc d'attractions de Coney Island, qu'un homme mangeait un sandwich de "chien chaud" (*"a hot dog sandwich"*). C'est ainsi que l'expression argotique du "dialecte" new-yorkais voulant dire "saucisse de Francfort dans un petit pain" accédait à l'écrit[19]. Bien avant que ce nom de "chien chaud" soit usité et que Luna Park commence à sortir de terre, il y a, à Coney Island, une belle et longue plage de sable sur laquelle on construit un hôtel somptueux, après avoir baptisé l'endroit Manhattan Beach. Dans cet hôtel, le repas classique débute par des clams servis dans leur coquille, un bluefish, poisson apparenté au bar, préparé au four, de l'agneau rôti accompagné de légumes, et on termine par une meringue glacée. L'ouest de l'île, plus populaire, est fréquenté par des citadins moins riches cherchant aussi à fuir la canicule de Manhattan. Les moyens de transport permettent "l'exode hebdomadaire qui revêt le même caractère d'urgence qu'une évasion de prison[20]". Chaque été, le dimanche, bateaux, trains et tramways déversaient leur cargaison de vendeuses, cochers, coursiers et petits employés qui flânaient dans Surf Avenue, sollicités par des voix les invitant à tirer à la carabine, à voir un spectacle, ou à acheter quelque chose à mettre en bouche, faisant de Coney Island le record de densité humaine et le record de quantité de nourriture ingurgitée par pied carré. Puisque les riches commençaient leurs repas par des clams, autant les imiter, au moins pour ce premier plat. Les restaurants, les boutiques, les échoppes, les marchands ambulants servaient, à des prix plus ou moins élevés, des *"clams in every style"*. Des marchands offrent un bol de *clam chowder* avec la location de la cabine de bain où les visiteurs peuvent se changer. Quand on vient en groupe, on aime faire un pique-nique sur les dunes. On peut commander une *clambake*[21], méthode rustique, appelée aussi *indian clambake,* qui donne l'illusion d'un retour à la nature alors qu'il s'agit d'un repas organisé. Manger une *clambake,* des bols de *chaudrée de clams* ou des clams servis sur coquilles, permet de calmer une petite faim ou de tuer le temps entre deux plongeons, mais les clams finissent par devenir monotones. D'autres choses faciles à grignoter occupaient aussi le paysage alimentaire de l'île, la barbe à papa, le pop-corn et les pommes caramélisées, les sandwiches de salami, les *knishes*[22] brûlantes, les portions de poulet frit dans du papier paraffiné, dans les coins plus modestes fréquentés par une majorité de Noirs. Dans la soirée, le jeu des mandibules se poursuit et les petites baraques, les marchands ambulants, les comptoirs sur le devant des restaurants plus sérieux, poussent chacun à se sustenter entre une virée de montagnes russes et une ascension en ballon captif.

*Le hot dog, antidote à la tension des attractions*

Dès 1885, les agents immobiliers de l'île avaient à proposer des dizaines de baux de "débits de saucisses", destinés à tout commerçant désireux de s'installer à Coney Island. Le petit pain contenant une saucisse était échangé contre un *dime* (pièce de dix *cents*). Bien plus tard, les psychologues vont faire la relation entre le stress et le besoin de grignoter, expliquant du même coup le succès du hot dog comme antidote à l'excitation provoquée par les attractions. La nourriture que l'on ingurgite entre un pseudo-tremblement de terre et un faux alunissage calme un peu la faim et beaucoup la tension interne générée par le brouhaha de la foule. Les prix des repas sont ajustés à toutes les bourses. Parmi ces restaurants de Surf Avenue, il y en a un qui est plus important que les autres, le *Feltman's German Gardens*. Albert Feltman, le propriétaire, a débuté en 1867 comme marchand ambulant à Coney

*Il y a bien une cuisine américaine*

Island. Il s'était équipé d'une charrette à bras, avec un caisson métallique bien hermétique pour conserver au frais les petits pains au lait, et avec un brasero pour chauffer l'eau des saucisses appelées, en ce début de siècle, *wiener*, diminutif anglicisé de *wienerwurst* (saucisse de Vienne). Il assaisonnait les saucisses de moutarde douce, de quelques condiments, et les accompagnait de choucroute. Les ventes se développent, et le rêve du marchand ambulant se réalise par la location d'un bout de terrain, où il installe une bicoque. Il y a quelques places assises, mais elles sont marginales par rapport à la masse de ses ventes. Le succès l'amène à prendre quelque chose de plus grand, et il inaugure le *Feltman's German Gardens* qui devient le restaurant le plus coté de Coney Island, avec huit mille places assises. Les familles aisées viennent chez *Feltman's* pour fêter un événement, boire parfois du champagne. La saucisse, qui avait fait sa fortune, n'est pas oubliée et on retrouve, dans les points stratégiques du restaurant, des débits permettant de servir les petits "chiens chauds". On retrouve cette saucisse dans d'autres restaurants, sans son petit pain, mais servie avec des haricots sous le nom de *franks and beans*. En plein air, elle devient le point central autour duquel gravitent des morceaux de viande cuits sur un barbecue. En 1912, un certain Nathan Hendwerker arrive de sa Pologne natale et trouve du travail comme préparateur de sandwiches le dimanche chez *Feltman's*.

*Nathan Hendwerker lance le hot dog à cinq cents*

Deux serveurs "chantants" d'un établissement voisin, comparable aux cafés-concerts parisiens, s'arrêtaient chaque soir pour avaler un ou deux sandwiches et rouspétaient quant aux prix pratiqués. À force de se l'entendre dire, Nathan arrive à la conclusion que l'on peut vendre "la chose" à cinq *cents* et avoir tout de même une bonne marge. Il décide alors d'ouvrir un petit stand pour vendre un *frankfurter sandwich* assaisonné, prétend-il, avec un mélange "secret" d'épices que sa femme avait conçu. En 1916, le *Nathan's Famous Coney Island Hot Dog Stand* était créé. Les deux serveurs qui l'avaient incité à tenter l'expérience devinrent des acteurs du cinéma parlant, sous les noms d'Eddie Cantor et Jimmy Durante[23], mais restèrent fidèles à Nathan, constituant une publicité vivante gratuite. Nathan agrandit sa bicoque pour en faire le plus grand débit de saucisses des États-Unis. Le hot dog resta le roi du fast-food et les raisons de ce succès impliquèrent même le Président des États-Unis.

Ce "plat" a en effet acquis ses lettres de noblesse quand Franklin D. Roosevelt l'a servi au roi d'Angleterre, George VI, en visite aux États-Unis en 1939. Un autre Président, Dwight Eisenhower, a confirmé que le candidat du parti républicain qu'il était avait, en matière de hot dog, un avis concordant avec l'un de ses prédécesseurs, pur produit du parti démocrate. Hollywood avait assuré le relais entre les deux Présidents, la grande Marlène Dietrich ayant affirmé que son repas favori était un hot dog accompagné de champagne !

---

1. Paul Adam, *Vues d'Amérique,* Librairie Oldendorff, 1906.
2. Les descendants d'Abe Doumar, marchands de glaces à Norfold (Virginie), exposent en 1998 la machine utilisée en 1904.
3. Paul Dickson, *The Great American Ice Cream Book,* Atheneum, 1972.
4. Orthographié avec un "c" à la place du "k" dans *La Cuisinière de la campagne et de la ville,* L.E. Audot, Librairie Audot, 1908.
5. Raisin rouge pâle qui donne des vins blancs, rosés et rouges.

*Il y a bien une cuisine américaine*

6. Jacques Portes, *Exposition internationale de Saint Louis,* rapports, in *Revue française d'études américaines,* février 1986.
7. Ce débat imaginaire est constitué de citations authentiques : Académie des gastronomes, *Cuisine française,* Le Bélier, 1971, pour la phrase du Français ; James Villas, *American Taste,* Harbor House, 1982, pour la phrase de l'Américain.
8. Paul de Rousiers, *La Vie américaine,* Firmin-Didot, 1892.
9. Stern, Gilmartin and Massengale, *New York 1900,* Rizzoli, 1983.
10. La recette se retrouve chez Escoffier, qui en fera trois versions, une avec un homard vivant, l'autre avec la bestiole préalablement cuite au court-bouillon, et une dernière combinant homard et filets de sole. Le *Larousse gastronomique* ne mentionne pas l'origine anecdotique du nom de la recette, mais note que "ce plat est aussi dénommé *homard sauté à la crème* [du fait de] l'élément de mouillement du plat". Ranhofer baptise ailleurs cette préparation *homard Delmonico.*
11. Ragoût de volaille à la crème considéré comme un plat sophistiqué de la cuisine américaine.
12. Daniel J. Boorstin, *Histoire des Américains,* Armand Colin, 1981.
13. Il semble que les homards de l'époque étaient encore plus grands que ceux que l'on connaît à la fin du siècle. "On en pêcha dans les parages de Newport, nous dit le cuisinier français expatrié, Sylvain Goy, qui pesaient jusqu'à 15 kg. J'en ai servi un moi-même qui pesait 6 kg. Je n'employais, il est vrai, que sa coquille car, une fois cuite, la chair de ce homard était assez analogue à du vieux cordage usé par les tempêtes."
14. Les *steak houses* servent leur homard grillé et, pour faire riche, saupoudré de chair de crabe. À Plymouth ou dans les îles du Massachusetts, sur les côtes du Maine, on prépare le homard en le faisant cuire à la vapeur d'eau de mer. Ce soin apporté à la cuisson du homard est loin d'être général, même si les restaurateurs prétendent avoir une "formule secrète".
15. Ils voient le jour plus tard dans le siècle.
16. Plat alambiqué par sa sauce – du ketchup, du Tabasco, de la Worcestershire sauce, de la *A1 sauce,* du persil cisaillé, un poivron émincé, du bacon (pas moins) – et par sa préparation : "Tremper les huîtres dans la sauce, les replacer dans leur coquille, les recouvrir de bacon et de parmesan, les passer au four très chaud."
17. L'hôtel qui appartient à la chaîne *Sheraton* à la fin du siècle expose dans quelques vitrines des souvenirs rappelant le passage de Caruso.
18. Ce plat comportait forcément des spaghettis agrémentés d'une sauce à la crème relevée d'un peu de xérès et mélangés à des lamelles de blanc de poulet, à des champignons, à beaucoup de parmesan, le tout gratiné au four.
19. John F. Mariani, dans son *Dictionary of American Food and Drink,* Ticknor & Fields, 1983, fait remonter la première parution du mot à 1900, dans l'*Oxford English Dictionary.*
20. Rem Koolhas, *New York délire,* Chêne, 1978.

## Le Ketchup et le Gratin

21. Dans une tranchée rectangulaire, tapissée de gros cailloux, le traiteur fait du feu pour les chauffer à blanc. Il dépose sur les pierres brûlantes une couche d'algues, des casiers en fil de fer de clams, du maïs, des oignons et, suivant le cas, des patates douces, des morceaux de poulet, des poissons et… des homards. Une nouvelle couche d'algues recouvre le tout. La cuisson se fait lentement et les victuailles sont déterrées et servies aux convives trois heures après.

22. Sorte de pâtés de pommes de terre au fromage, acclimatés aux États-Unis par des juifs d'Europe orientale.

23. Ils ont eu leur heure de gloire à Hollywood, Jimmy Durante plus longtemps qu'Eddy Cantor.

≈ *Chapitre III*
*Les pauvres mangent debout,*
*les riches dans des palaces roulants*

> *"La gare devint le centre des activités [...] La vie s'axait*
> *essentiellement sur le* Railways Arms, *le grand hôtel que*
> *la compagnie avait fait construire près de la gare."*
> James A. Michener, *Colorado Saga,* Flammarion, 1974.

**La gare de Paris à Lyon, 1902**
*Invitation au voyage dès le Buffet de la gare*

L'Exposition universelle avait fermé ses portes avec plus de cinquante millions d'entrées. Les pavillons éphémères étant démontés, il reste à Paris bien des richesses : gare d'Orsay, Grand et Petit Palais, pont Alexandre III. À l'est de Paris, le nouveau *Buffet de la gare de Paris à Lyon,* inauguré en 1901, a un plafond et des murs constituant le catalogue de voyages le plus onéreux jamais conçu. Quarante et une peintures embrassent dans une seule salle le mont Blanc, des villes de Méditerranée, un crochet par Alger et donnent à voir des cités du Maroc et même d'Indochine. On sert à manger aux voyageurs dans un cadre évoquant les paysages et les régions qu'ils vont traverser. S'agissant d'un restaurant, il ne semble pas que l'objectif ait été de stimuler l'envie de manger mais plutôt celle de voyager. La presse aussi escamote la table en faveur du seul décor, en estimant qu'il y a "profusion de motifs d'art, peut-être un peu trop chargés, un peu trop dorés[1]". On regrette que, "malgré ses huit mètres de hauteur et son plafond cintré, le buffet, qui n'a certes pas son pareil au point de vue de la richesse artistique, soit un peu écrasé", et on se félicite qu'"une heureuse disposition [ait] fait reléguer [les cuisines] au quatrième étage sous les combles" grâce aux monte-charge électriques. L'*Hôtel du Louvre* comporte déjà un magnifique plafond avec, comme personnage central, Brillat-Savarin apportant une caution symbolique à la qualité de la cuisine. Rue Saint-Lazare, le décor du restaurant *Mollard* évoque l'arrivée et le départ des trains ainsi que des paysages "croqués" de villes desservies, mais le canard, le rouget, l'escargot, la coquille Saint-Jacques, l'ananas, et autres comestibles replacent le tout dans le contexte d'un restaurant. Ce n'est pas la même logique au *Buffet de la gare de Paris à Lyon* ; l'ordre des priorités s'inverse, créant l'amalgame entre un beau restaurant et une bonne table[2], comme chez les Américains !

Le buffet est un corollaire obligé dès que le voyage en train s'allonge et, au tournant du siècle, le réseau ferroviaire français compte quelque trois cents établissements. Le *Buffet de la gare de Paris à Lyon* est l'exception car, dans "certains buffets [...], on est douloureusement surpris par la vue du rosbif pommes purée et du poulet froid qui sont comme les deux mets cabalistiques de cet antre démoniaque[3]". Le buffet pratique aussi la vente de paniers garnis que le voyageur emporte, à condition de rendre "le panier [...] vide, aux agents de la Compagnie". La vente de sandwiches sur les quais n'existe pas encore ; mais on propose des spécialités locales, des madeleines à Commercy par exemple.

*Les pauvres mangent debout, les riches dans des palaces roulants*

Les troisièmes, attelées à des trains lents, ont des temps de voyage que le manque de confort semble rendre encore plus longs. Les voyageurs qui les empruntent se munissent de provisions (pain que l'on tranche, saucisson et vin rouge) car les prix des buffets, comparés au niveau général des salaires, les rendent inaccessibles. À défaut de pouvoir les emprunter, on peut rêver devant un wagon-restaurant. Pour mieux les faire connaître au public, on utilise le vecteur d'information qu'est l'Exposition universelle pour que le public se promène dans les trains de luxe. Pour favoriser ce type de promotion, on a équipé un terrain dans le bois de Vincennes, où les constructeurs de wagons-lits ou de wagons-restaurants prennent des contacts avec le public.

*Goûter aux zakouski dans un train à l'arrêt*

Les marques françaises de matériel invitent les curieux à s'asseoir dans la réplique du wagon-restaurant des chemins de fer de la Russie impériale, le Transsibérien. Un diorama à trois vitesses – qui fait défiler rapidement le paysage proche, moins vite les moyennes distances et lentement la ligne d'horizon – illustre le voyage imaginaire de Moscou à Irkoutsk pendant que des pseudo-cosaques servent aux spectateurs du bortsch précédé de petits hors-d'œuvre et de quelques grains de caviar. Les visiteurs sortent à l'autre bout du wagon, pour se trouver dans un pavillon copiant la gare de Pékin, où ils peuvent continuer à manger… à la chinoise. La trilogie zakouski-bortsch-caviar est idéale pour la cuisine embarquée car tout est préparé d'avance et stocké dans un "frigorifère". Les autres trains de luxe ont le plus souvent une qualité de cuisine qui fait dire aux journalistes : "Tout cela, ma foi, était excellent et fort bien présenté et servi[4]." Les compagnies ferroviaires s'équipent de wagons-bars, où l'on sert beaucoup de champagne, mais aussi de ces mixtures appelées "cocktails américains". Pour le Paris-Nice (seize heures de trajet), on passe la soirée dans le wagon-bar, la nuit à dormir paisiblement, et l'on prend le petit déjeuner dans le calme. On fait la promotion des distances pour que les Parisiens connaissent les bords de la Marne (et leurs petites fritures), le bord de mer normand (et ses moules marinière), la moindre forêt environnante (et ses persillades de champignons).

Avec le temps, les voyages deviennent "un peu" plus accessibles et le wagon-restaurant apparaît sur de plus nombreuses lignes, ce qui supprime les arrêts-buffet. Si le *Buffet de la gare de Paris à Lyon* n'est pas encore accessible aux catégories sociales peu fortunées, beaucoup de gens modestes se sont tout de même offert un billet d'entrée à l'Expo. S'ils n'ont pas osé entrer dans le restaurant de la gare de Pékin ou dans le Transsibérien, ils se sont bien restaurés dans le pavillon des bouillons *Duval*, qui ne désemplissait pas. D'autres *Maxim's* du pauvre ouvrent en plein Paris, les *Bouillons Chartier* ajoutent à leur local de la rue du Faubourg-Montmartre, décoré de grandes glaces et d'un plafond verrière, un superbe restaurant pour petits budgets, en face de la gare Montparnasse[5].

## Grand Central Station, New York, 15 juin 1902
*Le Twentieth Century Limited emploie deux chefs*

L'imposant édifice aux toits à la Mansard situé à East 42nd Street est recouvert de drapeaux, car l'événement est d'importance. Ce bâtiment abrite la seule gare de Manhattan, Grand Central Station, inaugurée en 1871, et l'on pavoise parce que la Compagnie New York Central va lancer un train de luxe, le *Twentieth Century Limited,* sur la ligne New York-Chicago. Ce serait même, selon la presse, le plus beau train *"in the world"*. On avait choisi le nom *"Twentieth Century Limited"* pour marquer à la fois le début du siècle et une nouvelle génération de trains qui s'arrêtent dans un nombre limité (*limited*) de villes. Autour de

*Les pauvres mangent debout, les riches dans des palaces roulants*

la gare, c'est l'habituel tapage des tramways, des voitures à cheval qui tressautent sur les pavés et autres transports bruyants. Par contraste, l'intérieur de la gare paraît un havre de paix alors que l'animation y est vive, mais les piétons, sans l'*elevated railroad,* semblent muets. Les bruits sont moindres depuis que l'on a enterré les voies ferrées et interdit à ceux qui n'ont pas de billet d'accéder aux quais.

Aujourd'hui, George Daniels, sorte de génie des relations publiques (le mot n'existe pas encore), est chargé de l'organisation du voyage inaugural. Grand Central, gare terminus de la presqu'île de Manhattan, est une réelle percée compétitive pour New York Central car ses concurrents qui desservent Chicago partent du New Jersey. Mais il s'agit d'une avance éphémère, puisque la Pennsylvania Railroad fait creuser un tunnel sous l'Hudson pour que ses trains accèdent à Manhattan, dans une gare qui doit être opérationnelle en 1906[6]. La lutte entre compagnies pour un meilleur service rendu aux voyageurs les a conduites à s'équiper de wagons-restaurants et à recruter de bons chefs, les repas faisant la différence. D'autres compagnies présentaient à leurs voyageurs éblouis, pour la somme d'un unique dollar, une vision digne de Pantagruel. Par exemple : des *huîtres* suivies d'un *consommé aux petits pois,* des *grignoteries, radis, amandes salées,* du poisson (*morue fraîche rôtie*), de la viande (*ris de veau sauté avec beignets de banane* ou *roast beef et pommes nouvelles,* en français dans le texte), une volaille (*poulet rôti*), un plateau de (seulement) trois fromages (roquefort, édam, camembert). On peut démarrer le repas par des cocktails (20 *cents*). Les vins blancs passent du sauternes de Californie (*sic*) (40 *cents*) au vrai barsac La Tour Blanche quatre fois plus cher. Il y a le choix parmi six rouges californiens qui s'appellent château-margaux type, saint-julien type ou château-lafite type (75 *cents*), alors qu'un vrai bordeaux (pontet-canet) coûte un dollar. Cinq champagnes (de France), du cognac Hennessy, de la bénédictine, parmi d'autres alcools, permettent de conclure.

C'est dans ce contexte de foisonnement d'idées qu'est lancé le *Twentieth Century Limited*. Chaque invité est installé dans un wagon-salon, il peut aller au wagon-fumoir, au wagon-observatoire avec plate-forme en plein air, à la bibliothèque et au plus luxueux des restaurants sur rail jamais conçu. Pour assurer le service : deux stewards, deux chefs, six cuisiniers, quatorze serveurs et deux barmen, plus le responsable du wagon-lit, un porteur, une secrétaire et un barbier, soit soixante personnes pour servir cent cinquante voyageurs. Le *Twentieth Century Limited*, c'est le confort de l'hôtel de luxe avec un personnel qui s'occupe de brosser les habits, cirer les chaussures, porter les bagages, prendre le courrier, couper les cheveux, faire les ongles, et évidemment (bien) préparer à manger. Pour marquer la prééminence du *Twentieth Century Limited* au plan culinaire, les repas sont tarifés à 1,50 $, sans boisson. La carte avait des choses aussi compliquées que le *soufflé de homard*. On offrait à chaque femme une orchidée au moment du dîner. Le petit déjeuner était servi avec le journal du jour et un œillet pour la boutonnière de ces messieurs. Les mille quatre cents kilomètres entre New York et Chicago sont avalés plus vite pour les voyageurs, tellement ils sont chouchoutés. Le *Twentieth Century Limited* est copié par les concurrents, mais reste le plus connu des trains de luxe[7].

### Paris, 1903
*L'Exposition n'a pas que des restaurants chers*

Alexandre Duval qui s'était offert un pavillon à l'Exposition universelle pour un éphémère *Bouillon Duval* avait eu la satisfaction de voir le plus grand restaurant de sa "chaîne" ainsi que son nom dans le même catalogue que les grands restaurants présents. Ce fils de boucher avait un violent besoin de considération et était heureux que l'on parle

*Les pauvres mangent debout, les riches dans des palaces roulants*

de lui, en bien ou en mal. Peu importait que "ses habits violets à manchettes de mousseline" prêtent à rire, tant qu'il était remarqué ! Il reprenait même à son compte l'accusation de servir dans ces restaurants des écrevisses qui n'avaient qu'une pince, l'autre servant à faire une fausse bisque[8]. Le comble de la joie fut atteint le jour où un auteur rapprocha les *Bouillons Duval* des grands palaces parisiens. Cette comparaison hardie a en effet été faite lorsqu'il équipa ses restaurants de "frigorifères". S'étant fait expliquer comment le froid prolongeait la conservation de la viande et du poisson, il apprit que des grands hôtels s'étaient équipés pour faire de la glace. Ce dernier argument, plus important à ses yeux que l'intérêt de conserver des victuailles achetées à bon prix, le conduisit à passer commande, anticipant de quelques années sur le besoin des restaurants. Le succès des *Bouillons* revenait à son père, le boucher Pierre-Louis Duval, qui avait voulu valoriser les bas morceaux de bœuf en les utilisant pour en faire du consommé. Le client pouvait tomber sur un bon morceau de bouilli ou n'avoir dans l'assiette que des filaments de grande résistance. C'était un plat de bourgeois que Duval mettait à la disposition des pauvres, car la "pièce fondamentale du dîner parisien [était] le pot-au-feu[9]". Pour aller jusqu'au bout de son concept, Duval refuse la formule des marchands ambulants qui se déplaçaient dans les quartiers pauvres avec leur fourgon et loue un local rue de la Monnaie en 1855 pour le premier *Bouillon Duval*.

Les clients sont installés les uns à côté des autres, à des tables étroites sans nappe. Le service, assuré par des femmes, veille à ce que personne ne s'attarde à table, car il faut céder sa place à d'autres qui attendent. On paie à la sortie "deux sous de pain, trois de carafon, quatre de potage, cinq de légumes, huit de viande, quatre ou cinq de dessert[10]". Duval peut être considéré comme l'ancêtre des entreprises de fast-food. Quand il voit que son premier restaurant ne désemplit pas, il installe d'autres bouillons : en dix ans, il se retrouve à la tête d'une "chaîne" d'une douzaine de bouillons parisiens. Les menus d'origine, limités à de la viande de bœuf et à son bouillon, s'allongent, les salles sont plus spacieuses, les tables de marbre sont propres, les serveuses ont un uniforme plaisant.

*Paris a une "chaîne" de restaurants populaires*

Duval édicte des règles à appliquer à tous les stades de la fabrication, anticipant ainsi sur le manuel des normes que les Américains vont "inventer" plus tard. C'est donc une affaire industrielle dont le fils, Alexandre, hérite : restaurants, entrepôts, règles et procédures. Certains guides de Paris citaient les *Bouillons Duval* sous la rubrique "Endroits insolites", ce qui ajoutait à la joie du nouveau propriétaire. Quelques critiques relèvent cependant que la qualité de la cuisine n'est pas constante dans toute la chaîne. On se plaint aussi de la place exiguë assignée à chaque client, devant "ces tables de poupées, cette immuable carte, ces parts infinitésimales, ces bouchées de pain[11]". Mais il fallait être grincheux pour trouver à redire car globalement les repas étaient d'un bon rapport qualité-prix. D'autres, tel René Héron de Villefosse, sont plus qu'élogieux. Dans son *Histoire et géographie gourmandes de Paris,* il relate une invitation de son père au *Bouillon,* alors que l'auteur était tout jeune. Il s'agissait de fêter une "distribution des prix de Condorcet présidée par le président de la Chambre, le superbe Paul Deschanel" : de ses yeux d'enfant, il retient l'image d'une "constellation animée de petites serveuses en bonnet blanc" et garde le goût de "fruits rafraîchis [qu'il] n'avait jamais goûtés à la maison". D'autres consommateurs vont dans le même sens. "Je sais que vous avez l'intention de maltraiter les restaurants à quarante sous, de déclarer publiquement que c'est une calamité, une espèce d'infection. Je vous déclare, moi, que je dîne souvent à quarante sous avec ma famille. J'ai cependant de la fortune[12]."

*Les pauvres mangent debout, les riches dans des palaces roulants*

**Sherry's restaurant, New York (N.Y.), 1903**
*En Amérique, le show passe avant le goût*

À l'heure du dîner, ce soir de 1903, trente cavaliers en smoking entrent, à cheval, dans le grand salon de *Sherry's,* restaurant huppé, au coin de Fifth Avenue et de 44th Street. L'intrusion quelque peu surréaliste de cavaliers dans un restaurant ne pouvait laisser personne indifférent. Nous sommes bel et bien à New York, et le spectacle est bien réel. L'excentrique millionnaire C.K.G. Billings, amateur de chevaux, invite quelques amis à fêter l'inauguration de ses nouvelles écuries. Dans un décor de clairière en forêt, avec arbres exotiques et oiseaux vivants, les serveurs empressés distribuent des plateaux pour que les convives puissent manger sans mettre pied à terre. Pendant que les cavaliers mangent, les chevaux sont servis en avoine par le personnel en queue-de-pie. Le caractère extravagant de ce repas confirme que le nombre de nouveaux riches, dans les États-Unis du début du XX$^e$ siècle, dépasse celui de tous les autres pays. Cette démesure, façon comme une autre de se faire valoir, n'est pas nouvelle ici, et l'attention portée à ce qui se voit explique sans doute que l'on ne s'intéresse pas à ce qui se goûte, acte personnel, intériorisé, et à tout le moins plus discret. Il arrivait aussi que *Delmonico's,* l'autre grand, se laisse aller à des fantaisies que le bon goût réprouve, et oublie, le temps d'un dîner, sa vocation de "haute" cuisine. Un Français invité à un dîner avec soixante-douze personnes par un New-Yorkais millionnaire[13] en a été le témoin. Il a "trouvé au centre de la table une sorte de piscine dans laquelle nageait un malheureux cygne, préalablement dépourvu de ses ailes". De rares fleurs faisaient une haie entre les cygnes[14] et la table, pour éviter de la mouiller. Le millionnaire américain, plutôt sensible à l'ostentatoire, cherchait peut-être à battre le record du repas le plus cher du monde ; la direction de *Delmonico's* pouvait difficilement refuser une commande de dix mille dollars.

La clientèle issue de couches plus populaires ne peut pas se payer le *Sherry's* et vise plutôt la quantité de nourriture servie. La réputation de ces restaurants se répand par des clients qui disent que c'est bon, mais entendent par là que c'est abondant. Les repas comportent trente plats différents, avec du gibier, du canard, de la dinde, du poulet, du bœuf et du porc, plusieurs soupes, des huîtres chaudes panées ou frites, d'imposantes platées de légumes, des puddings, des tartes, le tout posé sur la "table d'hôte[15]". Les clients ne perdaient pas de temps en conversations inutiles, occupés qu'ils étaient à se confectionner de riches assiettes qu'ils avalaient goulûment, pour se servir à nouveau, au plus vite, de peur que les voisins, plus voraces, ne leur laissent rien. Une fois repu, celui qui avait terminé repoussait son siège et quittait la table, "heureux d'avoir bien mangé", pour penser désormais à autre chose. Il y a unanimité dans le témoignage des Européens pour décrire la richesse des tables d'hôtes et la capacité d'ingurgitation des Américains. Les choses changent peu, au moins au début du XX$^e$ siècle, concernant les quantités servies et la vitesse pour vider son assiette. À la question de savoir si la nourriture est bonne, le témoignage des Européens est hésitant, les Français étant les plus sévères, mais c'est un autre son de cloche quand ce sont les Américains qui jugent.

Le pendule de la critique culinaire américaine va osciller, durant le siècle, entre le pôle du décorum et celui de la quantité. Mais le paysage de la restauration présente aussi, même si c'est ponctuel, l'éloge du goût des choses servies. Chez *Sherry*, qui avait vu son salon envahi par les cavaliers conduits par C.K.G. Billings, la gastronomie était plus souvent à l'honneur que les caprices d'un riche client. Pascal Grand, le chef des cuisines, est qualifié en 1902 par le *Munsey's Magazine* comme l'un des plus grands cuisiniers du XX$^e$ siècle, la direction de *Sherry's* l'ayant choisi dans l'espoir de ravir la première place détenue par *Delmonico's*. Louis Ragot, qui avait officié chez le même *Delmonico*, crée la Société culinaire philanthropique aux États-Unis, pour la défense et la promotion des chefs. Mais les œuvres de tous ces cuisiniers ne pouvaient infléchir la propension des Américains à accorder autant d'importance au "show alimentaire". En 1935, Elsa Maxwell, la célèbre critique mondaine, louait à l'année une suite au *Waldorf Astoria*. Elle avoue que "l'unique raison justifiant l'extravagance croissante des [repas de ses] bals costumés" était de mettre à l'épreuve la direction de l'hôtel, ce qui la conduisait à organiser des réceptions farfelues où le bon goût était absent.

### Avenue du Bois à Paris, 1905
*Homonymie entre cuisine et catégories sociales*

Boni de Castellane reçoit le roi don Carlos du Portugal au son de trompettes d'argent, dans son palais de marbre rose, avenue du Bois. Quand l'aristocratie redore son blason, elle se laisse aller au même type d'extravagance qu'elle dénigre chez les barons de l'industrie américaine. Quelle différence y a-t-il entre les deux valets de pied par marche d'escalier, en grande livrée écarlate, coiffés de perruque poudrée, un flambeau d'argent à la main, et le "dîner équestre" du restaurant *Sherry's* ? Même démesure et même besoin de se faire valoir. Les moyens nécessaires au marquis de Castellane pour assurer son train de vie venaient de son mariage, en 1895, à New York, avec Anna, la fille du magnat des chemins de fer Jay Gould. Boni de Castellane jugeait que les meubles de son beau-père étaient des "horreurs[16]", se moquait de la collection de statues de son parc "où l'Apollon du Belvédère coudoie une statue de Bouddha", mais s'avouait rassuré par le "repas servi dans de la vaisselle d'or, la table décorée d'orchidées précieuses [et] les mets préparés par un cuisinier français". Il estime qu'il n'a rien à devoir à la fortune de son épouse, puisqu'il apporte son nom à la petite-fille d'un "garçon de ferme enrichi". Mais Anna Gould refuse de se conformer aux règles du gotha : "La princesse à qui vous me demandez de faire une révérence ne vaut pas une Américaine comme moi[17]." Onze ans après leur mariage, les époux se séparent, et le marquis continue, seul, à défrayer la chronique. Il reste que ce mariage est l'un des premiers essais d'intégration d'une riche américaine dans le gratin français et il est suivi d'autres tentatives (réussies) de greffe, du *"new money"*, sur les lignées de l'aristocratie de cour. Les nobles de France ne sont d'ailleurs pas seuls, car "les lords anglais, les princes et les barons allemands ne dédaignent pas les gros sacs de dollars que leur tendent les Américaines".

Le "gratin" est défini comme une manière d'apprêter certains mets, "en les recouvrant de fromage râpé et de beurre fondu, et en les faisant cuire au four pour obtenir, en surface, une légère croûte[18]". C'est aussi le terme qui qualifie, selon Gabriel-Louis Pringuet, la haute aristocratie. On pourrait s'interroger de savoir si l'on doit considérer le gratin comme la préparation culinaire noble par excellence ou si, à l'inverse, la "classe des élégants raffinés" fait valoir sa supériorité en se définissant par un terme emprunté à la cuisine. Qui, du plat ou de la catégorie sociale, tire de cette homonymie le principal bénéfice ? Pour le grand monde, (toutes[19] !) les Américaines de passage à Paris rêvaient d'être invitées à un dîner de l'avenue de La Motte-Picquet, chez la princesse de la Tour-d'Auvergne, rêvaient en somme de manger du gratin chez le gratin ! La princesse s'était attaché les services d'un chef, "le meilleur d'Europe", disait-on. La table, signe ostentatoire de richesse, permettait de marquer sa différence, comme en témoigne le menu d'un dîner[20] (sans gratin) de l'avenue de La Motte-Picquet : *potage froid au lait d'amandes, consommé Colbert, timbale à la Reine, filet de barbue Cuba, panée de* champignons, noix de veau surprise, petits pois à l'anglaise, canard Montmorency, salade belge, poulardes à la broche, fonds d'artichaut, pêches cardinal, macédoine de fruits, gâteaux.

### L'intérêt d'inviter à dîner des Américains

La haute société française assimilait ses dîners à des actions de promotion du commerce et de l'industrie. Les invitations prenaient un petit caractère patriotique car elles diffusaient le prestige de Paris et de la France. De nombreux étrangers étaient prêts, selon elle, à imiter (voire à singer) les manières qu'ils voyaient pratiquer. En été, les réceptions se déplaçaient en province dans les grandes propriétés. La princesse de Broglie faisait servir au château de Chaumont-sur-Loire de somptueux repas et de magnifiques goûters. Il y avait sur l'immense buffet des viandes en gelée, des perdreaux, des faisans, des demi-langoustes, ainsi que des "piles de gâteaux, des pâtés, des rillettes (spécialité du pays), les muffins bien chauds enfermés dans des légumiers d'argent, des vins d'Espagne, du whisky, du porto", du champagne et des vins de Loire. Ceux qui préféraient le thé s'en faisaient servir puisqu'un imposant samovar trônait au centre du buffet. Le plat le plus attendu du dîner (parce qu'il y en avait un, après ce copieux goûter) était constitué de paons rôtis[21], élevés dans la ferme attenante au château, nourris aux bourgeons de cèdre ! Les nobles qui voulaient allier la particule au dollar impressionnaient, par paons interposés, ces jeunes Américaines rêvant de dîner avec le gratin.

Il serait exagéré de prétendre que seul l'argent américain a maintenu la noblesse de cour en état de survie. La noblesse campagnarde n'a rien de commun avec cette faune parisienne et ne cherche pas à être qualifiée de "gratin". Elle vit dans les grandes demeures ayant appartenu à la famille, fait moins de repas d'apparat et reste elle-même à table. "J'ai ainsi entendu rappeler toute mon enfance les exploits gastronomiques de deux bons gentilshommes d'Auvergne, qui, lorsqu'ils s'allaient visiter, et c'était chose fréquente, ne s'attablaient pas moins de six fois dans le jour : une fois avant de se mettre en route ; une autre fois à l'arrivée ; au repas de midi ; avant de se séparer ; au retour chez eux ; au souper du soir.[22]" Les gourmets, même quand ils sont politiquement proches de la noblesse, critiquent la pseudo-gastronomie des nantis qui croient que leur table est bonne parce qu'elle a coûté cher. Léon Daudet, toujours excessif, ne craint pas de choquer ses lecteurs, pourtant ralliés aux doctrines néomonarchistes, en qualifiant les mets d'un repas auquel il a été prié chez la princesse Mathilde de "vomi de chien riche[23]". Il est déçu qu'Ali Bab, bien plus poli, mente pour faire plaisir à l'hôtesse qui a interprété ses recettes.

Quand le *business* retenait le *businessman* opulent dans son pays, un point d'attache en France le rendait plus opulent encore. Un certain monsieur Lory avait installé sa femme à Vilgénis, près de Paris, où celle-ci faisait servir sans complexe un plat unique ! Mrs. Palmer, veuve du richissime propriétaire de l'hôtel de Chicago, *The Palmer House,* s'installe à Paris, accroche des Degas et des Corot, collectionne des œufs de Fabergé. Pour elle, qui avait eu aux États-Unis un chef français, la cuisine n'est pas un obstacle. Pour Mrs. Astor non plus, qui disait qu'il n'y avait pas "d'hérésie plus fatale que de servir deux sauces blanches ou deux sauces brunes en séquence, [d'utiliser] des truffes, deux fois dans le même repas, [et tenait au sorbet jamais parfumé au rhum] précédant le canard, la bécassine ou le chapon truffé[24]". Qui donc avait prétendu que la table ne pouvait pas être un point de rencontre entre gratins français et américain ?

*Haute bourgeoisie et bourgeoisie d'affaires*

La haute bourgeoisie étalait moins sa richesse et cherchait à paraître bien-pensante. Les dîners ostentatoires ne sont pas de mise, mais ce sont de très beaux dîners où la préparation des plats et des sauces est codifiée suivant les normes du siècle dernier. Le cérémonial pour passer à table nécessite que personne ne soit pressé. "Tous les convives ont conservé leurs gants, dont ils se débarrassent seulement quand ils sont assis, les hommes dans leur poche, les femmes à côté de leur assiette ; elles ont renoncé, comme elles le faisaient sous l'Empire, à les mettre dans leur flûte pour indiquer qu'elles ne boivent pas de champagne.[25]" À cette bourgeoisie est venue s'ajouter une bourgeoisie enrichie par le commerce ou l'industrie. À la différence de son homologue américain pour qui prendre (ou perdre) son temps est un péché, c'est, ici, un signe de réussite. Le *business lunch* rapide des États-Unis devient un long dîner en traversant l'Atlantique. Sa table comporte des produits rares, exotiques, chers – la banane, l'endive –, car la nouveauté permet de se différencier. Auguste Montagné constate que "le champ des amateurs s'est largement agrandi ; les couches sociales susceptibles de manger bien sinon de bien manger ont augmenté en nombre". Les petits-bourgeois non plus ne comptent pas leur temps pour les repas pris à la maison, avec des plats simples comme la frikadelle (hamburger !). Pour préparer le hachis, rouler les boulettes dans du blanc d'œuf et les fariner, les frire, confectionner la sauce blonde, on arrive à dépasser largement l'heure. À côté des six heures pour un pot-au-feu, ou des huit pour le gibier en daube, c'est de la "cuisine express[26]" !

### Evanston (Illinois), 1910
*Il n'y a plus de bon personnel aux États-Unis*

Pour libérer la femme de la corvée de cuisine, Charlotte Perkins Gillman trouva à Evanston, banlieue de Chicago, le modèle de cuisine idéale. L'Evanston Cooperative Housekeeping Association avait en effet créé une cuisine centrale pouvant servir le déjeuner à deux cents familles et assurer en commun les travaux de plusieurs ménages. Les femmes avaient ainsi le loisir de s'occuper d'autre chose que de la maison. Les journaux rapportèrent l'événement en termes élogieux puisque les femmes interviewées évoquaient une "nourriture aussi bonne que si elle venait de sortir de notre propre cuisine".

Une telle solution n'intéressait nullement les familles riches qui pouvaient payer un personnel nombreux. Les chefs de cuisine étaient recrutés en France, les valets de pied en Angleterre, les gouvernantes en Suisse, les jardiniers et les cochers localement. Le salaire du cuisinier était plus élevé qu'en France, plus important dans les familles que dans les grands restaurants américains. "On disait que George W. Childs, qui a eu, pendant quelques années, la réputation de donner les meilleurs dîners du pays, payait son chef huit mille dollars l'an.[27]" À ce prix, la maîtresse de maison avait de merveilleux repas sans jamais mettre les pieds à la cuisine. Les cuisiniers acceptaient le poste avec "une certaine appréhension, selon Sylvain Claudius Goy, car il était bien connu par tous les cuisiniers qu'elle [la maison de madame Walter S. Gurnee] était en quelque sorte le sanctuaire de la bonne cuisine de New York".

Un cran au-dessous dans la catégorie sociale, on ne peut accorder de tels salaires. Les Américaines ne trouvent personne pour les aider à faire la cuisine. Leur premier réflexe est de simplifier le repas en rejetant les préparations complexes de la cuisine française. Les Françaises de même niveau social trouvent de bonnes et même de très bonnes cuisinières, dont le nombre augmente par l'exode des jeunes ruraux amorcé depuis la fin du siècle dernier. La qualification "employé de maison" est bien présente en France, alors qu'elle est très mal assurée aux États-Unis. Ce manque explique que, à "un repas de quatorze couverts chez un Bostonien qui a environ quatre cent mille francs de rente et qui les dépense, nous sommes servis par une

*Les pauvres mangent debout, les riches dans des palaces roulants*

seule *girl* qui traverse la salle à manger de temps en temps. On se passe les plats de convive à convive, on ne change pas les assiettes, la maîtresse de maison fait le thé. Un fonctionnaire besogneux n'oserait, en France, inviter un étranger à sa table avec aussi peu d'apparat[28]". Il y a donc moins d'invitations à dîner, moins de recherche culinaire à la maison, alors que l'envie de faire comme les "familles riches" reste grande. Les Européens sont souvent choqués du peu d'empressement que mettent les Américains à les recevoir à manger "à la maison".

*Boarding house contre le bagne des casseroles*

Pour échapper à la "tyrannie de la cuisine", bon nombre de familles citadines de la classe moyenne choisissent d'habiter une *boarding house*. C'est cher, mais les *boarding houses* existent, alors que le personnel de maison n'existe virtuellement pas. Ceux qui ont plus de moyens s'installent dans un hôtel où ils peuvent louer un espace plus important, aménagé en "un salon, une salle à manger, une salle de billard, plusieurs chambres à coucher, une cuisine et des dépendances". C'est le personnel de l'hôtel qui se charge du service, ce qui permet, une fois encore, de contourner la difficulté de recruter du personnel de maison et d'avoir à le gérer. Si l'on habite malgré tout chez soi, on tente de trouver une jeune Irlandaise ou une Allemande fraîchement débarquée pour se l'attacher. Mais il est utopique de croire que l'on peut faire d'une pauvre ouvrière agricole, illettrée, une bonne cuisinière en deux semaines. La petite Irlandaise n'est pas capable de servir le dîner type de toute invitation — *huîtres, potage, rôti de bœuf, salade, dessert* — et devient plus un handicap qu'une aide effective. Les jeunes émigrés cherchent à s'installer à leur compte, à partir à l'aventure, à entreprendre, à grimper les marches de l'échelle sociale. Un Américain de Saint Louis "avait chez lui une cuisinière allemande qui faisait son service pendant six à sept mois de l'année, en hiver, mais retournait à chaque printemps à la ferme paternelle".

*Le Ketchup et le Gratin*

Promesses de gages plus élevés ou menaces de ne pas la reprendre la saison suivante ne font pas changer d'attitude cette femme, guère disposée à quitter son métier de fermière. À chaque printemps, l'épouse et les filles de l'Américain reprenaient, à leur corps défendant, la direction des fourneaux, faute de trouver une cuisinière à l'année.

Face à ces difficultés, les clubs féminins réagirent et proposèrent aux femmes bien-pensantes du pays de la libre entreprise d'adopter des solutions collectivistes pour échapper au "bagne" de la préparation des repas. En créant une cuisine commune, on pouvait, pour un budget donné, engager une cuisinière se chargeant de préparer les repas pour "tous les membres du club" qui consommaient sur place. La famille réunie allait donc à "son" restaurant, qui présentait l'avantage sur les *boarding houses* de ne pas refuser les enfants. Cette solution vit le jour à Evanston et fit naître avec elle bien des inconvénients. La famille devait être au complet, ce qui faisait que le dernier arrivé imposait l'heure du dîner. Pour plus d'intimité familiale, on remplaça la salle commune par des petites pièces que chaque famille décorait à son goût. On fit livrer les plats chez ceux qui le souhaitaient en déléguant une personne pour servir. L'expérience restait d'une portée limitée et Charlotte Perkins Gillman mit en chantier une recherche[29] destinée à concevoir des immeubles constitués d'appartements "sans cuisine" ! La cuisine centrale était supposée être la solution puisque, selon elle, "cuisiner et faire le ménage ne sont pas des fonctions familiales. Nous n'avons pas une bouche par famille, nous n'avons pas un estomac par famille".

L'appel de la ménagère qui refusait une telle solution fut entendu par des industriels et les conduisit à concevoir des produits prêts à l'emploi pour la libérer du "bagne des casseroles".

## *Les pauvres mangent debout, les riches dans des palaces roulants*

1. *L'Illustration* du 20 avril 1901 rendant compte de l'inauguration du buffet.
2. Quinze ans après, le *Guide Michelin* différencie la table et le confort, favorisant la bonne cuisine des petits restaurants sans décor, ce que conteste *Gault-Millau* (1979). On faisait semblant de n'attribuer ses récompenses qu'à la cuisine, mais en fait le décor, le confort, le style général et le degré d'opulence de la clientèle déterminaient le classement.
3. Pierre Giffard, *La Vie en chemin de fer,* 1883.
4. Châtillon-Plessis, *La Vie à table à la fin du XIX$^e$ siècle,* Firmin-Didot, 1894.
5. Les *Bouillons Chartier* (faubourg Montmartre) existent encore à la fin du siècle. Le local de Montparnasse a été cédé à une autre enseigne.
6. New York Central ne se laissera pas distancer et reconstruira la Grand Central Station en 1913.
7. Le dernier voyage du Twentieth Century Limited eut lieu le 2 décembre 1967. Il dura quinze heures et quarante-cinq minutes.
8. "Préparation culinaire faite sous forme de purée, et plus spécialement d'écrevisses, ou de tout autre crustacé, servie en guise de potage", selon le *Larousse gastronomique.* Sa préparation difficile et le coût des ingrédients excluent ce plat des restaurants simples, d'où l'étonnement du gazetier de le trouver dans le menu des *Bouillons Duval.*
9. Eugène Briffault, *Paris à table,* J. Hetzel, 1846.
10. Jean-Paul Aron, *Le Mangeur du XIX$^e$ siècle,* Robert Laffont, 1973.
11. Joris-Karl Huysmans, *À vau-l'eau,* Tresse et Stock, 1894.
12. *Les Petits-Paris,* Taride, 1854.
13. Edward Luckmeyer, ayant reçu des douanes un trop-perçu de dix mille dollars (1873), décida de les dépenser en une seule fois.
14. Car il n'y en avait pas qu'un seul et les deux mâles se battirent entre eux, ce soir-là, en plein dîner.
15. Emprunté au français.
16. Gabriel-Louis Pringuet, *Trente ans de dîners en ville,* Revue Adam, 1948.
17. Gilles Cornut-Gentille et Philippe Michel-Thiriet, *Florence Gould,* Mercure de France, 1989.
18. *Larousse gastronomique.*
19. Le *New York World* de juin 1904 estime à trois cent mille le nombre d'Américains en Europe, soit cent cinquante mille Américaines.
20. *Trente ans de dîners en ville* date ce dîner en juillet 1913, mais il aurait pu avoir lieu en 1905.
21. En servant du paon, on ne vise pas la gastronomie, mais le lien avec la tradition, en usage au Moyen Âge, qui faisait de ce volatile la pièce centrale des repas des seigneurs.
22. Pierre de Vaissière, *Gentilshommes campagnards de l'ancienne France,* Perrin et Cie éditeur, 1903.
23. Léon Daudet, *À boire et à manger,* Au Pigeonnier, 1927.

## Le Ketchup et le Gratin

24. Lloyd Morris, *Incredible New York,* Random House, 1951.
25. André Castelot, *L'Histoire à table,* Librairie académique Perrin, 1972.
26. Temps relevés dans *La Nouvelle Cuisine économique,* Librairie Audot, 1908.
27. Très au-dessus du salaire des grands chefs d'hôtels, nous dit Jefferson Williamson dans *The American Hotel,* A.A. Knopf, 1930.
28. Paul de Rousiers, *La Vie américaine,* Firmin-Didot, 1892.
29. Gillman Charlotte Perkins, *Women and Economics,* Prometheus Books, 1997.

## Chapitre IV
## *Trois révolutions font entrer l'industrie dans la cuisine*

> *"La conserve, la sordide conserve qui prête le même goût de fer-blanc aux petits pois, aux asperges en branche, aux rognons de coq, à la sauce aux tomates, aux crevettes épluchées, la conserve où les beefpackers de Chicago laissent traîner des doigts humains, les bouillons tout faits, les sauces à la minute ont déshonoré à tout jamais les ombres de Carême, de Trompette, du marquis de Béchamel. La cuisine se meurt, la cuisine est morte."*
> Laurent Tailhade, 1918.

### Chicago (Illinois), 1907
*Du bœuf et de la "viande d'homme" en boîte*

Au tournant du siècle, à Chicago, on procédait à l'abattage annuel de dix millions de bêtes, dont un tiers de bovins. Quantités exorbitantes qui approvisionnaient les gigantesques établissements industriels. Les parcs à bestiaux cumulaient trente kilomètres d'abreuvoirs, les abattoirs proprement dits occupaient deux cents hectares ; les deux premières entreprises du secteur, Swift et Armour, comptaient à elles deux plus de quatorze mille salariés, le bétail sur pied arrivait par cinquante et une lignes de trains. Une telle concentration provoquait des nuisances qui s'échappaient d'une forêt de cheminées, empestant tout le quartier d'odeurs âpres tenant de l'étable, de la fosse à purin, de la cuisine sale et de déchets alimentaires en décomposition. Les caniveaux à ciel ouvert charriaient les eaux résiduelles et apportaient leur contribution de puanteur. Tout le monde subodorait que dans cette masse de parcs à bestiaux, d'ateliers, d'usines, il y avait des zones sales, des coins malsains, des planchers glissants et d'autres choses pouvant causer de graves accidents. Mais personne n'en parlait car la puissance économique du Midwest découlait de celle de Chicago, qui dépendait elle-même de la viande. L'abattage du bétail et la découpe de la viande avaient fait de Chicago le plus grand producteur du monde de conserves, suite logique du traitement de la matière première, ajoutant de la pollution aux nuisances existantes. Jusqu'au jour où Upton Sinclair, qui avait beaucoup d'imagination, décrivit dans une nouvelle littéraire, *The Jungle*, l'accident d'un ouvrier tombé dans un chaudron destiné à cuire la viande avant sa mise en boîtes, sans que quiconque s'en aperçoive. Cette macabre description ne pouvait laisser personne indifférent et justifiait l'émoi de la presse, les réactions bruyantes du public et des hommes politiques, alors qu'il ne s'agissait que d'une œuvre de pure fiction. Il reste que le tohu-bohu ainsi provoqué généra des règlements plus rigoureux en matière de produits alimentaires : The Meat Inspection Act et The Pure Food and Drug Act.

Comme conséquences indirectes, cet épisode a poussé le consommateur américain vers les grosses entreprises pour ses achats quotidiens de produits alimentaires. Dans son esprit en effet, une société bien gérée est synonyme d'entreprise importante, où l'accident d'un homme oublié dans un chaudron ne peut pas se produire. Le paradoxe veut qu'Upton Sinclair ait précisément choisi une usine importante comme cadre à son histoire. Mais cette préférence des Américains pour les produits d'une grande entreprise est bien ancrée et se place aux antipodes de l'état d'esprit des Français, pour qui l'amalgame entre mauvais produit alimentaire et gros fabricant est permanent. Il y a une connotation négative quasi culturelle dès que l'industrie[1] s'intéresse aux métiers de bouche, et pourtant rien en France n'approchait la dimension des conserveries de viande de Chicago.

*La "manufacture" de viande tue le boucher*

Les *packing houses* ressemblent plus à des usines qu'à des boucheries ; la chaîne de découpe utilise un personnel moins qualifié, sachant faire quelques gestes précis pour dégager ici un os, là un train de côtes. Pour produire mille jambons par jour, l'ouvrier, armé d'une grande hache, passe sa journée à couper des jambons sur un quartier qui se présente devant lui. "Nos garçons bouchers, constate un visiteur français, seraient peut-être moins rapides dans l'exécution de tel ou tel détail, mais ils connaissent toutes les différentes phases quand l'ouvrier d'Armour n'en a jamais suivi qu'une seule. [...] Les hommes que nous voyons ici sont au contraire confinés dans une toute petite spécialité ; ce sont des ouvriers de manufacture." Le boucher traditionnel est menacé, car plus le découpage industriel de la viande progresse et plus la boutique du boucher perd de son utilité. Un magasin de "n'importe quoi" peut en effet remplacer le boucher avec des "paquets" de viande prête à cuire. Chicago n'expédie plus ses carcasses à des grossistes mais les découpe sur place, pour redistribuer les morceaux de viande en fonction des goûts de chaque ville. New Orleans demande cinq fois plus de veau que si elle était dans le Wisconsin, la part importante d'agneau est expédiée à New York, alors que Saint Paul préfère le porc frais. Chaque morceau a des régions de prédilection. Dans les années soixante, quand apparaîtront les supermarchés, tout sera en place pour franchir une nouvelle étape et préemballer les morceaux prêts à acheter, mais on n'est encore qu'en 1907.

Cette sélection des morceaux suivant la destination va infléchir l'activité de la découpe vers la conserverie. Swift, Armour et d'autres industriels, qui étaient passés de l'abattoir à la découpe, glissent avec la même logique de la découpe à la conserverie : "On peut charger les débris de viande dans une brouette de fer et les verser dans une grande chaudière placée au ras du plancher, comme je le vois faire à des ouvriers moins vigoureux ou moins adroits ; c'est un simple travail de terrassier." La conserve devient l'industrie qui accommode les restes (de viande) et, comme elle utilise plus ou moins de légumes, elle élargit sa vocation. Avec le temps, des marques sont plus réputées par exemple pour les conserves d'ananas que pour celles de viande. Quand les wagons réfrigérés destinés à la viande sont inutilisés, on leur fait transporter des fruits et des légumes périssables. On sépare les suifs, on les fait fondre ou on les mélange à des morceaux de viande pas très nobles, et on concentre. Il faut surtout ne rien perdre et trouver sans cesse une valeur ajoutée ; les conserveurs deviennent de grands vendeurs de colle et de margarine. Quand l'Ouest américain se peuple, il devient moins rentable d'envoyer le bétail vers l'Est pour qu'il revienne débité en morceaux. Une part des marchés de Chicago sera ainsi reprise par des abattoirs de l'Iowa, du Nebraska... En 1907, on s'en soucie peu car Chicago est le plus grand complexe industriel de transformation de viande de l'histoire de l'alimentation et tout portait à croire que cette ville le resterait. Placée entre des éleveurs produisant en masse et d'autres villes, elle est devenue un centre où tout est gigantesque – réseau ferroviaire, nombre d'animaux, masse de déchets, taille des chaudrons, crasse, tonnage exporté... –, même les accidents. Un auteur pourrait concevoir une nouvelle où se mêleraient viande de bœuf et chair humaine, sans imaginer que les conséquences seraient paradoxalement bénéfiques pour le consommateur.

**Paris, 1907**
*L'alimentaire, grand client de la réclame*

Bouillon Kub, c'était tout ce qui était inscrit sur la plaque émaillée et elle se voyait de loin. Ultime rappel pour que la ménagère achète du bouillon concentré de viande Kub, dernier-né des produits de la Société Maggi. La plaque émaillée, placée sur les devantures des épiceries ou à proximité immédiate, soutenait et complétait le message diffusé par d'autres médias. C'était comme le dernier coup de pouce pour dire : "C'est ici que vous pourrez acheter le Bouillon Kub." Le prix clairement indiqué sur la même plaque, "10 centimes pour un litre de bouillon", complétait l'information. La publicité sur le lieu de vente n'existait pas encore, mais la chose elle-même était présente. Les sollicitations en direction du public étaient coordonnées par une armada de collaborateurs itinérants qui accolaient la plaque sur la façade de l'épicier et qui veillaient à ce qu'il y ait des affiches à proximité immédiate du magasin. La forte puissance de persuasion était rendue nécessaire parce que l'on était en France, pays du savoir-manger, où l'on boudait les aliments venant de l'industrie. Une bonne table ne se concevait qu'à partir de produits frais. "Entre des légumes frais et des légumes conservés, entre un fruit cueilli à l'instant et un fruit d'il y a six mois, tiré du bocal, l'hésitation n'est certes pas discutable, énonçait le gourmet. [Il était plus radical encore pour la] concentration alimentaire [et (…) si] nous n'y prenons garde, et ne nous indignons pas d'ores et déjà, s'en est fait de la cuisine." Or, le Bouillon Kub, c'est de la concentration qui ne fait pas encore "tenir un dîner tout entier dans un paquet de trois centimètres", mais on n'en est pas loin[2].

Les esprits chagrins pensent que nouveauté est synonyme de danger dans une matière comme la cuisine et extrapolent en imaginant que ce cube risque d'enfanter le "dîner en pilule", qui remettrait en cause les fondements culturels de la civilisation ! C'est plus grave que toutes les conserves réunies, car l'on remplace les parties de viandes qui se dissolvent dans l'eau, qui font "le mérite des bons potages, [qui,] en se caramélisant, forment le roux des viandes [et qui permettent] le rissolé des rôtis[3]", par un produit industriel dans lequel on a pu incorporer n'importe quoi ! On a oublié que les visiteurs, français pour la plupart, faisaient la queue devant le stand d'Armour à l'Exposition universelle de 1900 pour goûter au bouillon préparé à partir du concentré, et qu'en 1889 le jury de l'Exposition classait l'extrait de viande Maggi "hors concours", pour ses petits bâtonnets qualifiés de "comble de l'art culinaire". Le fils d'un minotier suisse, Julius Maggi, qui avait pris en 1866 la direction des moulins paternels de Kemptal, près du lac de Constance, eut très vite conscience que les femmes qui travaillent passent moins de temps dans leur cuisine, à moins de se couper en deux pour être au four et au "boulot". Il fallait donc que son entreprise aide la ménagère, d'une manière concrète et effective, à gérer sa double fonction dans un créneau de temps incompressible. Julius oriente sa réflexion vers des farines de pois et de haricot qui mettent moins de temps à cuire que des haricots ou des pois secs. Il offre aux ménagères une excellente soupe à base de farines de légumineuses Maggi, avec en prime le loisir de ne plus passer toute sa matinée pour la faire.

*Maggi lance en France les potages déshydratés*

Les chiffres d'affaires réalisés avec la gamme de trois potages d'origine, présentés en rouleaux compacts, prêts à cuire, sont faibles. Les méthodes traditionnelles ont la peau dure ; l'idée nouvelle met du temps à se répandre compte tenu des mœurs de la clientèle. Les gens ne savent pas que l'on peut aller plus vite avec de la farine de pois qu'avec des pois entiers, et ceux qui le savent refusent de faire le saut. La réclame apparaît donc comme le complément de l'avance technologique, pour informer, convaincre, séduire et inciter à essayer. En parallèle, Julius Maggi ouvre un dépôt à Paris et les Français peuvent trouver dans les épiceries les potages en rouleaux, importés de Suisse. On fait appel à des affichistes à la mode, on découvre ces plaques de métal qui brillent et qui attirent le regard, on présente des recettes illustrées pour que le consommateur fasse un premier essai. La réclame et les "parades" publicitaires ne sont pas nouvelles en France, mais fort peu de produits alimentaires les utilisent. Un peu le chocolat, Menier ou Carpentier, un peu plus des produits pour enfants, Moka Maltine ou Biscuits Lu, beaucoup plus des apéritifs, Byrrh ou Saint-Raphaël-Quinquina, mais pas d'affiches pour proposer des soupes, puisque par définition celles-ci se font à la maison. C'est en cela que Julius Maggi innove. Pour faire de la bonne soupe, il faut du bœuf ou du poulet, ce qui le conduit à s'intéresser aux extraits de viande. En modifiant les proportions des ingrédients, en y incorporant des herbes et des aromates, on aboutit à l'Arôme Maggi, qui facilite la sécrétion gastrique et dont "quelques gouttes suffisent pour donner un goût exquis à tous les mets", si l'on en croit le concepteur. À la Belle Époque, l'on voit apparaître sur les murs des villes françaises une petite fille qui informe que l'Arôme Maggi est destiné à corser les plats, que le déjeuner au Cacao Gluten Maggi est le meilleur, évoquant enfin les tubes de consommé Maggi. La Soupe de pois au lard et le Potage à la fermière sont commercialisés. Le Bouillon granulé Maggi est doublé par le Bouillon Kub, en attendant la Poule au pot.

    Les concurrents réagissent, ce qui stimule l'ensemble du secteur. En 1870, un livre de cuisine d'une certaine Henriette Davidis, publié en allemand, présente les concentrés industriels en support des

Bouillons Oxo. Une société belge, qui exploite les brevets Liebig, lance en France le Viandox en boisson, avant d'en faire un cube. Un Allemand, commerçant en légumes, Karl Heinrich Knorr, cherche à élargir le cadre de ses affaires, fabrique du tapioca, ajoute des farines de légumineuses, aboutissant aux soupes concentrées, sous le nom de Knorr. Cette marque s'introduit en France et se heurte à la même objection, qui veut qu'en dehors de la traditionnelle cuisine mijotée il n'y ait point de salut. Ce rejet des produits pouvant réduire le travail de la ménagère explique la réserve des industriels français en matière de soupe. La réciproque aussi ; l'avance des premières marques de soupes, de bouillons et de concentrés s'est maintenue jusqu'à la fin du XX$^e$ siècle[4].

*Le Bouillon Kub, l'ennemi du savoir-manger*

Quand le conflit avec l'Allemagne éclate en 1914, le concentré de viande était en sainte horreur auprès des gastronomes ; et comme le *K* de Kub lui donnait une connotation germanique, il ne fallait pas détromper ceux qui croyaient qu'il s'agissait d'une marque allemande. Il importait peu aux propagateurs de cet amalgame que les Français puissent disposer d'un concentré de viande les jours sans viande. Les Français semblaient avoir oublié le siège de Paris de 1871 et l'extrait de viande "fabriqué" à partir de la carcasse des deux éléphants du Jardin d'Acclimatation. Les années fastes qui avaient suivi la levée du siège les avaient confortés dans l'idée de rejeter l'extrait de viande provenant d'un bétail élevé hors de France. On ne contourne pas le postulat qui énonce que ce qui est bon en cuisine ne peut être que français, et ce, malgré la pénurie. Les gastronomes, qui avaient découragé les initiatives industrielles pour en fabriquer, jouaient sur la confusion entre le concentré de viande et l'ennemi, maintenant leur *veto*. Léon Daudet, connu pour ses éloges de la cuisine française et pour sa xénophobie, utilise l'Action française pour poser la question de savoir "quelle chimie" se cachait dans le Bouillon Kub. Quand on redoute un empoisonnement collectif que l'ennemi veut provoquer, on prête l'oreille aux rumeurs (infondées) qui alimentent la crainte et l'on amplifie l'intention criminelle supposée. Des manifestations éclatent contre l'entreprise de l'affreux bouillon et la foule saccage les épiceries qui avaient apposé la plaque émaillée de la marque. La mort de Julius Maggi, survenue en 1912, lui avait épargné de voir ces manifestations, alors que son réseau de boutiques mettait tous les matins à la disposition des Parisiens du lait frais de Normandie, traité dans une usine moderne. Or, c'étaient ces mêmes boutiques, à l'enseigne de la Société laitière Maggi, qui avaient été mises à sac. Néanmoins ses successeurs, convaincus que le public finirait bien par l'apprécier si l'aliment était à son goût, continuèrent dans la voie de la communication entre fabricant et public. Réussir en France devenait l'objectif prioritaire, d'où la nécessité de continuer après la fin de la guerre à lancer de bons produits et à le faire savoir. Pour l'instant, en 1914, l'entreprise Maggi honorait les commandes de Bouillon Kub que l'armée française lui avait passées !

Pour faire sauter le verrou du refus des gastronomes, il fallait faire appel à la caution des grands chefs. On découvre dans le *Guide de la bonne cuisinière*, recueil d'anciennes et de nouvelles recettes utilisant le Bouillon Kub, l'avis d'Escoffier : "Dans ma longue carrière de chef de cuisine, j'ai eu à examiner différents produits à base d'extraits de viande utilisés en cuisine pour économiser le temps de préparation des aliments, tout en développant leurs qualités savoureuses. Je tiens à attester que le Bouillon Kub peut se placer au premier rang." Malgré le succès du *Guide de la bonne cuisinière*, la bataille n'est pas décisive et Maggi récidive en 1925 avec *La Bonne Cuisine pour tous* dans lequel s'intègrent les usages du Bouillon Kub et aussi de la Poule au pot, consommé de poule d'une "finesse incomparable", selon le grand Escoffier. Jamais Julius Maggi n'aurait pu imaginer, dans ses rêves les plus fous, que ses inventions allaient bouleverser les méthodes culinaires y compris en France.

### Minneapolis (Minnesota), 1910
*Les minotiers se mobilisent pour vendre plus*

Les stocks de grains et de farines prennent des allures alarmantes à Minneapolis, capitale de la minoterie ! Durant les trois dernières années, la situation économique n'étant pas brillante, on a stocké dans l'espoir de voir les prix remonter. On sentait une petite reprise et il fallait en profiter pour rattraper les pertes cumulées pendant des années de stagnation. Pour sortir de la banalité d'un produit anonyme comme la farine ou l'avoine, il fallait donner une marque apportant un "plus" aux clients. Certains minotiers avaient découvert ces principes et il leur paraissait judicieux d'approfondir cette voie. L'avoine par exemple, que les plus démunis consomment en bouillie, était entrée dans les habitudes américaines au *breakfast*. Pour ne plus la vendre en vrac, le meunier Ferdinand Schumaker offrit de la farine d'avoine qui permettait à ses clientes de faire plus vite la bouillie. Plus tard, les grains de farine sont agglutinés en flocons et *Quaker Oats* est lancé. Nom curieux s'il en est, puisque sa traduction est "avoine de Quaker", mais la publicité fait le reste. Les annonces décrivent des demeures "de gens éduqués, prospères et compétents, les maisons des *leaders*, celles où la mère se préoccupe de ce qu'elle donne à manger aux enfants", dans lesquelles on trouve toujours une boîte de *Quaker Oats*. Les mamans, à la lecture de tels arguments, font comme ces mamans riches, imposent la roborative bouillie d'avoine, espérant que les enfants seront sains et, pourquoi pas… riches ! Les temps de cuisson baissent encore, le *quick-cooking process* est dépassé par de l'avoine prête à être consommée en l'état avec du lait froid. "Le" *Quaker Oats* est connu dans le monde entier par la combinaison de la technique, de l'emballage et de la réclame. D'autres réussites existent dans ce secteur. Un mélange de farines prêt à l'emploi conçu par un minotier du Missouri autorise la femme au foyer à se lever plus tard, tout en restant une bonne mère. Pour faire des crêpes, il suffit d'ajouter de l'eau ou du lait au mélange qu'une grosse dondon noire dénommée Aunt Jemima propose dans des annonces jusqu'à la fin du siècle.

*La publicité impose le breakfast industriel*

Au lieu d'une bouillie ou d'un mélange de farines presque prêts à l'emploi, pourquoi ne pas franchir un pas de plus et proposer un repas tout à fait prêt ? Le docteur Kellogg, pour soigner les malades, conçoit des aliments croustillants, à base de céréales, sous forme de pétales auxquels il suffit d'ajouter du lait. Son frère Will devait les commercialiser et la foudroyante carrière des *corn flakes,* des *wheat flakes* et autres produits secs pour petit déjeuner démarrait. Charles Post souffrait d'un ulcère à l'estomac, que quelques mois de traitement au sanatorium du docteur Kellogg ne guérirent pas. À défaut de la guérison, il prit conscience que l'on pouvait faire fortune avec des céréales prétendues thérapeutiques et il se lança dans ce secteur. Plutôt que de fabriquer des ingrédients pour bouillies ou des céréales sèches, il s'engouffre dans la fabrication d'une boisson d'orge torréfiée et s'extasie dans sa publicité sur ses effets bénéfiques par rapport au café. Ces "cas" augmentent les budgets de publicité du secteur alimentaire, qui passent de 1 % du chiffre de l'agence Ayer[5] à 15 % en 1901. À l'étranger, les pays allaient être conquis les uns après les autres, France comprise. Les pétales de maïs Kellogg arrivent en France après la première guerre mondiale, mais ne se répandent sérieusement qu'après la seconde, avec de nouvelles marques. On a pu, au mieux, créditer ce secteur alimentaire

## Le Ketchup et le Gratin

d'avoir fait boire plus de lait aux enfants, fait absorber plus de yaourts aux hommes, aidé à ingurgiter plus de fibres aux femmes, à consommer plus de fruits et à enrichir les cartonniers et le monde de la publicité ! La bataille du petit déjeuner avec les crêpes et les bouillies était gagnée par l'industrie. Il restait à se battre pour le déjeuner et le dîner.

Le cheval de Troie pouvait être le pain industriel. Les publicitaires s'emparèrent de la blancheur immaculée du pain et en firent un syllogisme : "[Si] c'est blanc, c'est plus pur, donc le pain blanc est meilleur." En parallèle, la ménagère était interpellée : "Il est trop lourd, votre pain ! [Alors qu'en] l'achetant chez nous, vous aurez un pain tellement plus léger." Les minotiers encouragèrent la création des usines à pain, car ils vendaient ainsi, en une fois, de grosses quantités de farines, et investirent lourdement en publicité pour que le consommateur trouve le pain blanc meilleur. Le pain se vend, comme les produits d'épicerie, au *General Store,* et la lutte entre boulangers industriels génère des "gadgets" du type "pain prétranché" et autres inventions destinées à garder les concurrents à distance et à continuer de vendre son pain "comme des petits pains".

---

1. Voir la citation de Laurent Tailhade en tête du chapitre.
2. L'ensemble de ces citations vient de Châtillon-Plessis, *La Vie à table à la fin du XIX$^e$ siècle,* Firmin-Didot, 1894.
3. Brillat-Savarin, *La Physiologie du goût,* réimpression de l'édition de 1840.
4. À la fin du XX$^e$ siècle, la consommation annuelle du Français était de 4,5 l. de soupe, dont 80 % encore préparée à la maison. Les soupes industrielles leaders sont Maggi et Knorr, dont les débuts sont évoqués ici, suivies de Royco (Unilever) et de… Liebig, qui a pris, ironie du sort, la nationalité française par son appartenance à B.S.N.
5. Harvey Levenstein cite Ralph M. Hower dans *Revolution of the Table,* Oxford University Press, 1988.

## Chapitre V
## Invasions (des cuisines) barbares

> *"Barbare, adj. et n. (lat. barbarus ; du grec barbaros, non-Grec, c'est-à-dire étranger). Étranger pour les Grecs et les Romains, puis pour la chrétienté. Qui n'est pas civilisé. Inculte, grossier ; contraire aux règles."*
> **Dictionnaire Larousse**, trois volumes.

### Washington, 1906
*Theodore Roosevelt descend de marchands hollandais*

Theodore Roosevelt, le plus jeune Président des États-Unis, devient en 1904 lauréat du prix Nobel de la Paix du fait de sa contribution à l'arrêt des hostilités entre Russes et Japonais. Les articles de presse qui évoquent cette consécration rappellent ses origines en remontant aux Hollandais installés à Manhattan[1], qui ont constitué le noyau originel des New-Yorkais. Ils découvrirent, parmi les premiers habitants de la presqu'île, un Van Rosenvelt et un autre aïeul du Président, Nicholas Roosevelt, maire de la ville quand elle s'appelait Nieuw Amsterdam. Ces articles sont aussi l'occasion de braquer les feux de l'actualité sur l'apport des Provinces Unies en matière de coutumes. Il était habituel par exemple de tenir en Hollande "maison ouverte le premier de l'an et d'offrir du gâteau et un verre d'alcool" et le premier Président des États-Unis, George Washington, instaura cette règle. Manhattan fut achetée aux Indiens[2], faisant affluer bien des compatriotes qui ont eu un rôle d'influence dans le Nouveau Monde. Les premiers orfèvres de New York sont des Hollandais invités pour dessiner sur place des services de table. Les textes officiels restent rédigés en néerlandais après que les Anglais rebaptisent Nieuw Amsterdam en New York, et ce jusqu'en 1674. Dix ans après, on publie encore à New York un livre de cuisine hollandaise car les Hollandais restèrent longtemps majoritaires dans cette Tour de Babel[3]. Ils ont sans doute une part dans la vogue américaine du sandwich car les textes nous les décrivent mangeant une tranche de bœuf froid ou du fromage découpé en fines lamelles sur des tartines beurrées. Ils faisaient pousser, entre autres, du chou (*kool*) dans le jardin qui jouxtait leurs maisons, qu'ils préparaient en salade (*sla*), ce qui a donné par déformations successives le *coleslaw* (salade aigre-douce de chou râpé) que l'on sert de nos jours aux États-Unis. Il y a aussi une filiation entre les crêpes hollandaises et les *pancakes*, comme d'ailleurs les gaufres, *doughnuts* et autres *cookies*. Ce rappel est indicatif de la réelle influence qu'ont eue les Hollandais sur le goût des Américains, mais il ne faudrait pas croire à un lien entre la "bonne fourchette" de Roosevelt et les habitudes des opulents marchands de La Haye. Il reste que le locataire de la Maison Blanche aimait bien manger et c'est dans cette voie qu'il faut rechercher la raison de sa décision de faire agrandir en 1902 la salle à manger.

Lors des campagnes électorales, ses concurrents l'accusent d'être un "gourmet" (en anglais, au sens péjoratif de gourmand) comme s'il s'agissait d'une grave lacune. Il est même obligé de répondre par écrit à ses détracteurs pour se défendre du péché de gourmandise. À la fin de son deuxième mandat, il voyage beaucoup et il est reçu en 1910 à l'Élysée par le président Fallières. En matière de politique étrangère, il a toujours adopté une attitude profrançaise et il en est de même vis-à-vis de notre cuisine. Aux États-Unis, quand son emploi du temps le lui permettait, il s'arrêtait à Lynbrook (Long Island), sur le trajet entre sa demeure d'Oyster Bay et Manhattan, chez *Henri Restaurant*, qui lui servait une soupe à l'oignon et de la *galantine maison truffée et pistachée* qu'il trouvait, raconte le restaurateur, aussi bonnes qu'en France[4]. Sous Poincaré, il revient en France et l'invite au *Fouquet's*. Le menu n'a rien de barbare, puisque les plats sont "de bonnes vieilles recettes de la cuisine française traditionnelle rebaptisées pour la circonstance[5]" en *Rochambeau* pour la truite, en *Indépendance* pour la selle d'agneau et en *Washington* pour la poularde. Le melon, les hors-d'œuvre, les œufs de vanneau, la bécasse, les petits pois et les asperges avaient échappé à l'américanisation du nom (sauf la glace, qualifiée d'"américaine"). Le choix des vins confirme le bon goût de Roosevelt, puisqu'il fait servir en blanc un pommery nature 1900, en rouge un château-haut-brion 1878 (pas encore la propriété de la famille américaine Dillon) et du champagne Grand Cordon rouge 1899. Il n'y avait pas eu de relations aussi chaleureuses entre officiels des deux pays depuis longtemps.

### Versailles, 17 janvier 1906
*Les huîtres donnent-elles la fièvre typhoïde ?*

Les titres des journaux dévoilent le nom du nouveau président de la République, Armand Fallières, soixante-sept ans, dont les goûts, à l'image de son accent, sont teintés de senteurs du Sud-Ouest. Dans la foulée, la presse fait état de la nomination d'une femme à la direction des fourneaux de l'Élysée, alors que les hommes avaient jusqu'ici été les seuls à cuisiner pour le chef de l'État. Cette information est vite éclipsée par une préoccupation plus grave, l'épidémie de fièvre typhoïde. Les gazetiers accusaient l'huître d'en être le vecteur et cette assertion condamnait à la fermeture les restaurants, comme *Prunier,* qui avaient fait de l'huître le centre de leur carte. À leur initiative, le Syndicat de l'ostréiculture demanda à l'Académie de médecine une étude qui a conclu que les huîtres élevées dans des eaux non polluées n'étaient pas dangereuses. Sans attendre ces conclusions, des restaurateurs décidèrent d'élargir leurs cartes à des huîtres cuites, présentant la garantie de la stérilisation. Émile Prunier rechercha auprès de confrères américains des recettes, ce qui pouvait sembler saugrenu pour un restaurant de la classe de *Prunier.* Si le nom d'*oyster bar* est américain, si des voyageurs parlent des marchands ambulants débitant là-bas des montagnes d'huîtres que gobent les passants aux coins des rues, il reste que la quantité n'est pas la qualité. On retenait plutôt des repas américains les détestables expériences d'huîtres frites, panées ou grillées, enveloppées dans une tranche de bacon. "On est même arrivé à confectionner un cocktail aux huîtres, horrible combinaison où le mollusque se trouve pris dans de la sauce aux tomates, du poivre rouge, du sherry et du citron, le tout remué dans de la glace.[6]"

Mais *Prunier* avait déjà sur sa carte[7] l'*oyster pan stew,* après qu'un Américain s'était étonné de ne pas trouver d'huîtres chaudes. L'Américain, qu'on autorisa à préparer ce plat sur place, invita le père Prunier à le goûter[8]. Malgré la répulsion de quelques Français à trouver bonne une soupe au lait dans laquelle nagent de gros mollusques, *Prunier* l'adopta en complétant le mouillement de la noix de chair avec du vin blanc et en ajoutant de la crème fraîche. Dans le menu de 1900, les *huîtres frites* (honnies par les voyageurs français outre-Atlantique)

*Invasions (des cuisines) barbares*

côtoyaient des *cailles truffées,* du *perdreau Souvaroff* et d'autres plats prestigieux de la cuisine française. *Prunier* élargit encore la carte avec d'autres préparations nord-américaines, le *homard Newburg,* inventé par l'Alsacien Ranhofer à New York, et les *huîtres Rockefeller* du Marseillais Antoine Alciatore de New Orleans. Il était plus difficile de justifier le *filet Boston,* steak servi avec des huîtres ! On encourage les fournisseurs à importer des clams américains[9] afin de les immerger dans la Seudre, seul endroit des côtes françaises où se plaît ce mollusque, qui "prend un goût, disent les Charentais, plus fin que ses parents d'outre-Atlantique". C'est ainsi qu'un grand restaurant français servait à ses clients une cuisine barbare. Il n'y avait pas que des Français et des Américains qui le fréquentaient, puisque, situé en face de l'agence Cook, beaucoup d'Anglais y venaient dîner. On disait aussi que les membres de la cour impériale russe, plus nombreux à Paris qu'à Saint-Pétersbourg, faisaient arrêter leur équipage devant *Prunier* pour y souper.

*Le homard à l'américaine est "né" à Paris*

Des cuisiniers ayant fait leurs classes aux États-Unis ouvrent à Paris leur restaurant, initiant les Français aux goûts venus de là-bas. Le restaurant *Peter's* (devenu *Noël Peter's*) en fait partie. À côté du *rumpsteak* et du *roastbeef,* présentés sur chariot et découpés devant les clients, la soupe de tortue s'écrit sur la carte *turtle soup* ; si les clients ne comprennent pas, ils n'ont qu'à demander la traduction ! On utilisait outre-Atlantique le français pour positionner un restaurant en haut de la gamme, et voilà que Pierre Fraisse, de *Peter's,* marque sa différence en adoptant l'anglais pour sa carte. Bien que né à Sète, il a donné la nationalité américaine à une préparation de homard. Un soir, chez *Peter's,* cherchant à "en mettre plein la vue" à des clients Américains, il leur présente un homard[10] tout rouge de sauce tomate, qu'il fait flamber. Habitués à des goûts plus neutres, les convives jugent le mets admirable et demandent son nom. Sans se démonter, Fraisse leur confie qu'il s'agit du *homard à l'américaine,* attribuant ce plat de souche française à la cuisine du Nouveau Monde.

Pour détecter le bon restaurant, les Américains en France suivaient les guides ou les "tuyaux" donnés par la presse. Le journaliste Julien Street avait, sur ce plan, une certaine notoriété, et dans un article de 1911 titrant "Paris à la carte[11]", il cite le *Coucou* sur la butte Montmartre. Cuisine excellente, clientèle d'artistes et le dîner, vin compris, coûtait l'équivalent de 80 *cents* américains. La carte écrite à la craie sur une ardoise (*so french !*) était visible des tables de la terrasse, malgré l'éclairage doux diffusé par de petites lampes (*so romantic !*). Plusieurs passagers débarqués au Havre le même jour par trois paquebots voulurent y dîner le lendemain, d'où un énorme embouteillage rue Lepic, des clients ne parlant pas français, impatients d'avoir une table, se présentant à des heures peu usuelles, demandant des boissons inconnues, toutes choses qui firent fuir les clients réguliers. C'est seulement bien plus tard que le propriétaire du *Coucou* s'organisa pour profiter de l'opportunité d'une clientèle de touristes. L'existence d'une telle clientèle venant d'outre-Atlantique pour se régaler chez *Prunier, Peter's* ou au *Coucou* s'oppose à l'image réductrice d'un groupe monolithique d'Américains allant, sans rien comprendre, chez *Foyot*, à *La Tour d'Argent* ou chez *Lapérouse*. Ceux qui ne sont pas très fortunés et qui s'offrent le voyage apprennent à ne pas transposer l'idée que les restaurants français sont chers. Ils découvrent des endroits où ils se régalent sans dépenser une fortune. Les résidents plus permanents, journalistes, artistes, étudiants, fréquentent tout genre d'établissements dans la France d'Armand Fallières. C'est au cours de son septennat que l'aire de l'appellation "champagne" est délimitée, ce qui rétrograde en simple "mousseux" des vignobles de l'Aube et annonce les procès avec les viticulteurs américains qui utilisent l'appellation. C'est aussi sous sa présidence que les garçons de café sont autorisés à porter la moustache après avoir fait grève. Cette "avancée sociale" n'a pas empêché un garçon de café, dont on ne sait pas s'il était doté de moustache, de tirer la barbe du premier magistrat, lors de sa promenade quotidienne.

### Guthrie (Oklahoma), novembre 1907
*Pas de Boston baked beans sans sirop d'érable*

L'Oklahoma devient le quarante-sixième État de l'Union. La capitale du territoire indien, Guthrie, est détrônée en faveur d'Oklahoma City. Des signes concordants annonçaient, depuis plus d'un siècle, la fin des terres indiennes. La poussée des "Visages pâles" vers le Pacifique avait débuté à la naissance de la République fédérale des États-Unis. On a eu beau reconnaître que tous les territoires situés à l'ouest du Mississippi appartenaient au "peuple" indien, beaucoup de colons s'incrustèrent sur la rive occidentale du fleuve. Quand Thomas Jefferson fit l'achat de la Louisiane, on refoula les Cherokees, les Creeks et les Choctaws plus à l'ouest. "J'ai vu la terre que vous envahissez se dépouiller de ces belles forêts, j'ai vu ces immenses troupeaux de buffalos, de cerfs gagner précipitamment les prairies de l'Ouest", disait un vieux guerrier osage en voyant fondre les sources d'approvisionnement alimentaire. Les voies ferrées favorisèrent l'installation des pionniers au-delà de ce que l'on appelait la frontière. Les plus hautes autorités avaient alloué aux tribus de Floride, de Géorgie et de l'Alabama, pour "aussi longtemps que poussera l'herbe et coulera l'eau", ce territoire, mais en 1889, l'État fédéral le rachetait aux Creeks pour offrir le futur État d'Oklahoma aux Blancs. Il s'ensuivit un véritable raz-de-marée et, dès le premier jour, dix mille nouvelles familles campent à Oklahoma City. L'étymologie du nom, qui signifiait en langue indienne "peuple" (*okla*) "rouge" (*homa*), est oubliée en faveur du surnom *Boomer's Paradise* ("paradis des spéculateurs"). La disparition de la spécificité de la culture peau-rouge, cuisine comprise, était en bonne voie.

Les ressources vivrières naturelles ou cultivées du Nouveau Monde étaient très abondantes avant l'arrivée des Blancs et donnaient aux Indiens un "train de vie alimentaire" supérieur à celui des Européens. Les pionniers partant vers l'ouest s'approvisionnaient en graines de maïs et haricots, denrées que l'on doit aux Indiens. Les préparations étaient bien souvent originaires des "leçons" de cuisine que les Indiens avaient données aux premiers Blancs. Mais cette continuité culinaire a toujours été contestée par les premiers puritains affirmant que "ce peuple [indien] n'a de l'humanité que la forme". Pourtant la farine de maïs, appelée *takhummin* par les Indiens, sert à faire une pâte à crêpes ou à beignets typique de la cuisine américaine et s'appelle encore *hominy,* à la fin du XXe siècle. Les Blancs s'attribuent aussi le *fried mush,* galette de farine de maïs agrémentée de sirop d'érable et de tranches de bacon, ou les *corn bread(s),* pourtant d'origine indienne, enrichis d'œufs, de beurre et de levure chimique. Il est resté un plat fondé sur le mélange haricot-maïs venant des Indiens, seul le nom originel, *misickquatash,* en a été légèrement déformé en *succotash.* Même les *Boston baked beans* auraient une antériorité indienne : haricots, graisse d'ours et sirop d'érable, mijotés grâce à des pierres brûlantes déposées dans un trou creusé dans un tronc d'arbre. La mélasse des Blancs remplaça le sirop d'érable, la graisse de porc celle de l'ours, et le réchaud à gaz les pierres chaudes. Le potiron était cultivé par les Indiens à l'ombre des plants de maïs pour être consommé à la fin de l'été, comme il l'est depuis aux États-Unis[12]. Le plagiat existe dans toutes les cuisines du monde, mais il prend ici un caractère marqué car on ne reconnaît pas avoir copié les Peaux-Rouges.

*Invasions (des cuisines) barbares*

*Recettes indiennes de viande de bison*

Les mois d'été étaient l'occasion de réunions de plusieurs nations indiennes sevrées de viande fraîche. On délimitait par de longs palabres les zones de chasse par tribu et la fête pouvait commencer. Les Indiens à cheval, armés d'un arc, s'élançaient derrière les troupeaux de bisons et, dans le "grondement et le fracas que faisaient les sabots des buffalos en s'enfuyant avec un bruit de tonnerre[13]", ils éloignaient quelques bêtes de la masse pour leur décocher une flèche. Dès que l'animal tombe, le chasseur arrache la langue encore fumante pour la dévorer avec un plaisir évident. Les *squaws* découpent alors la viande en lanières (*jerky*[14]) qu'elles font sécher au soleil pour servir en hiver. D'autres parties coupées menu, grillées, mélangées à de la graisse fondue et à des baies sauvages, enfermées dans les viscères, font le *pemmican*[15], aliment de voyage de haute valeur nutritive. Il arrive que des troupeaux de bisons forcent des trains à s'arrêter, ce qui est intolérable pour les compagnies de chemin de fer qui ordonnent alors de les faire disparaître. Le massacre de l'espèce préfigure la fin proche de l'homme rouge, annoncée par les légendes psalmodiées par les vieux guerriers ! Avec lui, disparaît sa cuisine qualifiée de barbare, laissant la place à d'autres cuisines étrangères qui vont occuper l'espace rendu vacant. La cuisine des Indiens a évolué, grâce au chaudron à trépied plus pratique que la panse de bison, grâce aussi aux apports tels que porc, bœuf, mouton, lait, alcool. À force de progrès, elle se trouve enfermée dans le *melting-pot*, ce qui rend difficile les recherches d'antériorité. Aucun restaurant ne se réclame de la cuisine peau-rouge à la fin du XXe siècle, mais des livres de recettes (Cherokee Publications et autres éditeurs d'appartenance indienne) décrivent quelques plats dont l'origine indienne ne se discute plus. Des mets plus récents mêlent des coutumes culinaires originelles à celles acquises tout au long de la cohabitation avec les Blancs.

C'est ainsi que l'on gomme les apports qualifiés de barbares et que s'impose l'idée simpliste d'une sorte de culture indienne bien épurée par son séjour dans le *melting-pot*. L'amalgame est entretenu par toutes sortes d'anecdotes, par exemple…

Un touriste visitant une réserve d'Indiens apprit qu'un vieux chef avait une mémoire extraordinaire. Pour s'en assurer, il se fit conduire auprès de lui. L'Indien était assis devant son tipi, le regard fixant l'horizon.
– *How*[16], lui dit le touriste.
– *How*, répondit le vieil Indien, lui retournant son salut.
– *Qu'avez-vous mangé au petit déjeuner il y a trois ans ?* demanda le touriste.
– *Des œufs !…* répondit immédiatement l'Indien, sans quitter l'horizon des yeux.
Et le touriste partit très impressionné par la fabuleuse mémoire de son interlocuteur. Cinq ou six ans après, le touriste, se trouvant dans les parages de la réserve indienne, se dit qu'il serait bon d'aller revoir le vieil Indien. Il va donc vers lui, le retrouve assis au même endroit, fixant le même point à l'horizon. Il s'approche, le salue :
– *How.*
– *Brouillés avec du bacon,* répondit l'Indien.

### Paris, 1911
*Des festins suivent les périodes d'instabilité*

L'empire colonial a été, pour la France humiliée de 1870, une sorte d'exutoire. Après la perte de l'Alsace et de la Lorraine, beaucoup de Français ont choisi d'aller dans ces endroits que l'on appelait les colonies où d'autres Français avaient déjà fait reverdir des hectares de désert. La conférence de Berlin partage l'Afrique entre les grandes puissances et le Maroc passe en 1912 sous protectorat français. La presse de Paris félicite le ministre qui a conduit les négociations et

*Invasions (des cuisines) barbares*

décrit dans les moindres détails les fêtes de signature. Elle distille les aspects exotiques des festins, ce qui plaît aux lecteurs qui assimilent ces peuples à des barbares. Le cadre des banquets est décrit, mais pas les odeurs et les goûts étranges des plats. L'encre de ces articles n'a pas eu le temps de sécher que l'on apprend la révolte contre le sultan, la mutinerie des soldats marocains et les atrocités perpétrées envers les civils de Fez. Lyautey débarque à Casablanca, obtient l'abdication de Moulay Hafid en faveur de son frère et replace le sud du pays sous l'autorité du nouveau sultan. C'est l'occasion de festins à Marrakech où les militaires découvrent la cuisine du sud du pays. Certains tentent de la faire partager à leur retour en métropole mais les coloniaux et les militaires qui se sont aventurés hors des repas préparés par des cuistots français sont soupçonnés d'être porteurs de germes dangereux. La même attitude prévaut pour les produits qui viennent de là-bas et l'envie du dépaysement s'évanouit dès qu'il s'agit de manger des préparations importées.

L'empire colonial, d'une superficie vingt fois supérieure à celle de la France, est un partenaire économique majeur : deuxième fournisseur et client. Que le café, le cacao, la noix de coco, l'arachide et, depuis peu, le riz viennent de l'empire est normal. Ce qui l'est moins, c'est que la moitié du vin rouge importé a pour origine l'empire, comme beaucoup de blé ! Il est également cocasse d'avoir eu l'idée de distiller "les marcs, c'est-à-dire le résidu des grappes pressées, pour en extraire de l'eau-de-vie", quand l'oïdium a décimé la vigne algérienne. Mais cette masse d'échanges fait de Marseille un dépôt incontournable, stimule les échanges transitant par Le Havre et Bordeaux et fait sortir le port de Sète de sa léthargie.

*Produits alimentaires revus par l'industrie*

On aurait pu écrire l'histoire de l'empire au travers des matières premières alimentaires qui y sont produites, corrigées par l'industrie agroalimentaire métropolitaine. Les coques de cacao deviennent en France de la poudre ou des tablettes de chocolat. Le mélange du cacao avec de la farine de banane donne, avec beaucoup de sucre et un peu d'orge, *Banania*. C'est à Marseille que sont conditionnées les dattes arrivées en vrac d'Algérie. Elles sont distribuées en France, ou réexportées car les Français les boudent, même si des grands chefs les utilisent dans des desserts sophistiqués. Les grains de café vendus en vrac à la ménagère pour être torréfiés et moulus passent un cap quand l'industriel les torréfie, et un deuxième quand il les moud. Quand le café moulu est emballé, il lui faut une marque pour sortir le produit colonial originel de l'anonymat. De même, l'huile de coco, devenue *Végétaline,* remplace "le beurre, l'huile et la graisse dans tous les emplois de la cuisine". Les relations de Bordeaux avec les colonies permettent aux colons de déguster l'anisette de Marie Brizard en même temps qu'aux liqueurs préparées là-bas de transiter par Bordeaux. Le rhum entreposé dans des chais bordelais va faire connaître à toute la France la belle Antillaise *Négrita*. Le vin de kola frais, fabriqué à Conakry, est distribué sous la marque *Toni Kola* dans les cafés de la capitale, après avoir transité par les mêmes chais. Ainsi les villes de Marseille, Le Havre, Bordeaux, plaques tournantes des importations de produits barbares, s'enrichissent d'un tissu industriel. En 1906, la première Exposition coloniale de Marseille donne l'occasion à bien des Français de goûter la banane, la noix de coco, l'ananas et autres fruits exotiques.

Si le riz importé contribue à la richesse de Marseille par rizeries (chargées de décortiquer et de polir les grains) interposées, son succès en cuisine est faible, la ménagère ne sachant pas le préparer. C'est dire que le chemin des colonies à la table pour les produits barbares est plein d'embûches, et celles-ci sont plus grandes encore si on cherche une appréciation positive. Les mets algériens, marocains, tunisiens mettent, avec ceux venus d'Indochine (pas de distinction avec la cuisine chinoise), un temps considérable pour arriver jusqu'à Paris. Ceux de Madagascar, du Sénégal, de Guyane, de la Réunion, des comptoirs de l'Inde, de Nouvelle-Calédonie, de Tahiti n'arriveront jamais. Les Expositions coloniales (Marseille, 1906 et 1922 ; Paris, 1931), les discours des sous-secrétaires d'État aux colonies ne font pas beaucoup avancer les choses. Il en est de même des actions publicitaires et des banquets organisés par ceux qui commercent avec les colonies. La résistance au changement est forte quand il faut goûter de la "viande de chameau" ou tel fruit exotique. On lit les livres de voyages des explorateurs, on côtoie le million d'hommes engagés dans les colonies pendant la première guerre mondiale, on applaudit dans les défilés les spahis et les tirailleurs sénégalais, mais on ne change pas ses habitudes alimentaires. Il faut attendre longtemps en France pour dire en écho au docteur Leroy de Paris[17] : "Couscous, riz à l'espagnole [sont] deux recettes du pays oranais, deux souvenirs d'enfance. Elles s'associent pour moi à l'image de la grande cuisine pleine de lumière." Les livres de cuisine publiés dans les colonies n'offrent jamais des recettes de plats autochtones mais défendent et illustrent une cuisine française adaptée. Ainsi, par exemple, le *Manuel de cuisine indochinoise,* qui paraît en deux langues, comporte des "conseils ménagers à l'intention de la domesticité annamite[18]" et pas de recettes de plats vietnamiens.

Les chantres de l'empire colonial ont beau affirmer que "l'Afrique du Nord est à la France ce que les enfants sont à la famille et [que] les deux se complètent et se doublent[19]", ce n'est pas vrai pour la cuisine. Les raisons de rejet des préparations des Peaux-Rouges qu'avaient les puritains d'Amérique se retrouvent, avec quelques siècles de décalage, dans les colonies françaises. Personne en France n'est prêt à suivre Léon Isnard quand il prétend qu'"Alger au centre de l'Afrique [est] comme une manière de paradis : celui que l'on nomme la table". On le suit encore moins quand il affirme que la France, qui "recèle sous mille formes des trésors de plaisirs que savourent les gourmets", a désormais dans son patrimoine les plats d'Afrique du Nord. Il faut attendre l'Exposition de 1937 pour que les Français célèbrent la cuisine arabe chez *Martin Alma,* restaurant tout proche du zouave du pont de l'Alma. Il faut attendre l'après-deuxième guerre mondiale et l'arrivée des pieds-noirs pour que cette tendance se confirme. Les Français savent enfin faire la différence entre une bonne et moins bonne *pastilla,* apprécier les *tajines de poulet au citron* ou d'*agneau aux amandes.* Chacun connaît désormais le restaurant où, selon lui, on sert le meilleur couscous et le boucher qui vend de la bonne merguez. Même long périple pour l'acceptation de la cuisine vietnamienne qui se traduit à Paris, à la fin de la guerre d'Indochine, par un grand nombre de restaurateurs (ou qui prétendent l'être) venus de là-bas s'installer à "Saigon sur Seine". Le temps où René Héron de Villefosse écrivait : "J'aime le riz, mais les grains du bol ont le goût de papier et le parfum de la tasse de thé m'enchante moins que celui du chambertin[20]", est dépassé. Les restaurants asiatiques ont désormais du vin (extraordinaire carte de pomerol de *Tan Dinh* à Paris) qui convient bien aux senteurs de leurs plats. Un siècle a été nécessaire pour que cette osmose (marginale) se fasse. Personne ne pouvait croire, alors que l'on soignait et éduquait ces peuplades barbares, qu'on leur apportait notre culture, qu'un tel choc en retour se produirait.

Qui aurait pu penser, un an après la pacification du Maroc, que Paris serait envahi un jour par d'excellents restaurants marocains, n'ayant rien à envier aux établissements de Fez libéré ? Au même moment, les grands chefs de France, pour honorer le nouveau

Président, inventent des plats qui portent son nom – la *poularde Poincaré*, les *escalopes de langouste à la Poincaré* –, mais la guerre ne laisse guère le temps de les apprécier. Quarante ans après, personne n'en parle plus, mais la rubrique cuisine de *Madame Figaro* encadre la *gratinée auvergnate* par la *chorba marocaine* et la *soupe de bœuf façon tonkinoise*. Le point culminant de cette fusion des apports barbares avec la haute cuisine française est atteint quand Bocuse accompagne sa pièce de bœuf de semoule.

### San Antonio (Texas), 1911
*On sent l'ail dans une ville d'Amérique !*

La marchande ambulante de la Military Plaza de San Antonio s'était fait la réflexion, ce soir-là, qu'il y avait moins de clients que d'habitude à cause du départ pour la frontière mexicaine des soldats stationnés à Fort Sam Houston. Cela faisait des années qu'elle poussait sa charrette à bras contenant des écuelles, des cuillers et autres récipients, vers les sept heures du soir. Elle s'installait sur la Plaza, devant l'imposant hôtel de ville qui avait conservé son architecture espagnole. Jusqu'à une heure avancée de la nuit, elle régalait les promeneurs de bols fumants de chili[21] fleurant l'ail, le cumin et la coriandre. La charrette bariolée était équipée d'un petit brasero pour tenir au chaud la marmite de terre cuite de chili, que la marchande avait fait longuement mijoter chez elle dans la journée, ce qui lui permettait de servir un bol fumant, car chacun sait que le chili pimenté (*hot*) est meilleur quand il est très chaud (*very hot*). On avait peine à croire que l'on était aux États-Unis tellement étaient surprenants les arômes qui embaumaient la Military Plaza… et la morsure du piment sur la langue. Les "Anglos" comptaient pour le tiers dans la population de San Antonio, un autre tiers était d'origine allemande et la partie restante constituée d'un mélange de Mexicains et de Créoles d'origine espagnole "texanisés". San Antonio était un important poste militaire de l'Union, et beaucoup d'hommes avaient rejoint les vingt mille soldats qui allaient mater la rébellion de l'autre côté de la frontière. La réflexion de la marchande ambulante paraissait donc bien fondée.

Le chili, et plus généralement la cuisine épicée, était peu répandu dans le nord du pays. Après le succès qu'avait connu le *San Antonio Chili Stand* à la Chicago World's Fair de 1893, on voit ici et là quelques restaurants spécialisés. Par contre, les soldats texans, dont les papilles savaient bien ce qu'était le feu du piment (*jalapenos* ou *tabascos*) qui poussait dans leur région, n'avaient pas de chili dans leurs rations alors. Même si le *Manual for Army Cooks*, vieux de vingt ans, comportait une section traitant de la cuisine espagnole, c'est bien plus avant dans le siècle que la bouteille de *Tabasco* fera partie de l'ordinaire du soldat américain en campagne. La découverte du piment par les Européens se fait quand Colomb met pied à terre sur l'île (appelée aujourd'hui Saint-Domingue) où les "naturels" lui font une offrande bien relevée. On sait[22] qu'il a ressenti la morsure produite par le piment sur la langue, ce qui l'a conforté (à tort) dans l'idée qu'il avait découvert la route du poivre. Il en ramène en Espagne mais on saura plus tard que ce n'est pas du poivre (espèce *piper*), le piment (comme le poivron) étant un *capisicum*. Sa diffusion s'est faite à une incroyable vitesse, sous forme de paprika, de piment de Cayenne et autres, sans que l'on veuille admettre qu'il s'agissait d'un produit sorti du patrimoine culinaire des barbares d'Amérique. Le piment met plus de temps à séduire les émigrés européens des colonies anglaises d'Amérique, situées au nord de ces terres d'élection. Même après que la jeune nation a intégré ses États du Sud, c'est par les anciennes colonies espagnoles des Indes occidentales que le chili entre aux États-Unis.

*Invasions (des cuisines) barbares*

*Les Espagnols apportent l'orange en Floride*

D'autres produits entrent aux États-Unis par descendants de conquistadores interposés. Ces derniers raffolaient, par exemple, de desserts sucrés depuis l'introduction en péninsule ibérique des roseaux miellés par les Maures. Colomb emporte des boutures de canne à sucre qui poussent vite dans le climat des Antilles, ce qui conduit à fabriquer sur place de la mélasse, des pains de sucre et c'est peut-être une des origines du goût des Américains pour le sucré. Les mélasses font l'objet d'un commerce important avec ce qui sera la Nouvelle-Angleterre, développant l'industrie locale de rhum qui fait des Américains du XX$^e$ siècle les plus grands consommateurs de ce spiritueux. Si la Floride est devenue synonyme d'agrumes, c'est aussi grâce aux Espagnols[23] qui les y avaient acclimatés avant l'entrée de la presqu'île dans l'Union. Les Espagnols produisent du vin[24] (pour la messe et la table), sur une langue de terre qui deviendra plus tard la Californie, anticipant sur le rêve de Jefferson de voir planter la vigne dans son pays. L'autre projet de Jefferson, acclimater l'olivier, ne se réalise pas en Californie espagnole, le "lobby" de l'huile d'olive ibérique interdisant l'exploitation des oliveraies dans les colonies. Le cochon, que les Amérindiens ne connaissaient pas, est également introduit dans le Nouveau Monde par les Espagnols. Les populations barbares locales vont donc accéder à la friture qui se retrouve dans les apports des *Chicanos* à la cuisine des États-Unis. L'emprise hispanisante était donc forte, avant même que les Cubains fassent d'une grande partie de Miami le Little Havana de la fin du XX$^e$ siècle. À Tampa et dans sa région, les haricots noirs servis avec du riz ont une forte connotation hispanique car le mélange des haricots et du riz est typiquement ibérique.

Il en est de même du mélange riz et haricots (rouges) de Louisiane, dont les senteurs espagnoles remontent au temps où ce pays avait été cédé aux Bourbons d'Espagne par Louis XV. Ces haricots cuits avec de la couenne de porc, parfumés d'ail, d'oignon et de poivron, relevés avec du piment et servis sur du riz blanc, sont plus représentatifs[25] de la cuisine de Louisiane que les *huîtres Rockefeller* de chez *Antoine's*. Dans les années 1970-1980, ce plat, américanisé par le poulet frit[26] qui l'accompagne, était servi dans un modeste restaurant arborant le nom de son cuisinier noir, Buster Holmes. Il y avait la queue tous les jours devant l'établissement, mais Buster Holmes, malgré le succès renouvelé, n'a jamais voulu devenir un grand restaurateur. Il est resté l'authentique cuisinier de ses débuts jusqu'au bout, servant à un prix raisonnable ce plat sentant bon la Louisiane. Comment ne pas voir la parenté de la *jumbalaya* – plat central de la cuisine de Louisiane, à base de riz, d'écrevisses, de poulet, de sauce tomate, de tranches de saucisson – avec la *paella* espagnole ?

*La tortilla amérindienne entre dans le fast-food*

Quand l'empire espagnol est à son zénith, "presque tout ce qui se produit de bon en Espagne existe au-delà, tantôt en mieux, tantôt différemment", constate Joseph de Acosta. Les descendants des conquistadores devenus créoles adoptent, au fil des générations, des coutumes et des produits locaux rejetés par leurs parents. On a pu dire que la cuisine mexicaine est espagnole avec une âme amérindienne. La graisse de porc a amélioré les plats de haricots, mais le pain de farine de froment n'a pas supplanté les *tortillas*. Ces produits et leurs préparations vont mijoter durant les trois siècles que va durer l'empire espagnol d'Amérique. Ces bonnes choses se retrouveront *de facto* à l'intérieur des États-Unis quand le Texas, la Californie, l'Utah et le Nouveau-Mexique entrent dans l'Union. La *tortilla* est consommée telle quelle ou en cornet (*taco*), pour recevoir des haricots ou du chili, auxquels les riches Américains ont ajouté beaucoup de viande et du fromage.

*Invasions (des cuisines) barbares*

L'origine hispanique ou amérindienne (barbare) de la *tortilla* s'estompe sous la bannière étoilée quand elle entre dans le concert du fast-food. De la même façon, on peut se demander s'il faut attribuer aux Espagnols ou aux *hispanics* cubains le *picadillo,* plat à base de bœuf haché, devenu aux États-Unis une sorte de hamburger assaisonné de câpres, de raisins secs et de cumin, servi avec du riz blanc à Key West, l'île américaine la plus proche de La Havane. Resté régional et servi sous l'enseigne *cuban food,* ce plat, comme tant d'autres, illustre le don d'ubiquité des cuisines barbares et leur contribution au renouvellement des goûts.

Aujourd'hui, les touristes noctambules découvrent à San Antonio l'église d'El Alamo, célèbre pour le combat qui s'y est déroulé, mais délaissent la Plaza de las Armas, située en dehors des circuits des "choses à voir". Cette place s'est assoupie depuis l'interdiction en 1937, pour des raisons d'hygiène, de la vente du chili en plein air. Plus de charrettes multicolores éclairées par des lanternes, alors qu'elles apparurent (la couleur en moins) sur cette même place "pour la première fois, il y a deux siècles quand des soldats espagnols campèrent là[27]". Les *chili queens* s'en allèrent avec leurs charrettes, mais elles s'installèrent dans les *chili parlors,* poursuivant la préparation mijotée de ce plat, rejeté par les Mexicains parce qu'il a adopté la nationalité américaine. De nouveaux clients, dans le Nord, ont adopté ce plat peu onéreux au moment de la grande dépression (en plus, les *crackers* sont gratuits). Servi dans un petit bol, le chili servi chaud remet du baume au cœur des chômeurs et des gens peu fortunés. Sa recette s'adapte bien à l'industrie et des conserveurs l'ont mis en boîtes. Comme les haricots coûtent moins que la viande, il y en a bien plus. La polémique de la proportion idéale de haricots enfla et un certain Joe Cooper tenta de l'arbitrer dans son livre *With or without Beans,* sorti en librairie dans les années cinquante. Les gens d'un certain niveau de richesse aiment aussi s'encanailler avec un bon plat de chili, ce qui incita des hôtels (pas seulement au Texas) à l'inclure dans la carte de leur plus belle salle à manger. Dans ce même ordre d'idées, Elizabeth Taylor, en tournage à Rome pour le film *Cléopâtre*, a fait une crise de nerfs, provoquant une commande immédiate à un restaurant de Beverly Hills[28], pour que soit envoyé par avion du chili congelé. Et quand le Président Truman s'est arrêté, alors qu'il rentrait chez lui une veille de Noël, au 1904 Olive Street à Kansas City, il voulut accompagner son chili d'une bière, mais le restaurant n'avait pas la licence pour des boissons alcoolisées. En 1977 enfin, un projet de loi fut proposé aux instances texanes pour faire du chili le plat officiel de l'État !

1. En 1609, Hudson, commandité par des marchands hollandais, jette l'ancre et offre aux Indiens de l'eau-de-vie. W. Root, dans *American Food,* Simon & Schuster, 1990, dénie aux linguistes que "Manhattan" soit la déformation du mot indien signifiant "haute île". Il préfère le dialecte de Delaware "*Manhachtanienk*", qui signifierait (en tirant par les cheveux) "l'île où nous nous sommes saoulés" !
2. En 1626, par le gouverneur Peter Minuit.
3. On parlait dix-huit langues dès 1643 à Nieuw Amsterdam/New York.
4. Henri Charpentier et Boyden Sparkes, *Life à la Henri,* Simon & Schuster, 1934.
5. Raymond Castans, *Parlez-moi du Fouquet's,* J.-C. Lattès, 1989.
6. C. Huard, *New York comme je l'ai vue,* Rey, 1906.
7. Simone Prunier, *La Maison. The History of Prunier's,* Longmans Green and Co., 1957.
8. Pour une douzaine d'huîtres par personne (quantité minimale), faire revenir les noix de chair de l'huître dans du beurre clarifié et, dès qu'elles commencent à se mettre en boule, verser le tout dans du lait chaud mélangé à l'eau des huîtres. Sel et poivre, ou compliquer l'assaisonnement par l'adjonction de paprika, Tabasco ou diverses autres épices.

## Invasions (des cuisines) barbares

9. Des *Little Cherry* et des *Little Neck* originaires de Long Island (New York). En plus des clams, les bonnes huîtres américaines sont les *Blue Point*, les *Chincoteague* de la côte Est et les *Olympia*, avec leur petit goût métallique, de la façade pacifique. Elles sont plus fades vers le sud (encore plus, quand on passe la noix de chair sous l'eau du robinet !).
10. Le homard est découpé vivant, en morceaux qui sont ensuite revenus à l'huile d'olive, cuits avec des échalotes et de l'ail émincés, un peu de cognac, du vin blanc, du fumet de poisson, du concentré de tomates, du persil et de l'estragon ciselés, et du piment de Cayenne, auxquels on ajoute le corail de la bestiole, réservé au départ.
11. En français dans le texte.
12. La *pumpkin soup*, enrichie de beurre, crème fraîche, relevée à l'oignon et au Tabasco, est servie avec des croûtons. La *pumpkin pie* reste un peu trop sucrée et insipide malgré la cannelle, le gingembre et l'alcool de cidre (*apple jack*).
13. *Ours-Debout. Souvenirs d'un chef sioux,* rapportés par Philippe Jacquin, *La Terre des Peaux-Rouges,* Gallimard, 1960.
14. Alexandre Dumas en a peut-être goûté puisqu'il écrit dans son *Grand Dictionnaire de cuisine* que la viande "coupée en larges et minces tranches [que l'on] fait sécher au soleil, à la fumée, devient alors très savoureuse et se conserve plusieurs années, comme celle du jambon". Par contre, on doute qu'il ait goûté la langue de bison, même s'il dit que sa viande "a la même saveur que celle du bœuf avec un petit goût âcre et sauvage qui la rapproche de celle du cerf ; dans la vache [la femelle], ce sont la bosse et les langues [qui] sont très bonnes à manger fraîches, soit bouillies, soit rôties". À noter que le *jerky* est vendu en sachets dans tous les aéroports internationaux des États-Unis.
15. Le *Littré* (mais pas le *Larousse gastronomique* !) consacre plusieurs lignes au mot et cite un livre intitulé *Voyage de l'Atlantique au Pacifique,* dont les auteurs (Milton et Cheable) font la différence entre le "pemmican fabriqué en Angleterre avec du bœuf de première qualité, des raisins de Corinthe, des raisins ordinaires et du sucre" et un produit plus grossier qui "sert de nourriture principale dans les territoires de la baie de l'Hudson".
16. "*How*" signifie "salut" en indien (du moins tel que les westerns nous l'ont appris) et veut aussi dire "comment" en anglais.
17. *Le Trésor de la cuisine du Bassin méditerranéen par soixante-dix médecins de France,* préfacé par Prosper Montagné, édité par les laboratoires du docteur Zizine. Les auteurs suggèrent d'autres modes de cuisson du couscous pour éviter la difficulté pécuniaire du prix élevé du couscoussier. Ils n'auraient jamais pensé que le couscous et les ustensiles pour le préparer (sous le nom de "couscoussier" en américain) seraient, après la seconde guerre mondiale, connus même aux États-Unis.
18. J. Suyeux, *Le Grand Livre des produits et de la cuisine exotique,* Le Sycomore, traitant d'un manuel du début du siècle.

## Le Ketchup et le Gratin

19. Léon Isnard, *La Cuisine française et africaine,* Albin Michel, 1949.
20. René Héron de Villefosse, *Histoire et géographie gourmandes de Paris,* Éditions de Paris, 1956.
21. Les puristes disent *"chile"* pour qualifier le piment et *"chili"* pour parler de la préparation culinaire.
22. Notamment par les relations de Bartolomeo de Las Cases.
23. Pour ce qui est du pamplemousse, c'est un Français, Philippe Odette, qui l'introduit en Floride. Chirurgien dans les armées de Napoléon, il est fait prisonnier par les Anglais qui l'envoient aux Antilles anglaises où il découvre le fruit.
24. Ainsi que le "vinaigre, le raisin vert et le sec, le verjus et le sirop", rapportent les textes.
25. Selon l'auteur qui, lors de deux séjours en Louisiane, a pu en faire la constatation.
26. "Le poulet frit de Buster a le goût d'un poulet qui aurait passé toute sa vie à courir dans une basse-cour, à picorer joyeusement d'énormes gousses d'ail", écrit Calvin Trillin dans *American Fried,* Vintage Books, 1974.
27. *San Antonio Light,* 12 septembre 1937.
28. Martina et William Neely, *The International Chili Society Official Chili Cookbook,* St. Martin Press, New York, 1981.

## ∞ *Chapitre VI*
## *Les médecins et les politiciens mettent leur grain de sel*

> *"Tous [les immigrants] font valoir que nous nous entendons bien en Amérique,*
> *non pas parce que nous avons fondu, mais parce que nous formons*
> *une sorte de ragoût dans lequel plusieurs traditions, arômes,*
> *cultures s'ajoutent au pot, mais chacun peut être reconnu."*
> Jeff Smith, The Frugal Gourmet on our Immigrant Ancestors,
> William Morrow and Co., New York.

### Washington (D.C.), 1908
*Il y a de gros grumeaux dans le "melting-pot"*

La tirade de l'acteur n'en finissait pas : "Comprenez que l'Amérique est un creuset de Dieu dans lequel fondent toutes les races d'Europe pour se reformer ! Je vous vois à Ellis Island, cinquante groupes avec vos cinquante langues et traditions historiques, vos haines et rivalités, mais vous ne resterez pas longtemps dans cet état […], vous entrez dans le creuset." Le critique littéraire qui assistait à la première de la pièce d'Israël Zangwill, *The Melting-Pot,* n'aimait pas ce style ampoulé et il se demanda où il allait souper. Il cherchait l'endroit qui lui confirmerait que le melting-pot n'existait pas et opta pour le *Café République* car la carte proposait les *huîtres frites,* l'*alose sur planchette* et l'américain *homard Newburg,* les très français *saucisson de Lyon, filet mignon et pommes lyonnaises*[1], ainsi que des *antipasti* italiens. "Décidément, en matière de cuisine, il y avait bien des grumeaux dans le melting-pot[2]", pensa-t-il en souriant intérieurement. L'accueil plutôt froid du public condamnait l'œuvre de Zangwill à rejoindre le magasin des accessoires du théâtre, mais le titre, *The Melting-Pot,* était repris dans toutes les langues pour qualifier la fonte des particularismes en un nouveau type d'homme.

Les Irlandais venaient d'un pays plongé dans la misère et ils ne recherchèrent pas, en dehors de la bière brune, la *stout,* leurs spécialités culinaires. Ils se ruèrent sur la viande qui était accessible ici. Les Allemands transitaient par New York, avant de partir vers les villes à forte densité germanique où leur cuisine originelle était à l'abri. Ils cédaient leurs chambres misérables de l'East Side à des juifs désargentés d'origine hongroise, polonaise ou russe. Le propriétaire gardait sa chambre alors que le moindre recoin des autres pièces était équipé de matelas pour loger, la nuit tombée, des pensionnaires. Ces locataires successifs, qui quittaient leur pièce surpeuplée la nuit parce qu'elle devenait atelier de confection, se retrouvaient le jour dans la rue et mangeaient n'importe quoi, n'importe quand, la plupart du temps debout ou en marchant. Mais l'adoption de cette coutume ne voulait pas dire que le melting-pot fonctionnait bien car ce qui comptait c'était ce que l'on mangeait. Dès que les locataires juifs étaient dans la rue, ils avalaient un bol de *bortsch* (soupe de betteraves) dans une boutique, du bouillon de poule aux boulettes de pain azyme (*matzoh balls*) à l'étal du magasin, des *blintzes* (crêpes à la vanille épaissies à la farine de *matzoh*) chez un marchand ambulant, ou quelque autre chose sortie d'une

*Les médecins et les politiciens mettent leur grain de sel*

charrette placée le long du trottoir. Ces rues grouillantes le devenaient encore plus, tous les nouveaux arrivants s'installant là et pas ailleurs. New York, avec cinq cent quarante mille représentants, allait être élue en 1910 première ville juive du monde ; et on aurait dit que les cinq cent quarante mille s'étaient tous agglutinés à Hester Street.

Les cent douze glaciers du quartier avaient des équipes de marchands ambulants pour vendre, en plus des crèmes glacées, des *knishes*[3] chauds, les soixante-dix *saloons* servaient le *free lunch* où figurait un curieux *pâté de foie de volaille* relevé d'oignons, les trente restaurants offraient le *gefilte fish,* plat trop *fishy* pour convenir à un palais anglo-saxon. La seule enclave américaine était représentée par trente-huit drugstores qui avaient – ô miracle ! – une *soda fountain* et préparaient des *milk-shakes*. Les bouchers vendaient du *pastrami*[4] à emporter et des *frankfurters* à la viande de bœuf pour faire la nique aux charcutiers allemands présents. Tous ces produits débordent avec le temps de leur quartier d'origine et suivent les émigrés quand ils s'installent ailleurs avec leurs chères habitudes alimentaires. La cuisine juive sort de Manhattan, transite dans de nombreux hôtels (*Bortsch Belt*) au bord de l'eau, qui font "noces et banquets" avec une cuisine respectant les préceptes religieux, et s'installe en ville dans les *deli* (diminutif de *delicatessen*), où l'on trouve d'énormes sandwiches de *corned-beef,* de la salade russe et des choux farcis.

Helen Nash, voulant construire une cuisine *kosher* moderne, retient deux cent cinquante recettes[5] avec un *risotto* sans mélange de viande et fromage, une *bouillabaisse* avec exclusivement des poissons à écailles, des travers de porc – et non de veau – façon *spare ribs,* du *poulet à la normande* – sans crème – et des plats *koshero-chinois* – sans porc, ni crevettes. Initiative dans la lignée du restaurant *Bernstein,* qui, réalisant qu'il était dans le pays du melting-pot, a ouvert un restaurant chinois *kosher*. Pas de porc mais des baguettes ; les serveurs juifs et chinois portent tous un couvre-chef, petite calotte noire, comme en portent les fidèles de confession israélite, agrémentée en son centre d'un gland doré, du plus chinois effet ! Chinatown n'étant pas loin du quartier juif, la tentation était grande de s'y rendre, mais il y avait l'interdit religieux. Avec *Bernstein,* la différence entre pratiquants et non-pratiquants est dépassée et tous les juifs peuvent goûter à la cuisine chinoise, autre composante de la cuisine américaine.

*Des plats italo-américains inconnus en Italie*

Les Italiens[6] avaient leurs boutiques débitant pâtes, mortadelle et huile d'olive, leurs étals croulant de fruits, leurs camelots vendant des glaces en été et des châtaignes en hiver. La façon de manger du pays d'accueil avait du mal à infiltrer ces rues étroites et les "petits océans d'odeurs, fritures italiennes, sauces anglaises, hamburgers, saucisses allemandes, charcuterie *kosher*[7]" résistaient à la fusion. Des chercheurs découvrent à la même époque que l'appareil digestif doit séparer les constituants de ce qui est ingéré, d'où la mode de préparations simples. Les médecins se méfient des macaronis avec une sauce bien trop rouge, de la mortadelle aux relents d'ail, des plats avec beaucoup d'oignons. Mais ces incitations à américaniser les plats n'atteignent pas les Italiens, originaires en majorité de Sicile et de Naples. Après une rude journée de travail, le plaisir de retrouver un plat que l'on aime est plus fort que les bons conseils, et tant pis si les dames patronnesses froncent les sourcils. Cet attachement au passé culinaire éclate en septembre, quand les Napolitains fêtent à New York leur saint patron : journée de délire où une dizaine de gaillards portent, en tête de la procession, la statue de San Gennaro avec des billets verts épinglés sur sa soutane et où la cuisine italienne embaume le melting-pot. C'est, pour New York, l'occasion de participer à la fête et de goûter à cette cuisine. Les terrasses des restaurants se sont agrandies jusqu'au milieu de la rue, fermée à la circulation, et on croirait que tous les marchands ambulants de la ville se sont retrouvés, pour une nuit, dans Little Italy, prenant des senteurs d'origan et de basilic.

Les immigrés s'arrangeaient avec la famille logeuse pour manger ou commandaient leurs repas à d'autres familles. Les *trattorias* de Greenwich Village n'ont pas d'autre origine et l'enseigne annonçant une cuisine *"casalingua"* (comme à la maison) découle de cet usage. C'est le nom d'une cuisinière à étages de 1906, *Mamma Leone's,* que reprend un restaurant réputé dans les années soixante. Les macaronis nappés d'une sauce tomate comme à Naples, la *pasta con fagioli* (pâtes avec des haricots) se retrouvent à New York et, avec le temps, on lisse les aspérités trop aiguës pour les "Anglos" qui cherchent une cuisine différente de la leur. La "fusion" s'est faite par la tentation des autochtones de goûter aux apports de l'envahisseur. Quand les Italiens s'installent avec leurs quelques économies, leurs plats s'enrichissent de légumes d'un prix plus élevé. Les artichauts, brocolis, courgettes, aubergines, poivrons ont désormais des clients, ce qui incite des compatriotes à devenir maraîchers. On passe à la petite conserverie pour la purée de tomates et les grands conserveurs la copient en américanisant les saveurs. D'autres Italiens deviennent restaurateurs et remplacent ici et là la logeuse cuisinant pour ses locataires. Le modèle du petit restaurant à nappes à carreaux s'aventure en dehors de Little Italy. Les plats italiens deviennent italo-américains, puis de plus en plus américains, suivant l'itinéraire ambivalent propre à toutes les manifestations des *Italian-Americans*. Peu de gens connaissent en Italie le *cioppino,* vieille préparation génoise devenue californienne[8]. Plus éloignées de la cuisine originelle italienne sont les multiples versions de la *pasta primavera,* mêlant pâtes et légumes, qui prennent selon les chefs des formes diverses… L'une de ces présentations aurait été lancée à New York par un artiste peintre du nom de Gobbi, un soir d'été. *Si non è véro…*

### Les trattorias deviennent de beaux restaurants

Les restaurants évoluent et perdent leurs copieuses rations. Dans les années soixante, la mode est aux "restaurants à thème" utilisant l'Italie (telle que l'imagine Hollywood), ce qui conduit à d'authentiques restaurants américains avec une rubrique *pasta* sur la carte. Des jeunes tentent de réinventer le restaurant italien qui apparaît sous la forme d'une vieille ferme de Toscane au milieu des vignobles de la Napa Valley et son enseigne, *Tra Vigne,* le confirme bien. Le restaurant est totalement italien, pourtant rien n'est italien, car les propriétaires, les cuisiniers, les serveurs, les préparations… sont tous américains. Les plats italiens ont été "reformés", comme aurait dit Zangwill. Entre la *trattoria* (originelle) *de Mamma Leone* de Manhattan et *Tra Vigne* de Californie, les diététiciens découvrent que les pâtes conviennent bien aux dyspepsiques, offrent aux végétariens un agréable substitut à la viande, représentent pour les patriotes de la première guerre la cuisine de l'alliée de l'Amérique, tandis qu'elles sont pour les G.I's. de retour d'Italie une façon de se remémorer leurs campagnes. Des livres d'un certain Victor Hazan et de son épouse invitèrent les Américains à découvrir les vins italiens. Les éditeurs Time Life publièrent à partir des années soixante des séries de livres où les pâtes à l'italienne, à l'italo-américaine et à l'américaine étaient là. *Prosciutto* est un mot américain pour "jambon cru", alors que *ham* désigne le jambon cuit ; la mortadelle, *bologna,* est devenue tellement américaine qu'elle est entrée dans l'argot avec *baloney*. Accoler *italian* devient un atout comme dans l'*italian beef,* sandwich d'émincé de bœuf qui est à l'Italie ce que le *french dressing* est à la France. La cohabitation des familles italiennes et juives de Brooklyn a généré les *spaghetti with meat balls,* boulettes de bœuf

*Les médecins et les politiciens mettent leur grain de sel*

incorporées dans la sauce. Ce plat est tellement américain que le très américain Walt Disney, voulant figurer un restaurant italien dans son tout aussi américain dessin animé *La Belle et le Clochard,* fait servir ce plat, symbole de l'alliance de plusieurs grumeaux devenu "le" melting-pot lui-même. Mais on est loin de clore le chapitre, d'autres pays sont présents, et le restaurateur chinois "pourrait être comparé à ces tailleurs de la communauté juive, ces tenanciers de bars irlandais, ou ces épiciers de Little Italy[9]". Il va lui aussi enfanter des plats qui existent seulement en Amérique ; le *chop suey,* qui est aux Chinois ce que le *chili con carne* est aux Mexicains ou la *vichyssoise* aux Français.

## Paris, 1911
*Connaître le métabolisme ou choisir le goût*

Dans l'atmosphère antigermanique du moment, tout était bon pour accuser les Allemands de mauvais coups ! Justus von Liebig (qui avait réussi l'extraction de la viande) publiait ses recherches sur les constituants alimentaires – "les graisses et les hydrates de carbone sont apporteurs d'énergie et l'albumine[10] réparateur des tissus" – et ce classement provoquait des remous dans les milieux gourmands. La qualité gustative d'un plat est en danger car le corps médical propose d'équilibrer ces composants dans l'alimentation. Les Américains, qui mangent aussi mal que les Allemands, enveniment le débat quand un certain Atwater décrète qu'un adulte pesant "de 60 à 70 kg, au repos, à une température de 17° […] a besoin pour vivre de deux mille deux cent cinquante calories par vingt-quatre heures". Le comble est de voir des médecins français adopter ces théories farfelues, au moment où un certain professeur Pawlow définit la digestibilité comme "la grandeur de l'effort que coûte au canal digestif le fait d'extraire de l'aliment tout ce qui est nutritif" ! Pourtant, les gourmets pensent qu'un plat bien préparé passe sans que l'on s'en aperçoive et que c'est au contraire la mauvaise cuisine qui passe mal. Malgré les objections qu'elles soulèvent, ces théories gagnent du terrain. Le docteur Combe de Lausanne soumet ses malades à un régime de pâtes sans aucune saveur pour combattre la dyspepsie : il semble y réussir puisque ses malades n'ont plus envie de manger ! Prosper Montagné[11] relève que les pâtes, selon "leur calibre et par l'absence ou la présence de trous", sont plus ou moins cuites dans un temps donné. Il conseille de retirer les pâtes du feu quand elles sont encore fermes, en surveillant leur cuisson, ce qui permettrait aux malades de les avaler ("déglutir", dirait le médecin) facilement et les rendrait agréables au goût. Il propose, à défaut de sauces à base de jus de viande, divers apprêts faciles à digérer, comme le fait d'"ajouter après cuisson un peu de beurre frais", du parmesan râpé ou deux cuillerées de maigre de jambon cuit. Ceci reste dans tous les cas meilleur que le bloc de pâtes collées qu'impose le docteur Combe.

    La science naissante de la diététique escamote la saveur du régime, mais heureusement les gourmets veillent. Montagné démontre que l'on peut manger bon tout en mangeant sain, alors que les médecins puritains, projetant sur le monde leur propre ascétisme, font de la nourriture un médicament de mauvais goût. Flatter la saveur des choses favorise la digestion, et donc la guérison. Les Américains, qui mangent trop vite et ne goûtent pas, résistent faiblement aux régimes insipides imposés par les gourous. Horace Fletcher conseille à ses malades de mâcher chaque bouchée jusqu'à la transformer en une bouillie impalpable, et de "régurgiter" les particules mal triturées. Personne en France ne serait prêt à avaler et à ravaler la moindre bouchée pour garder la santé. Brillat-Savarin priait déjà les médecins de ne pas faire subir aux malades "une kyrielle de défenses et [de ne pas les faire] renoncer à tout ce que [leurs] habitudes ont d'agréable". Félix Regnault, interne des hôpitaux

*Les médecins et les politiciens mettent leur grain de sel*

de Paris, cosigne avec Prosper Montagné *La Cuisine diététique*. C'est la première fois que "l'art du cuisinier, longtemps méprisé du médecin, voire condamné par lui, apparaît comme un auxiliaire précieux de sa thérapeutique". Vingt ans après, Prosper Montagné récidive avec le docteur Gottschalk, connu pour son *Histoire de la gastronomie*. Ils publient ensemble un "guide d'hygiène alimentaire" intitulé *Mon Menu*, où six cents recettes de cuisine ménagère sont passées au crible par le médecin. Nous sommes loin de l'école diététique américaine qui postule que, pour ne pas fatiguer le tube digestif, il faut simplifier (d'une façon abusive) le contenu des plats.

*Le yaourt accède au statut d'aliment*

John Harvey Kellogg du "sanatorium" de Battle Creek (Michigan) vient à Paris en 1912 s'entretenir avec le sous-directeur de l'Institut Pasteur, Elie Metchnikoff[12], qui avait travaillé sur les micro-organismes qui, dans le gros intestin, en mangent d'autres. La phagocytose (nom du "repas" de ces cellules) intéressait Kellogg dans la mesure où il pouvait évoquer les guérisons qu'il avait obtenues en dispensant aux malades, maintenus immobiles sur leur lit, des céréales plusieurs fois par jour (jusqu'à vingt-six). Kellogg fit comme le docteur Knock en disant que "le son n'irrite pas, mais [qu']il titille". Metchnikoff, de son côté, fit état d'un "lait caillé" particulier, le yaourt, ou yogourt, qui possède un pouvoir désinfectant grâce à ses "ferments bulgares". Ces ferments "phagocytent" les microbes de la putréfaction de l'intestin et font ainsi accéder le yaourt au statut d'aliment diététique. Il se peut même qu'il ait fait état de la référence prestigieuse que constituait François Ier.[13] Ce dernier était en effet, vers 1542, tombé "dans un état de langueur qui résista à tous les remèdes de ses médecins habituels" et il fallut faire appel à un médecin juif de Constantinople pour le soigner. Celui-ci serait venu en France, par étapes, avec un troupeau de brebis et aurait guéri le roi grâce au lait fermenté.

L'argument de la longévité va conduire le yaourt en pharmacie, où il reste longtemps. Ce n'est d'ailleurs pas du yaourt que vendent les officines, mais les ferments pour ensemencer le lait avec l'appareil (Yalacta) qui maintient les pots à la bonne température. C'est un petit "industriel" en produits laitiers, Daniel Carasso, qui, reproduisant en France l'unité de fabrication de yaourts que son père avait à Barcelone, libère la ménagère du travail qu'elle devait encore faire avec Yalacta. Le yaourt "industriel", commercialisé sous la marque Danone, arrive frais chez le crémier et remplace les pots invendus de la veille. Pendant la guerre, Daniel Carasso se retrouve aux États-Unis et fait l'expérience de produits adaptés au goût de là-bas avec des yaourts aromatisés, sucrés ou glacés[14]. À son retour en France, il va entrer dans le giron de B.S.N. où il saura diversifier les produits de la marque et faire d'un produit alimentaire sain un dessert. Des fabricants de céréales vont suggérer de remplacer le lait froid par du yaourt, et d'autres grands de l'agroalimentaire vont mélanger (en usine) du yaourt avec des céréales, réalisant, à quelque quatre-vingts ans de décalage, la fusion des idées de Metchnikoff et de Kellogg. Des laiteries françaises devenues industrielles font des yaourts qu'elles exportent ou concèdent des licences de fabrication. Danone, Yoplait et Colombo[15] occupent ainsi les premières places du marché américain du yaourt.

C'est dans cette période que les laboratoires du docteur Zizine font la promotion de leurs produits auprès des médecins en exploitant leur intérêt pour la cuisine. Montagné est invité à intervenir et choisit les recettes qui vont figurer dans *Le Trésor de la cuisine du Bassin méditerranéen*. Le livre cite des plats pour dyspepsiques : *noques*[16] *au parmesan, filets de sole, sauce blanche…* avec de l'eau pour toute boisson. Il y a aussi une recette dont le nom est la *"pissa"* et qui comporte "des morceaux de tomates crues, dépouillées de peau et de graines ; un hachis d'ail et de persil (piment rouge *ad libitum*) ; quelques filets d'anchois ; des olives noires" : en somme, c'est la *pizza*… que l'auteur dit être italienne, mais très répandue à Marseille.

Le classement de Liebig, pris en compte par des médecins qui savent manger, rend possible le progrès de la diététique. Il ne faut pas déroger aux "lois protocolaires du dîner" : commencer son repas par un potage et le terminer par des entremets de sucre. Quand des "théories folles ont été énoncées" pour modifier l'ordonnancement du repas, il fallait affirmer que la façon la plus logique de manger était la française. "Le bon sens français qui, depuis deux millénaires, a permis à notre cuisine d'être ce qu'elle est – c'est-à-dire la plus savoureuse du monde, parce que la plus logique – s'est élevé contre de telles tentatives", conclut Montagné. Ce n'est qu'après la guerre que la diététique, sans ses excès de jeune science, va contribuer à équilibrer les repas sans qu'ils perdent leur caractère plaisant.

### Boston (Massachusetts), 1911
*La grande notoriété d'un restaurant allemand*

Fritz Früh (Frederick Früh pour l'état civil) n'en croyait pas ses yeux. Maître d'hôtel depuis trente-cinq ans chez *Jacob Wirth* (31-37 Stuart Street, Boston), il était devenu une figure locale connue. Il portait un uniforme de travail original et, sur la tête, un non moins original calot, ce qui le marquait encore plus. Il était entré chez *Jacob Wirth* en 1875, aussi les personnes qui le connaissaient se comptaient-elles par centaines. Mais ces preuves de notoriété ne suffisaient pas à expliquer qu'une carte postale puisse arriver au 31-37 Stuart Street sans le nom du restaurant : à l'endroit réservé à l'adresse, il y avait son portrait, en buste, dans son costume de travail, coiffé de son couvre-chef, rien d'autre, et la carte était arrivée à destination ! Sa modestie en avait pris un coup, car il ne paraissait guère probable que les préposés au tri et à la distribution du courrier l'aient reconnu. Incidemment, l'arrivée de la carte sans adresse était aussi la preuve d'une grande notoriété du restaurant *Jacob Wirth,* de ses jarrets de porc, de ses choucroutes, de ses grosses saucisses et de ses copieuses salades de pommes de terre, débités tous les jours depuis presque quarante ans. Une fois l'excitation passée, on se remit au travail avec l'assurance que la cuisine allemande servie ici avait séduit le palais de bien des Américains, au point de faire partie intégrante de leurs habitudes. Quand Jacob Wirth ouvrit en 1868 son restaurant, la rue se nommait Eliot Street. Le nom de la rue est devenu Stuart Street alors que le nom du restaurant et son emplacement n'ont pas changé[17] tout au long du siècle. Même permanence dans le menu qui a aligné pendant plus de cent ans toutes sortes de harengs, de charcuteries, de fromages, de vins allemands et de bières.

L'influence allemande était bien présente en cuisine du temps des colonies anglaises puisque ces habitudes alimentaires étaient déjà pratiquées par un nombre élevé d'émigrants, arrivés tôt sur le continent américain. On fait un bond de trois siècles dans le passé en pénétrant, en 1990, dans le bâtiment du marché central de Philadelphie, car rien n'a changé, même si dehors les œillades agressives des enseignes de fast-food sont là et perceptibles les odeurs mêlées de viande grillée et de pots d'échappement. Il règne à l'intérieur du marché une atmosphère paisible et des femmes amish, portant un bonnet – blanc ou noir selon qu'elles sont mariées ou célibataires – et un tablier blanc, débitent le *scrapple,* gras de porc riche en petits brins de maigre. Le maïs associé à du porc a donné de nouveaux plats vendus sous forme de semi-conserves. On fait encore les *bretzels* à la main, un par un, devant les clients, et les autres produits viennent de l'exploitation familiale,

*Les médecins et les politiciens mettent leur grain de sel*

comme chez leurs arrière-grands-parents. Les Mennonites, moins sectaires que les Amish, ont quelquefois un restaurant où l'on offre des repas qui ressemblent aux descriptions du XVIIIe siècle. La farine de maïs sert à épaissir le bouillon de poule, la *chicken-corn soup* est servie avec des nouilles maison, comme en Europe alémanique. Les galettes de maïs accompagnent des fricassées de poulet dont le prestigieux *chicken stoltzfus,* émincé de blancs, agrémenté d'une sauce au safran. En trois siècles, ces germanophones de Pennsylvanie se sont égrenés en Caroline du Nord, en Virginie, dans le Kentucky et dans le Maryland.

*Les modes culinaires venues d'Europe du Nord*

Les groupes qui débarquent aux États-Unis à la fin du XIXe siècle ne ressemblent plus à ceux venus précédemment. À l'époque, il n'y avait pas de cuisine allemande proprement dite parce que l'Europe du Nord était un ensemble disparate de villes indépendantes, avec des cuisines locales enfermées dans des frontières, au sein du Saint Empire romain germanique. Il y avait en plus l'Autriche des Habsbourg qui incluait des Hongrois et des Slaves. Quand en 1834 se crée l'union douanière entre États germaniques autour de la Prusse, les choses sont plus homogènes. Les cuisines spécifiques entrent dans le melting-pot de la future Allemagne grâce aux dénominateurs communs : pomme de terre (d'introduction récente), porc et bière. Il faut les deux guerres du XXe siècle où les États-Unis sont engagés contre l'Allemagne pour réduire le rôle influent de la cuisine allemande. Lors de la première guerre, les Américains d'origine allemande sont soupçonnés d'espionnage, interrogés par la police et souvent poursuivis. L'hostilité dépasse, dans bien des cas, le seuil de la simple discrimination morale. La littérature et la langue allemandes, la nourriture allemande et les restaurants qui en servent sont boycottés. Malgré cette attitude, la place occupée par l'Allemagne sur la table américaine ne se réduit pas. La saucisse s'appelle toujours *frankfurter* ou *wiener,* légèrement fumée au charbon de bois de *hickory*. Les jambons de Pennsylvanie sont les descendants des jambons de Westphalie. En américain, le saucisson se dit aussi bien *salami* (influence italienne) que *wurst* (influence germanophone). La bataille entre *scalopine* et *shnitzel,* pour dire "escalope de veau" en américain, va se poursuivre tout au long du XX<sup>e</sup> siècle sans que l'un ou l'autre l'emporte vraiment. Enfin, la référence à la ville de Hambourg pour désigner une galette de viande grillée ne s'explique pas autrement que par l'engouement en faveur de la cuisine allemande.

Chaque ville a, à la fin du siècle dernier, son "grand" restaurant allemand : *Schogl's* à Chicago, *Hofbrauhaus* à Providence, *Lüchow's* à New York, *Grammer's* à Cincinnati et *Jacob Wirth and Co.* à Boston. L'Oktoberfest de Chicago, même après la deuxième guerre mondiale, est l'occasion de faire venir des orchestres d'Allemagne (ou d'habiller en Bavarois des musiciens américains), de promouvoir la vente de bières allemandes (et américaines) et de saucisses produites à Lebanon (Pennsylvanie) ou à Cincinnati (Ohio), de créer un événement très *german-american*. On peut se demander si le souci diététique n'a pas plus contribué à l'extinction de la cuisine allemande à base de porc et de crème que les deux guerres réunies. Ces *German-Americans,* imités par quelques Américains plus anglo-saxons, font leurs achats dans des boutiques où l'on choisit dans des piles "sa" saucisse, la mangent avec du pain noir, le *pumpernickel,* qui ressemble à s'y méprendre à celui qu'on appelait en Westphalie *shwartzbrot*. Ces boutiques vendaient aussi des plats à emporter. C'est ainsi que vers 1905 l'épicier Richard Hellman préparait chaque matin un grand bol de mayonnaise qui était vide le soir. Il augmentait la quantité quotidienne, les ventes augmentaient aussi. Il envisagea de la faire fabriquer en grandes quantités et la commanda à une usine qui fabriquait déjà de la mayonnaise pour les épiciers. De records de ventes en ruptures de stock, *Hellman's* devint, et de loin, la plus importante marque de mayonnaise vendue aux États-Unis, puis dans le monde entier.

### Paris, 1912
*Que vient faire à Paris un étudiant en droit ?*

En fin de compte, peu d'Américains faisaient le voyage à Paris pour s'occuper de diététique, mais ils étaient plus nombreux à faire le voyage pour la gastronomie. Ainsi un certain George Rector Junior ne se rendit-il pas à l'Institut Pasteur, mais au réputé *Café Marguery*, démarche normale pour un fils de restaurateur de New York. Ce qui paraissait plus insolite, c'est que ce jeune homme avait fait ses études de droit à Cornell University et les avait arrêtées pour découvrir à Paris le secret de la fameuse sauce Marguery qui accompagnait les filets de sole. Était-il possible qu'un père, américain de surcroît, estime que son fils ait plus intérêt à acquérir la maîtrise d'une recette de cuisine qu'une maîtrise de droit ? L'explication s'appelait James Buchanan Brady, un client gourmand ("goinfre" aurait mieux convenu) et fortuné qui consacrait ses journées à chercher ce qu'il allait manger au prochain repas. Il avait fait fortune dans la vente d'équipements ferroviaires et s'était retiré très tôt des affaires pour se consacrer à la "boustifaille". Il se mettait à table six fois chaque jour que Dieu avait fait, et un peu plus (mais quand ?) certains jours d'exception. À chaque repas, comme s'il était affamé, il dévorait des quantités à peine croyables de victuailles. Au départ, disait-il, "je m'arrange pour maintenir mon estomac à une distance de douze centimètres de la table" et il s'arrêtait au moment où son ventre en frottait le rebord.

Son petit déjeuner ne pouvait se concevoir qu'à l'américaine : œufs brouillés, bacon, saucisses, biftecks épais, crêpes imbibées de sirop d'érable, petits pains, si possible différents, et, pour finir, copieux hachis de pommes de terre (*hash brown*) ou frites... beaucoup de frites. Le tout était descendu avec trois ou quatre litres de jus d'orange, car Jim ne buvait pas de café. Vers onze heures, il avait un petit creux et gobait deux à trois douzaines de clams, ainsi que quelques grosses huîtres. Les écaillers connaissaient ses habitudes et lui réservaient les plus grosses. Deux verres de jus d'orange pour un bon niveau d'hydratation, car Jim ne buvait jamais de vin blanc. Au déjeuner, il commençait encore par des huîtres, du homard – pardon ! *des* homards (le homard des mers américaines n'est pas une petite bestiole) –, quelques tranches de *roast beef*, une bonne salade et de la pâtisserie. Par pâtisserie, il fallait entendre le plateau tout entier. Et la boisson ? Toujours du jus d'orange. L'après-midi aurait été bien long sans une sorte de *five o'clock,* durant lequel il avalait deux ou trois soles meunières qui passaient à l'aide de quelques rasades de jus d'orange, car Jim avait horreur du thé. Le dîner n'était que la duplication du déjeuner, mais en plus complet, avec des assiettes de soupe et du canard (plutôt deux canards) entre le poisson et la viande. Pour la boisson, une grande carafe de jus d'orange, car Jim n'avait jamais de vin rouge à table. Vers le tard, le souper était l'occasion de choisir quelques plats de gibier, précédés et suivis de ce qu'il fallait. Les grands verres de jus d'orange permettaient le sommeil réparateur qu'un alcool en fin de repas aurait pu perturber.

Ces repas, dignes de Pantagruel, constituaient le quotidien de Jim Brady. Il fréquentait les restaurants en vogue, *Sherry's, Delmonico's,* le restaurant du *Waldorf Astoria.* Le week-end, il était dans les meilleurs restaurants de Coney Island. Mais entre tous, il aimait *Rector's,* dont le propriétaire se mettait en quatre pour le bien servir. Un client, qui avait la descente de Diamond Jim et qui, de surcroît, ne venait jamais seul (toujours au moins accompagné de son amie, voire d'une bande d'amis), était une aubaine pour le restaurateur. Le propriétaire de *Rector's* disait que, "à lui tout seul, il représentait [ses] vingt-cinq meilleurs clients". Un jour, Jim décide de faire un voyage en France pour goûter à cette cuisine si réputée. Il découvre, boulevard Bonne-Nouvelle, le *Café Marguery* et ses fameux filets de sole préparés par le chef Mangin. C'est pour lui une véritable révélation gustative. À son retour à New York, il veut retrouver le goût de cette recette extraordinaire, mais malgré les essais des chefs de chez *Rector*, rien n'y fait, la sauce Marguery n'est pas comme dans son souvenir. De nouvelles tentatives restent vaines… Ne retrouvant ni le goût ni la présentation du dîner qu'il avait eu au *Café Marguery*, Jim renvoie les cuisiniers à leurs chères études, finissant même par se fâcher.

C'est alors que George Rector fait appel à son fils, qu'il convainc d'abandonner ses études pour aller à Paris, avec ordre de ne revenir qu'une fois percé le secret de l'accompagnement des filets de sole. Quelques années plus tard, évoquant son stage à Paris, le fils Rector disait : "J'ai travaillé, pendant les huit premiers mois qui ont suivi mon arrivée à Paris, comme apprenti dans les cuisines du *Café Marguery*. J'ai appris quelles devaient être la bonne température des croûtons, la consistance idéale d'un consommé, car tout, dans cet établissement, entrait dans un cadre de règles strictes. La moindre dérogation à la règle était immédiatement sanctionnée par une rétrogradation. Mais j'étais encore très loin de la recette de la *sole Marguery*. Il m'a fallu deux longs mois d'application attentive [quand je suis entré en cuisine, après quatre mois de service en salle], pour commencer à être sûr de la maîtriser techniquement. [...] Durant ces soixante jours, au rythme de quinze heures par jour, je ne faisais qu'expérimenter la recette : préparation des filets de sole d'une part et sauce d'autre part, jusqu'à ce que j'arrive à combiner idéalement les deux composants. Le résultat fut jugé conforme par les sept chefs du *Café Marguery*."

La réussite à l'examen de passage ayant été communiquée, il a le feu vert pour quitter Paris. Le soir de son retour, il est accueilli sur le quai du port de New York par l'orchestre de *Rector's*, au grand complet, son père, et James Buchanan Brady en personne. La petite troupe se transporte au restaurant et le fils rejoint immédiatement les cuisines, alors que Jim s'installe et "grignote" en attendant de juger du résultat des dix mois d'apprentissage. À la première bouchée, le goinfre gourmet ferme les yeux, hoche la tête : c'est bien ce qu'il avait en mémoire[18]. Diamond Jim, qui a enfin retrouvé le sourire, en redemande, se fait servir une troisième fois, encore une autre, ne passant à d'autres exercices qu'après s'être fait resservir sept fois ! L'histoire tout à fait marginale de Diamond Jim et de ses caprices gourmands est néanmoins survenue dans un pays de gros mangeurs. Nulle part dans le monde, la consommation alimentaire par tête n'atteint le niveau des États-Unis.

*Entrer dans le melting-pot par la perte du goût*

Mais ici et là, des voix s'élèvent pour faire prendre conscience que l'on "creuse sa tombe avec ses dents", et que trop manger, ou manger trop compliqué, peut être néfaste. John D. Rockefeller, bien plus riche que ne l'avait jamais été Diamond Jim, était très maigre et avait réussi à guérir d'une maladie sérieuse en diminuant l'importance de ses repas. Il avait même fait un séjour dans l'établissement de Kellogg, pour suivre un régime végétarien à base de céréales. Les régimes américains avaient la vie dure et les formules étaient reprises par les assistants sociaux zélés pour être présentées à des familles modestes auxquelles ils rendaient visite. C'est ainsi que virent le jour des actions et des documents (dans la langue d'origine des populations d'immigrés) pour les pousser à tourner le dos aux "combinaisons complexes" de leur cuisine. C'était, disaient les textes, "une véritable

*Les médecins et les politiciens mettent leur grain de sel*

dîme imposée à la digestion[19]". L'invitation à se fondre dans le melting-pot et à abandonner le particularisme culinaire était étayée par des arguments pseudo-scientifiques, mais l'attachement aux saveurs fut plus fort, au moins pour beaucoup d'immigrés. Néanmoins, pour les classes aisées, le choix entre le régime spartiate d'un Rockefeller et la goinfrerie d'un Diamond Jim apparaissait comme un faux dilemme. Le grand monde continuait à fréquenter les bonnes adresses.

De nouveaux hôtels s'attachaient les services de grands chefs parisiens, pour qu'ils préparent de bons plats, en prenant "un tout petit peu" en compte les nouvelles données de la science de la nutrition. La table du *Ritz Carlton* à New York se voulait supérieure à celle du *Waldorf Astoria*. Un soir de grosse chaleur, Louis Diat préparait le menu du dîner qui devait se dérouler sur la terrasse fleurie de l'hôtel (avant l'air conditionné, il y a eu la mode des *roof gardens*) et il pensa à la soupe aux poireaux que préparait sa mère quand il était petit. Elle était bonne et, parce que sa mère mettait plus de poireaux que de pommes de terre, saine. Il en avait fait quelques jours auparavant et l'avait conservée dans la glacière. Il faisait trop chaud et l'idée de la servir glacée s'imposa à lui. Il ajouta de la crème pour lui donner du moelleux et cisailla un peu de ciboulette pour la présentation. Comment l'appeler ? Sans hésiter Louis Diat écrivit : *vichyssoise*. Le nom et le plat restèrent comme une préparation culinaire américaine authentique. La résistance des immigrés à la vocation unificatrice du melting-pot allait dans le même sens que les contributions d'un grand chef comme Louis Diat et, ensemble, ils s'opposaient aux adeptes d'une cuisine sans goût.

Le 16 avril 1917, James Diamond Jim s'est éteint. Il avait cinquante et un ans à peine et sa mort survenait à la suite de troubles de l'appareil digestif. Il est possible que notre homme se soit laissé mourir par une sorte de prémonition des restrictions alimentaires qui allaient être imposées au monde. Le 2 avril 1917, en effet, les États-Unis entraient en guerre et la cuisine allemande allait être honnie. Mais le nombre élevé de citoyens d'origine allemande rendait difficile la distinction entre recettes juives et allemandes non juives. Les hot dogs, portant l'estampille *kosher style,* devaient-ils subir les effets de la campagne antiallemande en 1917-1918 ? Pour la carpe, la balance pouvait pencher du côté juif ou du côté aryen, selon que le plat s'écrivait *"gefilte fish"* ou *"gefüllte fisch"*[20]. Différences mal définies, car les juifs originaires de Lituanie n'ajoutent du sucre à leur recette que s'ils veulent "rafraîchir un poisson qui n'est pas frais", ce qui rejette les tenants de la tradition polonaise pour qui un *gefilte fish* sans sucre n'en est pas un[21]. Toutes ces nuances ont fini par s'estomper et, après la guerre, les plats s'étaient intégrés dans le melting-pot. Bien d'autres habitudes aussi, comme le *bagel* du *brunch* du dimanche. Celui-ci est servi attendri par une couche de fromage blanc demi-sel et une tranche de saumon fumé de Nouvelle-Écosse, accompagnement qu'il n'a jamais eu dans son pays d'origine, l'Autriche. En transitant par les familles juives installées à New York, il est devenu typiquement américain et c'est ce type de mutation que subissent les cuisines d'origines diverses, depuis le temps qu'on les prépare… dans le melting-pot.

1. Les trois plats sont en français dans le texte du menu.
2. *Pot* se traduit en "creuset", mais signifie "marmite" ou "cafetière" dans son acception ancienne.
3. Beignets farcis de viande hachée bien relevée, ou de fromage ou de purée de pommes de terre, pour en baisser le prix.

4. Sorte de petit salé où la viande de bœuf fumée remplace la poitrine de porc.
5. Helen Nash, *Kosher Cuisine,* Random House, 1984.
6. Il y a quelques figures italiennes célèbres dans les débuts de la nation américaine, mais c'est de 1880 à 1914 que l'influence de la cuisine italienne est plus forte, avec quinze mille immigrants par jour.
7. Paul Morand, *New York,* Flammarion, 1930. Le "*hamburger*" fait partie, pour lui, des spécialités allemandes.
8. Le *cioppino* est une merveilleuse marmite de poissons blancs, moules, clams, crevettes – et, si on en a les moyens, homard et crabe –, avec une base de tomates, ail, oignons et huile d'olive relevée au poivre de Cayenne. Une légende attribue à un certain Giuseppe Buzzaro son importation à San Francisco.
9. Françoise Davreu, "Le restaurant chinois aux États-Unis", in *La Revue française d'études américaines,* février 1986.
10. On ne disait pas encore "protides" ou "protéines".
11. Dont le *curriculum vitæ* de 1911 alignait seulement les fonctions d'ex-chef des cuisines du *Grand Hôtel.* Les commentaires qui suivent sont de *La Cuisine diététique* écrite par Montagné et le docteur Félix Regnault.
12. Il sera prix Nobel de physiologie et de médecine.
13. Gottschalk, *Histoire de l'alimentation et de la gastronomie,* Hippocrate, 1948.
14. Il est difficile en 1998 d'avoir du yaourt nature aux États-Unis alors que les comptoirs regorgent de yaourts aromatisés.
15. Sociétés à capitaux français ou marques cédées à des franchisés américains, peu importe.
16. Sorte de gnocchis préparés en Alsace.
17. L'auteur a rendu visite au restaurant en 1998 qui s'appelle désormais *Jake Wirth.* Même décor, même atmosphère.
18. Des différences ont été relevées par John E. Mariani dans le *Dictionary of American Food and Drink,* Ticknor & Fields, 1983, entre la recette de Mangin et celle décrite par Rector fils. La sauce de Mangin part du fumet réduit aux deux tiers, auquel il ajoute, lorsqu'il est refroidi, six jaunes d'œufs. "Montez la sauce sur feu doux, au fouet, comme une hollandaise, et en lui incorporant environ 350 grammes de beurre très fin. [Rector, lui, prend les jaunes de quatre douzaine d'œufs qu'il fait mousser, y ajoute] un gallon de beurre fondu, verse une pinte de bordeaux blanc sec et ajoute de temps en temps une cuiller d'essence de poisson, assaisonnée avec un peu de Cayenne." Décidément, la mémoire de James Brady était défaillante.
19. Document d'une association new-yorkaise d'aide aux démunis (NYAICP), rapporté par Harvey Levenstein, *Revolution at the Table,* Oxford University Press, 1988.
20. Remarque de Waverley Root dans *Eating in America,* Eco Press, 1976.

## Le Ketchup et le Gratin

21. Vers 1830, de nombreux juifs viennent de Bavière, de Bohême et de Hongrie. Pauvres et moins cultivés que les juifs déjà installés, ils apportent avec eux un peu de l'environnement germanique qu'ils ont connu. De 1880 à 1905, un tiers des juifs de Russie (ou de l'ancienne Pologne occupée par les Russes) se rend aux États-Unis. Il y a des différences entre juifs allemands (devenus américains) et réfugiés de Russie. En 1930, la montée du nazisme provoque l'arrivée de juifs allemands, sans équilibrer les nombres en présence et la cuisine juive originaire de Russie garde la prépondérance.

*Seconde partie*
*Deux guerres et une crise détrônent la "haute cuisine"*
*et font émerger le fast-food*
# 1914-1980

*"L'homme ayant appris à domestiquer le feu, un morceau de viande*
*tomba sur des charbons encore ardents ; l'odeur agréable qui s'en dégageait*
*incita à en goûter et la saveur nouvelle fut vite appréciée. [...]*
*Cette innovation dut recueillir les suffrages d'une grande partie*
*des membres du clan. Pas de tous. Car, si l'esprit humain n'a pas changé,*
*nous imaginons volontiers qu'au nom de la tradition,*
*les anciens durent s'élever contre ce nouveau procédé*
*et proclamer la supériorité de la nourriture du bon vieux temps."*
Prosper Montagné et Docteur A. Gottschalk, *Mon Menu*,
Société d'éditions scientifiques.

## Chapitre VII
## L'industrie alimentaire sort victorieuse de la guerre de 1914-1918

> *"Les puissances alliées ont dû en grande partie leur victoire à un combattant que les historiens pensent rarement à nommer : la conserve."*
> Georges et Germaine Blond, *Festins de tous les temps,* Fayard.

**Paris, août 1914**
*Invasion allemande et invasion des épiceries*
La guerre éclate le 1$^{er}$ août et, très vite, les Allemands entrent en Belgique, qu'ils traversent alors que commence à peine la mobilisation. Ils atteignent la frontière franco-belge, où un semblant de bataille ne les arrête pas, et, fin août, ils sont sur la Somme. Les Parisiens stupéfaits ont peur de vivre les affres du siège et beaucoup quittent la capitale en emportant le maximum de victuailles. Les épiciers sont pris d'assaut et ils n'ont plus rien dès le 31 août. On rafle tout ce qui peut être bon à manger. Un Parisien raconte qu'il a fait la queue sans savoir ce qu'il allait trouver dans la boutique et, de retour chez lui, il compte "dix boîtes de conserve de Liebig, sept de Végétaline, quatre de haricots

verts, six de petits pois, deux de cèpes, deux de tomates, cinq de jambon, six de cassoulet, neuf de langues de bœuf, cinq de bœuf à la mode, neuf de tripes à la mode de Caen, quatre de choucroute, deux de gras-double à la lyonnaise, six de poulet à la gelée, une de perdreau, huit de sardines, six de thon, deux de saumon, deux de hareng, quarante de lait concentré[1]" ! On ne lit même pas les étiquettes. Elles n'étaient pas crédibles au temps de la pléthore, et, aujourd'hui, elles semblent dérisoires. Avoir la boîte de petits pois compte plus que la lecture de l'étiquette. Les méfaits de la conserve sont oubliés et ce changement d'attitude s'est produit en un temps record.

Trois mois à peine avant que les Allemands ne déferlent jusqu'à la Marne, on avait prêté beaucoup d'attention au menu du déjeuner des Maîtres Queux tenu au *Trianon Palace* de Versailles. Les meilleurs plats des chefs du *Normandie* (Deauville), de *Paillard*, de *Maxim's*, du *Carlton*, de *Noël Peters*, de *La Tour d'Argent*, des *Quatre Sergents* (La Rochelle) et du pâtissier du *Trianon Palace* étaient servis et la presse évoquait les moindres détails du repas. Un meursault 1904 accompagnait la truite saumonée froide. On savait même que la *cassolette de mignonnettes de charolais* avait eu droit à deux vins : chambertin 1875 et château-margaux 1899. Mais en cet été 1914 un tel repas était impensable, car les conserves (rares) avaient remplacé les produits frais (inexistants). D'ailleurs, les autorités encouragent la culture de légumes frais, sur tous les terrains disponibles, y compris dans le parc de Trianon à Versailles, pas loin du restaurant où s'est déroulé le déjeuner des Maîtres Queux. On découvre que beaucoup de ménagères n'ont jamais goûté de lait concentré, alors que cette invention remonte à Appert.

*La ménagère copie le conserveur industriel*

Quand les épiciers n'eurent plus de conserves, la cuisinière prolongea la vie des produits frais grâce à des "boîtes" en acier embouti avec une fermeture maintenant le couvercle pour que la pression provoquée par la cuisson augmente. Au-delà d'un certain seuil, le couvercle laisse passer un peu de vapeur en se soulevant et cette technique protège la préparation comme une conserve industrielle. Les gourmets n'auraient jamais pu imaginer que la cuisinière soit amenée à imiter l'industriel. Face au succès que connaissent ces boîtes, on en fabrique une série spéciale destinée aux aubergistes et aux hôteliers pour préparer à l'avance "des aliments qu'on ne leur demande que rarement". Seulement, le couvercle n'a pas de ressort, ce qui fait exploser l'engin quand il est oublié sur le feu. L'autorité militaire réquisitionne ces boîtes, non pour leur capacité à exploser, mais pour préparer les rations destinées aux premières lignes. La pénurie des appareils de conservation succédant à la pénurie des conserves, elle-même survenue après celle des aliments frais, fait flamber les prix des denrées. Le gouvernement rationne et réquisitionne sans réussir à juguler la hausse. En novembre 1914, le régime des Français n'est plus celui d'avant-guerre et s'éloigne de celui du premier trimestre des hostilités. La production des céréales baisse de 60 % dans les trois premières années de guerre, celle des betteraves sucrières encore plus. Les cartes de pain apparaissent, mais le pain n'est pas bon car l'on extrait plus de farine du grain et l'on utilise des farines de substitution. La saccharine, interdite grâce aux gastronomes (et aux betteraviers) qui avaient bataillé pour faire voter une loi dans ce sens, réapparaît sans que l'on relève qu'il s'agit d'une invention de l'ennemi allemand.

La France, grande importatrice de viande[2], voit son déficit augmenter. Les paysans mobilisés, moins d'orge, d'avoine et de fourrages, l'occupation du nord du pays amplifient ce déficit. Les autorités encouragent l'achat aux États-Unis de la viande sur pied, mais les sous-marins ennemis empêchent les bateaux chargés de bétail d'arriver à bon port – les ressources de ce grand producteur de viande étant par ailleurs limitées. On se résigne, là-bas aussi, à des jours "sans". Pour gagner de la place dans les cales des navires, on se résout à acheter des carcasses conservées par le froid durant le transport. La conservation des viandes par le froid remontait à plus de quarante ans mais la France, patrie de la gastronomie, ne s'en servait pas, alors que notre allié anglais et notre ennemi allemand pratiquaient ce mode de transport. Ces carcasses, congelées depuis l'Argentine, arrivant au Havre avec une surface un peu noircie, dégoûtaient les Français. Une sorte d'unanimité s'était faite pour affirmer qu'un produit sain comme la viande devenait malsain conservé par le froid ; en 1917, il y a récidive. La viande congelée s'abîme avec des coupures dans la chaîne du froid, un manque de précautions à la décongélation et bien d'autres erreurs. Les autorités sont obligées de saisir la viande avariée pour la détruire, ce qui confirme dans l'esprit des Français que ce qui est congelé n'est pas bon. Poussé par la nécessité de se nourrir, une minorité de Français abandonnent le "préjugé qui leur coûtait cher" et tirent le meilleur parti culinaire de la viande congelée.

Même attitude irresponsable vis-à-vis de la concentration alimentaire représentée par Kub. Il était facile de suggérer que les produits portant une marque comportant un K comme Kub étaient probablement germaniques. On fit un sort aux boutiques qui avaient cette marque sur leur vitrine et, dans la foulée, on régla son compte à la *Brasserie Viennoise* et à d'autres magasins à enseigne vaguement allemande. Les pâtissiers avaient volontairement débaptisé la *bavaroise* et la bière "brassée à l'allemande" avait disparu. Mais la concentration alimentaire allait continuer d'exister… sans elle, la victoire aurait peut-être été plus longue à venir. Mais les restrictions n'avaient pas mis la France entière au régime de la conserve, du congelé et du bouillon concentré. Les grands restaurants refusaient du monde à Paris. À Lyon, la *Mère Filioux* affichait sa *poularde aux truffes*[3]. Le *Chapon Fin* de Bordeaux continuait à régaler ses clients. Le grand Escoffier envoyait du *Carlton* de Londres des recettes inspirées des produits disponibles – *moussaka* partant de chair de venaison, *hachis de venaison aux œufs*… – qui accédaient selon lui à "une véritable renommée gastronomique".

Les civils à l'arrière, comme les militaires enterrés dans les tranchées, abordaient à leur corps défendant l'ère de l'alimentation industrielle par le biais de la conserve, de la congélation et de la concentration. À l'étonnement de tous, ces habitudes survécurent au conflit, comme l'a découvert une Américaine qui déjeunait dans une auberge normande. Son repas se termine par une crème renversée : entrant par hasard dans la cuisine où officie une femme affublée du doux nom d'Amélie, la cliente voit avec stupeur que sa crème avait été faite à partir de lait concentré sorti d'une boîte en fer-blanc, alors que l'on est dans une région réputée pour l'excellence de sa crème fraîche. C'est la seule fois, s'exclame-t-elle, "où j'ai vu une Française recommander des produits américains en boîte, en remplacement des produits frais français.[4]"

### Washington, 1917
*Hoover surveille la gestation de chaque truie*

C'est le 2 avril 1917, après trente mois de neutralité, que le Président Wilson fait participer son pays au conflit. Au début des hostilités, la balance ne penchait pas nettement en faveur des alliés et on avait même murmuré que Wilson favorisait les Allemands. Les Français résidant là-bas firent de leur mieux pour montrer les affinités des deux peuples. Ainsi, un cuisinier, Sylvain Goy, trop âgé pour être mobilisé, publie un livre en septembre 1914, qui traite de la cuisine américaine dans l'espoir que ses recettes rapprochent les deux peuples au "moment de la Grande Guerre". Il reconnaît que traiter de ces questions dans un livre de cuisine est "comme un cheveu dans la soupe", mais il demande de "comprendre l'indignation qui nous anime". À côté de ce témoignage dérisoire et émouvant, d'autres facteurs font pencher la balance du côté de la France : l'invasion de la Belgique, les paquebots coulés transportant de pacifiques citoyens américains, les appels de Theodore Roosevelt en faveur des alliés. Cette tendance devint irréversible quand les services secrets décodèrent un message des Allemands à leur ambassade de Mexico promettant aux Mexicains de leur restituer le Texas, le Nouveau-Mexique et l'Arizona, s'ils s'alliaient à l'Allemagne. L'idée de perdre la patrie du *chili con carne* fit entrer les Américains dans la guerre !

Wilson charge Herbert C. Hoover des problèmes d'approvisionnement. Ce dernier s'attache dans un premier temps à augmenter la production agricole, afin de nourrir les civils américains, les hommes sous les drapeaux et de participer aux besoins alimentaires alliés, civils et militaires. On stimule l'élevage des porcs, ce qui a fait écrire à un humoriste : "Hoover a non seulement compté tous les porcs d'Amérique, non seulement il connaît le poids de chacun d'eux, non seulement il sait combien il leur faut de grains pour leur nourriture, mais en plus il connaît la date de la dernière mise bas de chaque truie et suit le progrès de sa nouvelle gestation avec la même sollicitude qu'un médecin de palais affecté à la santé de la reine mère.[5]" On édicte des normes pour réduire les déchets entre le champ et le consommateur, et on uniformise un peu plus les produits, en favorisant les variétés résistant aux chocs (transport)... Le goût, déjà secondaire, le devient encore un peu plus. Le paradoxe veut que, par le biais de leur demande d'aide alimentaire, ce soient les Français qui contribuent à

*L'industrie alimentaire sort victorieuse de la guerre de 1914-1918*

rendre les fruits et les légumes américains plus uniformes, plus résistants aux chocs, et aussi plus insipides. Parallèlement à l'accroissement de la production agricole, les Américains sont invités à utiliser moins de farine, à manger moins de viande, à moins beurrer leurs sandwiches et à moins sucrer leurs boissons. Ces conseils visent à bannir le gaspillage plus qu'à restreindre la consommation.

*Les auteurs de livres de cuisine sont mobilisés*

On mobilise les bons auteurs de livres de cuisine et les journalistes des rubriques "Food" pour qu'ils expliquent que l'on se sent mieux avec moins de viande et moins de sucre. Ida C. Bailey Allen, professeur de techniques culinaires, accepte de ne pas rééditer ses ouvrages utilisant trop généreusement les matières que l'on veut exporter. Elle publie à la place *Mrs. Allen's Book of Wheat Substitutes,* puis une série de livres traitant des "substituts" d'aliments rares. D'autres auteurs mettent l'accent sur des préparations de poisson, de volaille et d'agneau difficiles à expédier en Europe. Les *spaghettis with meat balls* (viande hachée "étendue" de flocons d'avoines, les *tuna and noodle casseroles*[6], le *chili con carne* (avec moins de "carne" et beaucoup de haricots rouges) deviennent des plats de patriote. Les restes de viande hachés font un *meat loaf* ("pain de viande") cuit au four que l'on mange le dimanche soir, et le hamburger "gonflé" de céréales est plus apprécié que le *steak sandwich* parce qu'il faut moins de viande.

Hoover a recours à la publicité, ce qui fait fleurir des formules chocs dont les Américains ont le chic. Le slogan *"Lick the plate and lick the Kaiser"* a, dans sa langue originelle, un puissant impact que ne rend guère sa traduction : "Rossez le Kaiser en léchant bien vos assiettes." *"Food will win the war"* était plus qu'un simple slogan : la victoire n'est possible qu'avec des civils et des soldats qui n'ont pas faim. Wilson invite l'Amérique et ses alliés à "manger à la même table" et il ajoute dix milliards de dollars de prêts à ce cadre quelque peu philosophique. À l'autre extrême du spectre social, où le standing imposait une table raffinée, on fait une croix sur la cuisine française, pour cause de mobilisation des chefs. Joseph Donon, élève d'Escoffier, qui officiait dans les cuisines des trois maisons du roi de l'acier, Henry Clay Frick, quitte sa situation pour répondre à l'appel. La tendance à la simplification s'accentue, facilitée par le fait que les chefs français ne sont plus là pour s'y opposer. Des cuisiniers noirs venant du Sud sont attirés par le vide dû au départ des hommes dans les forces armées. Les restaurateurs n'aiment pas beaucoup les avoir en cuisine et les engagent sans leur attribuer le titre de chef pour ne pas offusquer les clients. Ils oublient qu'à La Nouvelle-Orléans, réputée pour sa bonne cuisine, les Noirs cuisinent d'instinct. Il est interdit aux restaurateurs de servir du pain avant la fin du premier plat et de mettre un sucrier sur la table. On les pousse à servir des portions plus petites au même prix. Ces mesures s'avèrent insuffisantes et, en 1918, Hoover rationne le sucre, impose les lundis et les vendredis sans blé, les mardis sans bœuf, les jeudis et les samedis sans porc. On a dépassé le stade de la simple maîtrise du gaspillage pour en arriver à de vrais sacrifices destinés à accroître les exportations de produits alimentaires vers la France.

Les délégations françaises se multiplient pour demander plus de céréales et de matières grasses. Le maréchal Joffre, vainqueur de la Marne, accompagné par le garde des Sceaux Viviani, part aux États-Unis à bord du croiseur *Lorraine II*. Le maréchal est reçu au Sénat américain et fait une tournée triomphale d'un mois. L'accueil est délirant et, pour honorer des hôtes de ce niveau, les Américains soignent les réceptions, mais la cuisine de ce pays étant ce qu'elle est, c'est la petite contrariété du voyage. Natif de Rivesaltes, Joseph Joffre a connu la langouste qui s'entend à merveille avec les oignons, la tomate et un peu de

## L'industrie alimentaire sort victorieuse de la guerre de 1914-1918

piment. Capitaine, il avait "un appétit qui émerveill[ait] les pensionnaires de l'hôtel" (de Mont-Louis en Pyrénées-Orientales), il dévorait force "ouillades [soupes au chou] qu'embaument les oreilles de porc, civets d'izard [chamois des Pyrénées, généralement orthographié "isard"], bolas de picolat[7] [boules de viande hachée en "sauce rousse" très relevée], saucissons secs comme baguettes de tambours[8]". Ses séjours à Formose, à Hanoi, ses passages en Chine, au Japon et même aux États-Unis (en 1888), la pacification de Madagascar et d'autres voyages lui avaient appris à surmonter les envies de retrouver les saveurs auxquelles il était habitué.

La cordialité et la chaleur des Américains faisaient oublier qu'on ne mangeait pas comme en France. Joffre est reçu à dîner par le Président Wilson, mais aussi par son conseiller William J. Bryan, surnommé *"Grape Juice Billy"* en raison de son goût pour le jus de raisin, qu'il imposait à ses invités et qu'un homme ayant appris à faire son vin dans la vigne familiale considérait comme insipide. Heureusement que dans cette tournée américaine il y avait les repas pris à l'ambassade de France. Avait-on eu le soin de servir le *gigot à la bretonne* – qu'avec l'âge le maréchal avait fini par préférer aux mets catalans de son enfance –, le civet de lièvre bonifié par le muscat ou les modestes pois chiches avec abattis de volaille et du porc ? Joffre avait néanmoins réussi à modifier l'attitude des dirigeants américains, buveurs d'eau, envers le pays du rivesaltes et du Birrh, et il obtint l'envoi d'hommes, de matériel et de victuailles.

*Le rata peu apprécié par les Américains*

Un mois après le retour de Joffre, un convoi de soldats américains accoste à Saint-Nazaire, après douze jours de très inconfortable traversée. Sans perdre une minute, ces hommes fatigués du voyage en mer sont transférés dans des wagons à bestiaux et arrivent à Paris. À peine descendus du train, on les fait grimper sur des camions poussifs qui les déposent place de la Concorde pour défiler à l'occasion de la fête d'indépendance américaine. Pour faire honneur à ces hommes qui étaient venus se battre pour la France, les autorités avaient prévu que le défilé ait lieu après la fermeture des magasins et des bureaux. S'était formée une foule dense de Parisiennes, les hommes étant au front. C'est devant le général américain Pershing, flanqué du maréchal Joffre et du ministre de la Guerre, au balcon de l'hôtel *Crillon*, que les *doughboys*[9] devaient défiler. Quand Pershing, voulant sceller d'un geste l'amitié franco-américaine, porta à ses lèvres le tissu du drapeau tricolore placé derrière lui entre deux bannières étoilées, il fit monter de plusieurs décibels la clameur de la marée humaine. Après le défilé, une cérémonie se déroula devant la tombe de La Fayette au cimetière de Picpus, avec quelques hommes des deux armées et beaucoup de civils pour les applaudir. Le général Pershing (ou était-ce le colonel Stanton ?) se serait écrié, après avoir déposé une couronne sur la tombe du marquis : *"La Fayette, here we are !"* Les généraux sont conviés à un déjeuner par la chambre de commerce américaine à Paris, et l'hôte n'omet pas de dire que le repas tient compte des restrictions édictées par le ministère de l'Approvisionnement. Il y aura d'autres occasions pour les officiers américains de manger comme les Français, notamment au restaurant du Cercle de l'union interalliée créé pour que les compagnons d'armes puissent se rencontrer. Les pilotes américains volontaires de l'escadrille La Fayette avaient déjà fréquenté le restaurant du Cercle et ils furent rejoints par les officiers du corps expéditionnaire américain.

Les *doughboys*[10] du premier contingent sont hébergés à la caserne de Reuilly et c'est pour eux l'étonnement quand on leur sert le "rata" de la caserne, car les repas de l'armée américaine avaient une structure très différente. L'un des soldats avait noté le menu de la dernière semaine passée aux États-Unis avant d'embarquer, se plaisant à souligner le peu

*L'industrie alimentaire sort victorieuse de la guerre de 1914-1918*

de ressemblances entre les deux manières de manger. Le petit déjeuner de là-bas comportait du riz au lait[11], du bacon frit, des pommes de terre frites, des muffins, mais aussi du pain, un peu de beurre, du lait et du café. Le *breakfast* dominical voyait le riz au lait remplacé par des œufs brouillés. Le déjeuner débutait par une soupe de haricots, suivie d'une viande avec deux légumes, de haricots verts et de patates douces, puis d'un pudding au tapioca. Pas de vin, mais du café ou du lait. Le dîner ne comportait pas de soupe, mais commençait par de la viande avec deux légumes et, bien entendu, du café et du lait. Le repas des Américains semblait meilleur que celui des poilus, mais la façon de le préparer le rendait, selon les Français amenés à y goûter, exécrable. Les Français invités par des soldats à la Y.M.C.A connaîtront les *doughnuts*, les gaufres au sirop d'érable avec des tranches de bacon grillées, le maïs cuit sur son épi… Il n'y a pas d'alcool mais autant de café et de lait que l'on veut. Des chanteurs et des artistes y viennent pour soutenir le moral des troupes. Les *doughboys* qui assistent à ces soirées n'ont pas gardé un souvenir impérissable d'un pianiste au nom de Ray Kroc qui avait complètement oublié la cuisine française, puisque c'est lui qui donnera plus tard à *McDonald's* sa dimension mondiale.

*La choucroute devient "chou de la liberté"*

Pour que les victuailles destinées aux boys arrivent à bon port, il fallait éliminer les saboteurs, et il pouvait s'en cacher derrière des noms à consonance allemande. Cette hantise de "l'espion allemand embusqué" fait boycotter les restaurants qui servent des plats allemands, ce qui conduit la brasserie *Hofbraü* de Chicago à s'appeler du très patriotique nom de *The States*. La choucroute, qui a imposé "*sauerkraut*" à la langue américaine, est débaptisée par les fidèles neveux de l'*Uncle Sam* pour devenir "*liberty cabbage*" (chou de la liberté) et c'est sous ce nom qu'elle réapparaît dans les menus. La fameuse *frankfurter* s'en sort grâce à ces nombreux surnoms, ce qui donne au hot dog un sérieux coup de pouce. Mais le mot "hot dog" pouvant provoquer une certaine répulsion, on lui applique le même traitement qu'à la choucroute… et la saucisse devient *"liberty sausage"*, sans trancher le dilemme de savoir si un hot dog accompagné de choucroute devenait un *"double liberty sandwich"* ! Les adeptes de la prohibition, mêlant astucieusement patriotisme et lutte contre l'alcoolisme, accusent les distillateurs de *whiskey* de détourner une partie de la production céréalière. Il faut en effet des tonnes de maïs, de seigle et d'orge pour fabriquer le bourbon, alors que la population a faim. Les tenants du régime sec assimilent également la bière à "l'outil du démon", au même titre que les alcools plus raides. Ils se saisissent du Spy Act, qui permet de suspecter de collusion avec l'ennemi quiconque dit du bien des Allemands, et font ressortir que les brasseurs sont pour la plupart d'origine allemande. L'amalgame entre prohibition et patriotisme amène le Congrès à voter le dix-huitième amendement applicable en janvier 1920. C'est donc après la fin de la guerre que les États-Unis entrent dans le régime sec et, curieusement, la cuisine française en fait les frais : les vins servis à table allaient être interdits de séjour. Par contre, le régime sec allait donner un coup de fouet aux boissons "à base de jus de fruits, de café, de thé, de lait, ces limonades, ces *ginger ale* bien connus. Avec un mélange de glace pilée, dans un bouillonnement d'eau gazeuse, avec du sucre et des aromates, de la crème fouettée, un jaune d'œuf ou de la crème glacée[12]". Dans cette masse, la boisson au curieux nom de "Coca-Cola" allait aussi se développer.

### Paris, 11 novembre 1918
*Le contingent américain tarde à arriver*

Les Américains seront très nombreux le jour de l'armistice, mais ils ont mis bien du temps à arriver après le défilé de juillet 1917.

*L'industrie alimentaire sort victorieuse de la guerre de 1914-1918*

La guerre de mouvement du début des hostilités avait duré une centaine de jours, suivis par trois ans de guerre de tranchées. C'étaient, pour les fantassins de première ligne, d'interminables journées passées dans un trou entre deux relèves, entre deux pluies d'obus, entre deux tentatives de percées. Le quotidien de la vie des tranchées, vécu par toute la jeunesse du pays, a été horrible et a duré longtemps, au point que l'on a frôlé la mutinerie. Les drames atroces, les moments de lassitude, la peur au ventre permanente, le manque d'espoir ont créé la grogne. Les "coups de cafard" du début de la guerre des tranchées étaient effacés à l'heure bénie de la soupe, malgré l'inconfort, la promiscuité, la boue et les rats. Vers 1915, les sections devaient "toucher" leur "roulante" (pour "cuisine roulante"), qui apportait l'espoir (faible) de manger moins mal et rendait inutiles les ustensiles tels que les marmites, récipients, seaux en toile, et le moulin à café qu'il fallait trimbaler. La roulante avait tous ses récipients et son foyer insérés dans le véhicule. Généralement installée à l'arrière, dans les tranchées dites de soutien, elle entourait le cuistot d'un calme relatif. Il faisait porter en première ligne par des hommes de corvée les miches de pain, le "pinard", le "bouteillon[13]" contenant un mélange de "barbaque [et de] fayots", quelquefois du riz, des boîtes de "singe" et, avec un peu de chance, du fromage. L'endroit du front et le talent du cuistot faisaient que ce qui arrivait chez le poilu était décent ou immangeable. Avec ou sans roulante, les jeunes Français n'avaient jamais aussi mal mangé. Dès qu'ils se retrouvaient à l'arrière, dans des cantonnements de repos ou en permission, tout leur paraissait bon. Plus tard, les permissions et la nourriture, meilleure, ne suffisent plus, car le sentiment du "ras-le-bol" est général. Sans doute "la soupe" n'est-elle pas plus mauvaise, mais elle le paraît ; le "pinard" n'a de même jamais été bon, mais il le semble encore moins.

## Le Ketchup et le Gratin

*L'intendance précède l'armée américaine*

Pour faire revenir l'espoir, il fallait un élément nouveau apporté par la présence des Américains. En marge de leur capacité de combattre, ils contribuaient indirectement à améliorer l'ordinaire car la boîte de "singe" et les haricots semblaient avoir meilleur goût. Fin 1917, le contingent américain en France ne pèse que cent mille hommes, mais le flux grossit pour franchir au moment de l'armistice le cap des deux millions. L'accueil est partout favorable, d'abord parce qu'il s'agit d'alliés qui vont assurer la relève sur le front, mais aussi parce que les Américains paient bien les services qu'on leur rend. Autour des camps, les commerçants font de belles affaires et leur nombre se multiplie. Grâce aux Américains, les cafés travaillent mieux que les restaurants car les nouveaux arrivés ne savent pas ce que "bien manger", ou "manger à la française", veut dire. Tout ce qui est sucré a leur préférence mais les pâtisseries ne font pas beaucoup d'affaires avec eux, peut-être parce que l'on interdit la consommation sur place les jours d'ouverture, et aussi parce que ce qui s'appelle "gâteau" ne contient ni farine, ni sucre, ni œufs. Les Américains ont tout ce qu'ils veulent et tout ce qu'ils aiment dans leurs propres camps : ils préfèrent mélanger leur sirop d'érable avec du lard (pour retrouver le goût de leur *breakfast* qui mêle bacon et *pancakes* sucrés).

Les Français qui pratiquaient l'art d'accommoder les restes n'en avaient plus beaucoup. Les produits alimentaires étaient rationnés suivant la méthode (décriée par les gastronomes) du calcul des calories. Les bouchers et les pâtissiers doivent fermer deux jours par semaine et les restaurateurs ne peuvent désormais servir plus de deux plats en dehors du potage, des hors-d'œuvre ou du fromage. Les civils invités par les Américains dans leurs cercles ont un mouvement de recul devant ces "goûts bizarres venus d'ailleurs". Les poilus ont la même réaction que les civils : on retrouve la même hésitation pour leur café. Ils boivent leur "caoua" bien sucré mais il ressemble, selon ceux qui l'ont goûté, à de la "lavasse". C'est pourtant fait à partir de vrai café, introuvable en France et remplacé (à prix exorbitants) par de l'orge torréfiée et de la chicorée. Pour qualifier ces substituts de produits nobles, c'est le mot allemand *"ersatz"* qui s'impose, même s'il écorche doublement la bouche. La cuisine française reste en revanche à l'honneur dans les repas entre officiers. La hiérarchie française a gardé ses habitudes et la table du haut de la hiérarchie est soignée, ce qui n'est pas pour déplaire aux Américains nommés à des postes de liaison interarmées. Leurs commentaires sont élogieux, pour la qualité de la nourriture et pour le service des plats venant les uns après les autres, alors que chez eux ils sont habitués à avoir tout à la fois. Gertrude Stein et Alice Toklas, qui s'occupent de l'American Fund for French Wounded et qui se sont installées en France avant la guerre, racontent qu'au cours d'une visite à un hôpital militaire elles s'arrêtèrent dans une auberge et trouvèrent "la grande salle à manger pleine d'officiers [français et que] le déjeuner, pour les temps de guerre, était très bon[14]".

*Peu d'osmose culinaire entre les deux peuples*
Au printemps 1918, les "poilus" sur le front commencent à voir leurs nouveaux alliés et leur moral remonte. Ils comparent la "becquetance" des deux pays : "Aujourd'hui nous avons mangé des asperges, plat presque inconnu chez eux. Ils mangeaient tout, c'était drôle ; pourtant, elles n'étaient pas très tendres, […] il a fallu leur faire voir ce qui se mangeait. […] Les Noirs américains sont très friands de sardines, confitures et biscuits […], ils mélangent tout dans une affreuse mixture qu'ils arrosent de plusieurs bidons de pinard[15]." Confitures, sardines et asperges devaient provenir des colis envoyés par la famille ou la marraine, car l'ordinaire ne comportait pas de telles "délicatesses". Les hommes "touchaient" plutôt

de la "morue trop peu dessalée, dont la saumure, déguisant mal la pourriture, torturait de soif la troupe[16]", à moins que le cuistot du coin ne s'inspire du *Manuel du bon cuistot et de la bonne ménagère* que Prosper Montagné vient de publier. Ses recettes valorisent les boîtes de "singe" et le pain de guerre, preuve qu'on peut faire de bonnes choses avec les rations de l'armée, si les obus le permettent. La plupart des soldats américains n'apprécient pas le gros rouge, vin ordinaire, le plus souvent "mouillé" à différentes étapes de son transport vers le front. Les Français l'offrent et ne comprennent pas le refus qu'on leur oppose, comme une sorte de réciproque au café (avec ou sans lait) américain. Il n'y a donc pas d'échanges réels entre les deux peuples au front.

Peu d'incitations donc à ce que les Américains changent leurs habitudes face à des Français qui restent figés dans leur dédain à l'égard de ce qui est étranger. Et pourtant, il y a des exceptions. Alice Toklas découvre, lors d'un voyage à Perpignan, en pleine guerre, un hôtel où on prenait soin des clients avec une bonne cuisine du Sud, "pas provençale, précise-t-elle, [mais] catalane". On y servait un dessert local appelé *millason*[17] qui, dit l'auteur de *The Alice B. Toklas Cook Book,* ressemblait étrangement à "notre sudiste *fried corn bread*". Une petite similitude dans un océan de mœurs culinaires différentes, loin du front, dans le calme de Perpignan, découverte par une Américaine qui vivait en France depuis longtemps. Exception qui confirme le manque d'osmose entre des millions d'individus des deux nations pendant une petite année de contacts.

Le cauchemar du conflit sanglant commencé en 1914 va se terminer le 11 novembre 1918. Les Allemands, qui avançaient vers les vignobles champenois, sont stoppés par les Américains dans le secteur du bois Belleau. La contre-offensive à partir du saillant de Saint-Mihiel est le prélude à l'attaque finale contre l'ennemi. L'armistice et l'atmosphère de fête

*L'industrie alimentaire sort victorieuse de la guerre de 1914-1918*

et de liesse populaire font oublier les jours sombres et cachent aussi le rejet des habitudes françaises par les Américains et la réciproque.

Ce 11 novembre, c'est aussi la fête dans les endroits fréquentés par les *doughboys,* comme *Zelli's,* rue Fontaine. Prévoyant le départ de ses clients et voulant rester en France, le propriétaire (de nationalité américaine) se reconvertit, comme l'a déjà fait *Mitchell's* au 35, rue Pigalle, devenu restaurant rapide (déjà), ouvert vingt-quatre heures sur vingt-quatre. Dans les années vingt, des Américains, devenus touristes, s'y rendent pour manger un bout, n'importe quand dans la journée. Bien des Noirs du corps expéditionnaire, qui en comptait deux cent mille, restent en France. À l'heure où les premiers régiments débarquent, un litige existe entre le commandement français, poussant à l'amalgame des troupes américaines et françaises, et le général Pershing qui voulait que les unités américaines aient leur hiérarchie. L'idée vint à Pershing d'accepter l'amalgame, s'il est limité aux troupes de couleur ; et c'est ainsi que les Noirs américains se sont retrouvés revêtus d'uniformes français, équipés de matériel français et mangeant des rations françaises, qu'ils agrémentaient d'ailleurs de mélasse ! Ces soldats de couleur auraient pu avoir des grands-parents esclaves[18]. Ces derniers avaient créé une composante originale de la cuisine des États du Sud, combinant des légumes locaux (pissenlit, feuilles de navet, chou frisé, épinards), avec le *gombo* (*"okra"* en anglais) d'Afrique. Chacune de ces matières premières traitée séparément ne menait pas bien loin au plan gustatif, mais leur combinaison[19] avec du porc permettait d'offrir une variante aux légumes cuits à l'eau. Ces Américains en uniforme français regrettaient sans doute les pains de maïs, les ragoûts de rondelles de gombos saumurés, le *catfish* – poisson-chat des rivières des États du Sud, pané à la farine de maïs – frit et craquant, et d'autres plats[20] décrits dans les romans policiers de Chester Himes. Ce regret n'entamait pas leur sympathie pour la France, qui leur avait permis de faire valoir leur contribution à la victoire et qui les avait soignés avec les blessés français. Ce sentiment, combiné au souvenir des brimades et du racisme toujours présents aux États-Unis, les poussait à rester. C'est ainsi que le Noir Willis Morgan, débarqué avec les premières troupes dans la Rainbow Division[21], décide à sa démobilisation de s'installer ici. Son *Chicago Texas Inn* sert, jusque dans les années trente, des travers de porc au barbecue (*spare ribs*[22]), du *corned beef hash* et l'incontournable tarte au potiron du Thanksgiving Day. La clientèle de ces restaurants est faite d'expatriés et de touristes, avec ici et là quelques Français.

Ces cas, certes marginaux, s'ajoutent à d'autres signes (publicité en faveur des cornichons Heinz, de l'extrait de viande Armour) d'une présence en France de la manière de manger américaine. Les Français boivent les mixtures appelées "cocktails américains" sorties d'un shaker, ne pensant pas faire courir un quelconque danger à la tradition du bien-manger. Ils sont peu nombreux à "s'asseoir sur un des hauts tabourets sans dossier alignés en face de la tablette de marbre, derrière laquelle s'empresse un barman dosant, combinant de mystérieuses substances". La parution de livres en français, tels que les *156 recettes de boissons américaines simples et faciles, à préparer chez soi*[23], complète le tableau.

*Un nouveau type de restaurants aux États-Unis*

De retour au pays, les militaires démobilisés qui n'avaient jamais mis les pieds dans un restaurant ont appris à manger hors de chez eux. Ils ne sont plus dépaysés en entrant dans l'*Exchange Buffet* à New York, qui avait pourtant un demi-siècle d'existence et où les clients achetaient leur repas au comptoir et le consommaient debout. Ils découvrent *Childs* à New York, qui fonctionnait en *self-service* "perfectionné" grâce au plateau que l'on déplace le long du comptoir et où, comble de confort, on consommait assis sur une chaise dont l'accoudoir faisait tablette. Pour ces hommes revenus d'Europe, le restaurant n'était plus l'inconnu. Le sandwich froid prenait du galon en devenant chaud. Le *hot roast beef sandwich* était accompagné d'un bol de soupe chaude (sandwich de thon avec un bol de *tomato soup*). Les vétérans découvrent aussi un restaurant encore plus dépersonnalisé, l'*Automat*. Des plats prêts à consommer étaient exposés dans des cases situées derrière des petites vitrines alignées qui s'ouvraient quand on mettait une pièce dans la fente prévue à cet effet. Cette nouvelle race de restaurants prend son essor après la guerre, parce que sa clientèle a été formée dans l'armée à se servir toute seule. Le paradoxe a voulu que le voyage des *doughboys* en France ne les convertisse pas aux charmes du repas assis qu'impose la cuisine française, mais leur fasse découvrir un mode de restauration rapide devenu encore plus rapide. Le périple du capitaine du 129e régiment d'artillerie de campagne de la 35e division, Harry S. Truman, peut être choisi comme exemple. Après un séjour d'une année en France, il reste au plan des préférences culinaires l'Américain type des Grandes Plaines, sans la moindre nuance de culture culinaire française. Revenu dans la ferme familiale du Missouri, il se marie, ouvre une boutique de prêt-à-porter dans la ville d'Independence et devient vice-président et puis Président des États-Unis. Sous sa présidence, il n'y aura aucun repas français à la Maison Blanche.

Des restaurants de charme ouvrent dans les villes, parallèlement aux endroits où l'on se sert soi-même. Ici les femmes, le plus souvent gantées et chapeautées, grignotent, assises devant une belle nappe sur laquelle est posé un panier de petits (tout petits) pains chauds recouverts d'une fine serviette. Le ton est donné, tout doit être délicatesse et raffinement dans ces repas, à l'opposé de ce qui est servi dans un self-service. Ici, les salades de la carte mêlent rondelles de banane et petits quartiers de tomate, ou morceaux de pomme et branches de céleri, avec ici et là des cerneaux de noix, des lamelles de noix de coco, le tout emprisonné dans une gelée colorée et parfumée. L'assaisonnement sucré s'ajoute au sucré des fruits et de la gélatine, avec de la pâte de guimauve (*marshmallow*) encore plus sucrée. Même la célèbre *waldorf salad* s'est retrouvée enfermée dans cette gelée au don d'ubiquité pour devenir le *waldorf aspic*. Ces gelées, qualifiées par quelqu'un qui ne les aimait sans doute pas de "méduses terrestres", ont survécu pendant l'entre-deux-guerres. Le dessert est constitué de crèmes glacées et colorées dans l'harmonie des couleurs des premiers plats. À moins que ces dames ne préfèrent picorer un ou deux mini-sandwiches (*finger sandwiches*) de concombre qui ont l'avantage d'apporter une petite note de vert, qui va si bien avec les couleurs de la salle à manger. La couleur devient plus importante que le goût. Les femmes du monde abandonnent la coutume de l'invitation à dîner en faveur de petits repas amusants : les *pink parties,* où tout est rose, depuis les chandelles et les assiettes jusqu'aux sauces et aux crèmes, en passant par le glaçage des gâteaux. La gélatine instantanée, la *Jell'O*, permet de rosir les fruits et les légumes qui auraient rompu l'harmonie s'ils étaient servis hors de leur gangue molle, et il existe des *marshmallows* roses ! À la maison, les habitudes culinaires anciennes évoluent aussi, la femme s'étant mise à travailler pour arrondir la solde de son mari soldat. Elle a appris à accommoder les restes pendant la période de pénurie qu'avait connue l'Amérique. Avec un mélange de viandes de porc et de bœuf hachées, en y ajoutant du lait, des œufs, de la sauce tomate et de l'oignon émincé, et en mettant le tout au four, on a un plat unique servi en tranches, le *meat loaf*[24].

### Le "zinc" aurait-il une origine américaine ?

Les deux millions d'Américains qui ont traversé l'Atlantique savent désormais qu'il est possible de quitter le pays et de voyager en bateau. L'American Legion s'est installée à Paris. D'autres Américains

*L'industrie alimentaire sort victorieuse de la guerre de 1914-1918*

vont chercher des occasions pour revenir et les restaurateurs français d'après-guerre peuvent compter sur un potentiel de touristes à qui ils feront goûter ou regoûter la cuisine française. Voyager en France et manger chez soi sont devenus deux choses bien distinctes et l'époque de l'influence française en Amérique semble désormais révolue. Plus tard, des Français (faut-il les appeler "restaurateurs" ?) séduits par le self-service, tellement critiqué quand les Américains étaient en France, vont l'importer. Le "zinc" des cafés, nouveauté "bien de chez nous", en a peut-être facilité l'introduction puisque des clients acceptent de manger debout un sandwich, une tartine, voire un plat. Le rapprochement entre le zinc tellement représentatif de nos cafés et les selfs américains serait-il le signe annonciateur d'une américanisation de notre façon de nous sustenter ? Décidément, les guerres bouleversent tout !

1. Gabriel Perreux, *La Vie quotidienne des civils en France pendant la Grande Guerre,* Hachette, 1966.
2. La gastronomie progresse dans les périodes de pénurie car il ne faut rien jeter et la cuisinière recrée quelque chose de bon à partir de restes, par exemple des "croquettes de bœuf", du "bœuf en salade", du "hachis Parmentier" et autres hachis.
3. Cuite à la vapeur d'un bouillon de veau mouillé au vin blanc avec beaucoup de jus de citron (pour garder à la chair de la volaille sa blancheur), de fines lamelles de truffes insérées entre la peau et la graisse du volatile. La règle qui voulait que chaque table ait une poularde entière était maintenue. C'est la mère Filioux elle-même qui, armée de son couteau, découpait la volaille, table après table, sans que personne demande comment se faisait l'approvisionnement.
4. Alice Toklas, *The Alice B. Toklas Cookbook,* Michael Joseph Ltd., 1954.

## Le Ketchup et le Gratin

5. Mark Sullivan, *Our Times,* tome V, Charles Scribner.
6. En partant d'une boîte de soupe de champignons, d'une de thon émietté, d'une autre de petits pois et de beaucoup de nouilles que l'on recouvre de chapelure à gratiner.
7. Boulettes de viande de bœuf hachée et de chair à saucisse, relevées d'ail pilé et d'une sauce avec oignons, lardons, olives et piment de Cayenne. Arthur Comte – dans son livre *Joffre,* Olivier Orban, 1991 – qualifie le plat de "très relevé".
8. Arthur Comte (*op. cit.*) ajoute que les témoins admiraient sa capacité d'ingurgitation et "la lenteur ruminante avec laquelle il mastiquait les meilleurs morceaux pour mieux les savourer", le situant aux antipodes des manières des Américains.
9. Sobriquet ancien signifiant "simple soldat".
10. Ce sobriquet des soldats américains voulait-il dire qu'ils aimaient les *doughnuts* (pâte à beignets frite, farcie ou non de confiture, saupoudrée de sucre ou glacée au chocolat et qui s'écrit aussi *"donut"*. Littéralement, *"doughnut"* est une noix ["*nut*"] de pâte ["*dough*"]) ? Plausible puisque *"doughboy"* désigne quelquefois la pâtisserie en question, mais c'est une fausse piste.
11. Pas le "riz au lait" que l'on connaît en France, mais du riz cuit que l'on mouillait, à table, de lait froid ; sorte d'ancêtre des *rice crispies.*
12. *L'Illustration,* 20 septembre 1919.
13. Déformation de "Bouthion", nom de l'inventeur du récipient en forme de haricot.
14. *The Alice B. Toklas Cookbook, op. cit.*
15. Rapporté par André Kaspi, in *Le Temps des Américains,* Publications de la Sorbonne.
16. Jacques Meyer, *La Vie quotidienne des soldats pendant la Grande Guerre,* Hachette, 1966.
17. Fait à partir de farine de maïs, de lait, d'œufs, de beurre fondu, et parfumé avec de l'eau de fleur d'oranger.
18. Le recensement de 1860 (même pas soixante ans auparavant) dénombrait dans le Sud près de quatre millions d'esclaves.
19. Le livre *American Cooking, Southern Style,* Time Life Books, 1971, qualifie cette cuisine de "très caractéristique". Les légumes des pauvres n'auraient rien donné bouillis, et les bas morceaux de porc sont difficiles à griller, alors qu'en les faisant mijoter ensemble et en les assaisonnant on peut obtenir des choses fort agréables. Il s'agit d'une vraie cuisine.
20. Vocable inexistant à l'époque, recouvrant des plats de tripes, pieds de porc et autres abats, des préparations de *catfish* et des desserts à base de patate douce. Le *soul food* fait appel, nous dit Sheila Ferguson, dans un livre qui lui est dédié, à "tous ses sens […] sentir, goûter, toucher, voir, et plus encore entendre. Détecter le craquement qui amène à retourner le poulet qui frit, l'arôme qui dit de sortir les petits pains du four. […] Goûter plutôt que le mesurer".
21. Appelée "division de l'arc-en-ciel" parce qu'elle comportait des hommes de la garde nationale de chacun des États.

*L'industrie alimentaire sort victorieuse de la guerre de 1914-1918*

22. C'est la sauce qui fait les bons travers de porc au barbecue et les formules sont légion. Oignons et gousses d'ail émincés revenus dans de l'huile chaude, puis concentré de tomates et vinaigre, sel, poivre, thym, moutarde forte, bouillon de bœuf, sauce anglaise, miel versés dans la poêle, le tout réduit. Les travers de porc sont enduits de cette sauce avant de passer sur le gril du barbecue, puis sont retournés plusieurs fois en cours de cuisson, jusqu'à ce que la viande soit craquante.
23. N. Larsen, *156 recettes de boissons américaines simples et faciles, à préparer chez soi,* Librairie Nilsson, PerLamm Successeur, vers 1920.
24. Ce plat peut se faire à partir d'un morceau de viande à rôtir que l'on fait brunir dans une casserole avec du jus de viande, des petits oignons, des carottes, des pommes de terre. Cuit au four, dans la même casserole fermée, c'est le *pot roast*.

## ༄ *Chapitre VIII*
## *Et que buvez-vous avec cela ?*

> *"Dans l'art de la table, le vin a pris aujourd'hui la première place.*
> *Il ne s'agit pas d'une préférence mais d'un fait. Fait matériel :*
> *s'il est presque toujours facile de trouver les produits nécessaires à la préparation*
> *d'un plat, il est impossible de fabriquer sur l'heure une grande bouteille."*
> Raymond Dumay, *Guide du vin*, Tchou éditeur.

**San Francisco, 20 février 1915**
*Les viticulteurs à la Panama Pacific Exposition*

L'Exposition internationale du Panama Pacific présente les produits de vingt-neuf États américains et de vingt-cinq pays étrangers. Il est prévu plusieurs conférences et on attend quinze millions de visiteurs. Cette Exposition était un vieux projet que le séisme de 1906 avait fait avorter. Sa mise en chantier était la preuve de l'immense[1] dynamisme de la Californie et de sa grande ville, San Francisco. L'Exposition et les colloques étaient, pour les viticulteurs américains, une formidable plate-forme. Soucieux d'alerter l'opinion sur l'excellente boisson qu'était le vin dont le taux titrait une dizaine de degrés d'alcool, ils cherchaient à le différencier des boissons sortant d'un alambic. Il fallait le faire vite car le pays résonnait des sermons qualifiant l'alcool d'"instrument du diable" et l'alcoolisme du plus grand des péchés. Si la prohibition devait s'imposer un jour, il fallait dire très fort que boire quelques verres de vin ne conduisait pas à l'alcoolisme. Il est vrai que, dans certains milieux, on abusait de boissons fortes en alcool et d'"affreux mélanges, artificiellement fabriqués, qui [provoquaient] immédiatement l'ivresse". D'autres Américains refusaient l'alcool sous toutes ses formes, lui préférant l'eau glacée, comme ce "Yankee très authentique de vieille souche puritaine et d'un rang social élevé, qui, arrivé à l'âge de soixante ans environ, n'avait jamais bu ni vin ni liqueur²". Loin de ces deux extrêmes, les Américains pratiquaient une nette séparation entre le boire et le manger, buvaient un verre de *whiskey* ou un cocktail avant de se mettre à table, puis de l'eau glacée en mangeant. Le vin, boisson tempérée, pouvait s'apprécier comme accompagnement du repas, car il est moins nocif que les autres boissons alcoolisées.

L'attitude médiane était difficile à préserver du fait de l'augmentation du nombre des *saloons* – poussant comme des champignons aux endroits passants des grandes villes et dans les petites bourgades. C'est la prolifération qui était visée par les milieux issus de ce qu'André Siegfried a appelé l'Angleterre prêcheuse et pharisienne de la période victorienne. Il y eut ensuite un dérapage entre l'idée de réglementer les ouvertures de *saloons* et l'hostilité à toute boisson alcoolisée. Le prédicateur Billy Sunday, se croyant investi de la mission d'extirper "le meilleur ami de l'enfer" des habitudes de ses concitoyens, mobilisait les foules en faveur du régime sec. Il était convaincant, traitant l'amateur de petits verres "de pire ennemi de Dieu". Mrs. Stewart, de Springfield, réunissait ses amies devant un *saloon* pour chanter des cantiques et empêcher les gens d'entrer... jusqu'à acculer le propriétaire au dépôt de bilan. Plus radicale était Miss Carrie Nation, "terrifiante et vertueuse héroïne, à mi-chemin entre notre pucelle d'Orléans et Calamity Jane[3]", qui, la hache à la main, cassait tout dans les *saloons*. Les États avec une majorité pour le régime sec interdirent la vente du vin, au même titre que celle du rhum ou du *whiskey*. Pourtant, le vin était vendu dans les restaurants et presque pas dans les *saloons,* mais personne ne le disait assez fort. Pour s'opposer efficacement aux discours des prédicateurs, il fallait une stratégie commune. Dans le cadre de l'Exposition, les producteurs de vin organisèrent le Congrès mondial du vin, tremplin de la contre-offensive. On attendait des personnalités mais la guerre avait éclaté en Europe, interdisant aux experts de venir. On déroula donc le programme avec moins de participants et on fit visiter les chais de Californie.

*Spumante d'Asti (Californie) ou d'Asti (Italie) ?*

La tournée partait de San Diego : le climat ne convient pas aux raisins à vocation vinicole mais permet de produire de bons raisins secs. Des petits exploitants faisaient un vin destiné à la distillerie à partir d'un cépage de raisins sans pépins, Thompson Seedless. Les congressistes visitèrent sans s'y attarder le plus grand des petits domaines et continuèrent en direction de Los Angeles, s'arrêtant à *La Grande Station*[4], d'un intérêt touristique mais pas vinicole. Puis ce fut la visite de l'immense vignoble de Secondo Guasti, un *Italian American* qui avait préparé un somptueux repas dans les caves de l'Italian Vineyard Company créée en 1894. Le discours à l'issue du repas évoqua la lutte contre le phylloxera et "contre les propriétaires d'orangeraies", mis pour l'occasion dans le même sac. Rassasiés et impressionnés par le plus grand vignoble qui ne leur avait jamais été donné de voir, les participants se mirent en route vers San Francisco et firent une halte à Fresno, région convertie à la viticulture par un Scandinave, Francis Eisen, qui préférait sans doute le vin à l'aquavit. Eisen symbolisait le type de conversion dont rêvait le congrès. Après une sélection des cépages s'acclimatant bien et la production d'un vin riche en alcool dû au fort ensoleillement, la vigne se développa avec, ici et là, la construction de magnifiques demeures dignes des grands châteaux bordelais. Fresno est ainsi devenue une région produisant des vins doux (pas très bons) et d'autres de coupage destinés à améliorer les vins plus acides. Des aires de stockage et une organisation logistique plus proches de l'industrie que de la viticulture furent nécessaires pour gérer les volumes expédiés.

En route pour San Francisco où devait se tenir la "journée du Vin", les congressistes firent deux visites mémorables : les vignobles de l'Italian Swiss Colony et les chais de la California Wine Association. L'idée d'une association de viticulteurs regroupant sous une marque unique la production de plusieurs domaines, pour ne plus vendre en vrac à des prix qui chutaient, s'est réalisée concrètement. On montra aux visiteurs des dépôts où dormaient dix millions de gallons de vin, qui pouvaient être chargés, à partir d'un véritable terminal ferroviaire, dans des wagons à destination de toutes les villes des États-Unis, ou embarqués sur des cargos accostés le long d'un quai en eau profonde. Les visiteurs de l'Italian Swiss Colony furent frappés par le nom de la localité, baptisée Asti, que tout le monde croyait être située dans le Piémont et pas dans le comté de Sonoma. Le summum de l'enthousiasme fut atteint quand on présenta la plus grande citerne *in the world*, d'une capacité d'un demi-million de gallons. Les visiteurs goûtèrent des échantillons de vins produits, dégustèrent le moscato pétillant qui, selon le maître de chais, surpassait les bouteilles italiennes, et on termina par une dégustation de grappa, distillée sur place. Les congressistes repartirent après un plantureux déjeuner arrosé de vins servis dans des bouteilles habillées de paille tressée, comme celles du chianti produit en... Californie.

La tournée ne comportait pas la dégustation d'un vin que les Californiens doivent à un noble hongrois, le comte Agoston Haraszthy de Moksca. Militaire à la cour de Vienne, il est obligé de quitter l'Autriche précipitamment du fait de son nationalisme. Il débarque aux États-Unis, avec deux cent mille pieds de vigne de mille quatre cents espèces différentes, et produit un vin qui ne ressemble à rien de connu, le *zinfandel*. Les États-Unis doivent donc à un Autrichien, pardon, à un Hongrois, pardon encore, à un homme né à Futak, qui se trouvera plus tard à l'intérieur des frontières de la Yougoslavie, ce vin original. Tout le monde y croyait et, en 1946, est érigée sur une place de Sonoma une statue en hommage au père de la viticulture californienne. Mais des universitaires curieux[5] n'eurent pas la preuve de l'introduction en Californie par Agoston Haraszthy du *zinfandel*, ne trouvant pas même l'acte officiel attestant de son titre de comte. Ils mirent fin à la légende du père de la viticulture californienne, du comte, du colonel hongrois (ou autrichien ou yougoslave), mais la statue est toujours là comme pour indiquer que les légendes ont la vie dure. Il reste que Haraszthy a été un bon exploitant de l'un des plus beaux vignobles de la vallée de la Sonoma, les Buena Vista Vineyards.

Dans son périple, le congrès avait valorisé l'histoire courte et incomplète du vin de Californie ; courte si on ne compte que la période où la Californie était américaine, et incomplète parce qu'on avait omis les vins plus fins des propriétés plus petites situées dans les fraîches vallées de la Napa. En dehors de la Californie, les États-Unis ne comptaient pas de vignobles de la taille de ceux visités ni d'installations comparables. Après avoir bien travaillé, les participants méritaient de se détendre un peu. Ils avaient rempli leur mission d'information auprès des vingt millions de visiteurs (au lieu des quinze prévus) sans avoir réussi à convertir le pays aux charmes du vin et sans arriver à ce qu'il soit exclu des lois prohibitionnistes. Le *Palace Hotel* de San Francisco avait une carte des vins plus variée qu'avant le séisme, comportant des crus plus prestigieux que ceux que les congressistes avaient goûtés dans leur périple. Sa salle à manger brillait de mille feux et offrait une cuisine plus agréable, plus californienne que celle des copieux banquets du voyage. Parmi les salades, la victoire revenait à la *Palm Court salad*, mêlant des crevettes décortiquées et des fonds d'artichaut, des tomates et des œufs mimosa, le tout assaisonné d'une mayonnaise au citron et relevé de Tabasco. Ce plat unique clôturait agréablement le congrès et faisait le contrepoint aux repas des banquets.

### Bordeaux, novembre 1918
*Effets de la prohibition américaine à Bordeaux*

L'armistice venait d'être signé, mais la joie de retrouver la paix était assombrie par des perspectives moroses dans le négoce bordelais des vins. Plus de marché allemand ; le Russe, client traditionnel des vins du Sauternais, était perdu pour cause de révolution ; et voilà que le législateur américain préparait des lois qui allaient interdire l'importation du vin. Le processus amorcé au Sénat en août 1917, retardé par l'entrée en guerre, repart par la ratification du 18e amendement[6]. Le vin devient donc hors la loi malgré les arguments alignés par le Congrès mondial du vin. Sont interdits "la fabrication, la vente, le transport de boissons enivrantes à l'intérieur de tout le territoire des États-Unis [ainsi que] leur importation et leur exportation". Tout de suite avant la prohibition, l'agitation monte de plusieurs crans car les textes autorisent les particuliers à consommer chez eux les boissons alcoolisées acquises avant l'entrée en vigueur de la loi. Ceux-ci se précipitent chez les marchands pour acheter les stocks existants. La direction de l'hôtel

*Vanderbilt* de New York offre, dans la soirée du 16 janvier 1920, du champagne à tous et, à la centième caisse, l'orchestre entame *Good Bye Forever*. À Chicago, les bars sont combles pour dire adieu à l'Amérique humide, et à San Francisco le vocable de *glorious festivals* – qualifiant les flots d'alcool qui ont coulé – est né cette nuit-là. Après les douze coups de minuit, le rêve s'arrête, comme pour Cendrillon, et plus personne n'a le droit de produire, servir ou stocker des boissons contenant plus de 0,5 % d'alcool.

L'entrée en vigueur du régime sec aux États-Unis, c'est la traversée du désert pour le commerce des vins de Bordeaux et elle va durer pendant cinq vendanges consécutives. Le jeune baron Philippe de Rothschild devient précisément, en 1920, le responsable de la propriété familiale qui produisait Mouton et décide, lui le Parisien, de s'installer sur place pour insuffler à l'affaire une nouvelle impulsion. L'entreprenant jeune homme part d'une situation difficile et remet en cause les habitudes qui prévalaient alors. Son pauillac prestigieux avait été classé deuxième cru en 1855, sur cinquante-huit crus bordelais sélectionnés et classés en cinq niveaux. Or, avant et après 1855, on ne savait pas toujours s'il y avait concordance entre le contenu d'une bouteille de cru classé et son étiquette. La production médocaine était vendue en barriques à des négociants qui assuraient l'embouteillage. Les manipulations étaient possibles ; quand les clients étaient nombreux à se plaindre, on y pensait forcément. Des restaurateurs de renom comme *Paillard* expliquaient la mévente des vins de Bordeaux par le peu de confiance que les clients prêtaient aux étiquettes. Les médecins conseillaient aux patients de boire de l'eau minérale à la place du vin, parce que l'"on ne sait plus ce qu'il contient". Les plaintes ne sont pas récentes et, avant la guerre, un expert s'était écrié au cours de son intervention au Congrès international du vin (Liège, 1905) : "Saint-Julien ne désigne plus seulement la commune de ce nom, mais des mixtures de toutes provenances." L'Angleterre, marché traditionnel des clarets de Gironde, enregistre une hausse de la consommation de whisky, que confirme le gérant de *Voisin,* restaurant réputé pour sa cave : "En Angleterre, on ne boit que de l'eau et du whisky."

*Il faut garantir la qualité du vin et le vendre*

Le baron Philippe revient sans cesse sur la question de savoir pourquoi son château, Mouton, n'a pas été classé au même niveau que les premiers Lafite, Latour, Margaux et Haut-Brion[7]. Il pensait qu'il fallait contrôler la mise en bouteilles et c'est ainsi que ses vins vendangés en 1924 ont eu une étiquette mentionnant que "toute la récolte [était] mise en bouteilles au château". En adoptant cette voie, les propriétaires luttaient contre "les manœuvres tendant à tromper l'acheteur sur la qualité ou la provenance de la marchandise vendue". Un groupement de vignerons décidés à mettre leurs vins en bouteilles au château est créé avec Haut-Brion et Château Margaux, plus tard avec Latour, Lafite et Yquem. Le Syndicat des grands crus classés du Médoc adopte la même ligne de conduite en 1927. Mais ce n'était pas suffisant. Il fallait informer pour mieux vendre et on invita des journalistes à Château Margaux pour un somptueux repas arrosé de beaux vins. C'est ainsi que naquit l'idée d'une "journée de la presse et des grands crus où les plus novices avaient appris [à cette occasion] à faire convenablement tourner le vin dans le verre et à y plonger le nez d'un air entendu avant de boire[8]". Maurice des Ombiaux salue cet effort dans son langage ampoulé : "La table moderne, qui allie la cuisine et les vins en des expressions infiniment nuancées, a trouvé des raffinements inconnus de nos pères." D'autres causes font grimper les cours, ce qui assainit la situation financière des châteaux, et les vins fabuleux de 1928 et 1929 parachèvent cette remontée. "Depuis la guerre, on est redevenu plus sensible aux plaisirs de la table ; la gastronomie a repris ses droits et les offensives d'un prohibitionnisme imbécile nous ont, par un juste retour, ramené vers les joies dionysiaques du jus de la treille[9]."

Les autorités fixent les conditions pour accéder à l'appellation d'origine contrôlée (A.O.C.). C'est encore peu de chose par rapport à la production totale des vins en France. Les paysans[10] boivent leur propre vin, pas toujours bon, et mangent la soupe que la paysanne, hostile à la cuisinière moderne, continue de préparer dans la cheminée, bien loin des mariages élaborés entre mets et vins. Des citadins achètent chez un viticulteur une pièce de vin qu'ils mettent en bouteilles chez eux, mais la majorité s'approvisionne dans les épiceries, auprès du bougnat ou du caviste. On se plaint de la nocivité du vin et les publicitaires oublient le goût pour s'attacher au "velours de l'estomac". Des boutiques jouent le rôle de conseillers, comme les établissements Nicolas qui publient de magnifiques tarifs et de belles plaquettes éducatives, mais ils constituent une exception. Le volume du vin d'Algérie importé franchit, dans les années trente, le cap des vingt millions d'hectos, ce qui le fait entrer dans tous les mélanges – on en retrouve même dans des flacons venant de terroirs réputés. Les vins à bas prix débités dans des estaminets[11] poussent à la baisse des prix et aux abus, comme mouiller le vin pas très bon pour le rendre franchement mauvais.

*Le vignoble à domicile pour faire son vin*

Les bruits persistants d'une fin proche de la prohibition aux États-Unis amènent les grands professionnels à faire le voyage. Ils constatent que le goût du vin s'était bien dégradé durant les années de régime sec et que les bons restaurants des grandes villes américaines avaient fermé. "Les lumières de l'hospitalité viennent de s'éteindre", avait titré le *World,* au lendemain du dernier dîner chez *Delmonico* (mai 1923). Les restaurants servaient du café ou une boisson gazéifiée sucrée, et les clients rentraient à la maison pour boire du vin fabriqué par eux ! L'écart entre l'attitude du Français à table et celle de l'Américain s'étant encore creusé, il semblait difficile de redonner, sans bons vins, sa place au patrimoine culinaire français exporté. Avant la prohibition, la population laborieuse urbaine trouvait son bonheur dans les *free lunches,* repas gratuits que les *saloons* offraient pour pousser la clientèle à boire. La disparition de l'institution entraînait celle des viandes froides, soupes, fromages et autres plats, salés à souhait (pour donner soif), placés sur les comptoirs. Il fallait trouver autre chose pour déjeuner et les investisseurs parièrent sur les *cafeterias* blanches, tenant plus du laboratoire que du restaurant, et sur des restaurants à thème. Les *MacDougall Coffee Shops* font dessiner un "village italien" pour leur restaurant de New York, habillent les serveuses en paysannes italiennes (revues par un styliste yankee) et continuent à servir des œufs frits au bacon. Un concurrent met au centre de son restaurant une "piazzetta entourée de fausses devantures d'immeubles (italiens) avec une imitation de façade de cathédrale[12]" !

    Face à la mévente, les vignobles américains se convertissent dans la production de fruits et de raisin de table. *Pleasant Valley Wine Co.,* dont l'adresse postale était Reims (État de New York) – rappelons-le –, vend du jus de raisin non fermenté provenant "exclusivement de raisins à champagne" ! Comme il n'était pas interdit de boire de l'alcool chez soi, des viticulteurs, devenus "fabricants de produits pharmaceutiques", arrivent jusqu'au domicile du patient avec du jus de raisin ensemencé de levures pour transformer, avec effet de retard, le sucre du jus en alcool. Les étiquettes comportaient d'ailleurs une mise en garde : "Attention ! Le liquide contenu dans ce récipient peut fermenter et se transformer en vin" (sans rapport avec le goût du vin). La consommation de ces lointains substituts entre 1925 et 1939 a été estimée à "plus de six cent soixante-dix-huit millions de gallons de vin, soit trois fois plus que tous les vins importés ou produits aux États-Unis durant les cinq ans avant la prohibition[13]". La fabrication à domicile s'est poursuivie après la fin du régime sec, au grand désespoir des marchands de vin. D'autres viticulteurs fabriquent, à partir de leur vin, des toniques vendus en pharmacie contre "les cas d'anémie, débilité, lassitude générale, perte d'appétit, faiblesse et chocs nerveux, foie inactif, convalescence". La posologie variait suivant les "laboratoires". Turner Wine Company incite le "malade" à "en prendre jusqu'à ce que la santé redevienne normale". De même, les "vins du culte" ne furent jamais autant consommés que durant la prohibition, sans doute parce que le péché était pardonné du même coup. Tous ces substituts du bon vin ont sérieusement fait reculer le savoir-boire (à la française) des Américains.

*Les bars clandestins servent aussi à manger*

L'ouverture de bars clandestins, les *speak-easy*, rares au début et plus nombreux au fil des ans[14], succéda à la fermeture des *saloons*. La porte anonyme, que l'on entrouvrait pour entendre le mot de passe, a été remplacée par des enseignes de *tea room* ou de *coffee shop* qui n'offraient ni thé ni café. Pour attirer la clientèle, quelques tenanciers invitèrent un orchestre de jazz, car le charleston donnait soif, et d'autres ajoutèrent de quoi manger, mais sans vin, car il était plus facile de transporter des liquides contenant plus d'alcool à volume égal. Quelques adresses de bars clandestins étaient aussi de bonnes tables, comme *Le Fronton* au 42 West Forty-Ninth Street. Le nom difficile à prononcer fut remplacé par *42ᵉ Rue* et quand ce *speak-easy* déménagea au 21 West Fifty Second Street, on fit la même chose et on l'appela *21*. L'un des restaurants les plus chers du New York de la fin du siècle, le *Club 21,* était donc né à l'âge de la prohibition. Les cocktails inventés dans les bars clandestins s'exportèrent, malgré les conseils des Français qui voyaient un danger dans ces mixtures nées dans la clandestinité. "Et qu'est-ce qu'au juste d'ailleurs un cocktail ? Tout entre dans cette mixture, tout ce qu'il y a d'alcool, fût-il d'industrie, d'essence, fût-elle à brûler. […] Ne jetez plus vos vieux coulis, vous les associerez au jus d'une côte de bœuf, pour le *beefcocktail*[15]."

## Atlanta (Géorgie), 1919
*Le Coca-Cola s'est appelé french wine of cola*

Quand Asa Candler annonça qu'il comptait céder les actions de sa société pour vingt-cinq millions de dollars, on pensa qu'il n'était pas réaliste, parce que ce prix, quatorze mille trois cents fois l'investissement initial, était beaucoup trop élevé. Il tint bon néanmoins et finit par s'entendre avec un Géorgien comme lui, E. Woodruff, qui paya la somme. Des transactions de cette taille n'étaient pas courantes à Atlanta et personne n'aurait osé prédire que les profits de la société dépasseraient ce prix que l'on croyait démesuré. L'objet de cette croissance fulgurante était un sirop baptisé *french wine of cola* en 1886 par un pharmacien d'Atlanta, John Pemberton. Ce sirop était supposé soigner la dyspepsie, tellement courante dans un pays où les gens mangent trop vite. Les pharmaciens, héritiers de la tradition des apothicaires, utilisaient le vin pour extraire des plantes aromatiques les constituants jugés bénéfiques. Ces médicaments devenaient parfois, grâce à leurs vertus apéritives ou digestives, des "vins herbés". Les Saint-Raphaël Quinquina et autres Dubonnet ne se différencient que par le dosage des plantes, graines et écorces utilisées, ainsi que par le degré d'alcool. On est passé à l'alcool pur, au lieu du vin, pour faire macérer avant distillation des herbes riches en essence. L'élixir inventé par un médecin suisse dosant d'une façon savante grande et petite absinthe, gentiane, fenouil, anis et mélisse pour stimuler l'appétit se place dans cette lignée. Ses patients disaient être "radicalement guéris"… ce qui conduisit à l'absinthe[16], ancêtre des apéritifs anisés. Ces préparations existaient déjà dans les monastères, où des religieux cherchaient à soigner "indigestion et vomissement, colique, obstruction, point de côté et de mamelle, oppression de rate et dégoût, tournoiement de cerveau, rhumatisme, courte haleine[17]". La Bénédictine et la Grande-Chartreuse n'ont pas d'autre origine.

Pemberton retira l'alcool de sa potion, en modifia la composition, la destina non plus aux fonctions digestives mais au cerveau (*brain tonic*!), et enfin supprima le qualificatif *french wine*. Les ventes ne décollèrent pas pour autant, alors que des concurrents comme Coca Coffee ou Cocafeine continuaient d'occuper le marché. Une pharmacie voisine équipée d'une fontaine de *soda water*[18] lui offre de vendre le sirop au verre avec de l'eau pétillante. Ces "fontaines à soda" étaient équipées de plusieurs réservoirs à sirop et le sirop de Pemberton fut casé dans l'un d'entre eux, pour être vendu comme boisson capable de combattre la langueur provoquée par le climat. Il fallait lui donner un nom… On écrivit, en utilisant une typographie ronde : *Coca* (feuilles de cacaotier) et *Cola* (noix de kola). Le nom, ou son graphisme, devait avoir des vertus puisque les ventes sont montées jusqu'à… treize verres par jour !

*La pharmacie concurrence les saloons*

Les affaires étant ce qu'elles sont, Pemberton cède sa formule secrète à Asa Candler, qui en fait tout simplement une boisson rafraîchissante avec le slogan *"Delicious and refreshing"*. Asa cède ensuite les droits d'embouteillage à des industriels, à la seule condition qu'ils achètent le sirop chez lui. C'est ainsi que Coca-Cola sort de sa Géorgie natale. Le territoire des ventes s'agrandit et, pour que le produit soit reconnaissable, Asa choisit une forme de bouteille proche du profil corseté de la femme de 1916. Quand il fixe son prix de vingt-cinq millions de dollars, Asa a en mémoire le chemin parcouru et il sait que le dix-huitième amendement va favoriser les boissons sans alcool. S'il avait pu rêver à la moitié ou au quart de la taille qu'allait avoir sa marque, il aurait demandé un prix encore plus élevé. Cette boisson conçue dans une pharmacie d'Atlanta fera connaître la ville au monde entier, plus efficacement que ne l'a fait la pêche ou son jus, qui ont pourtant donné à l'État de Géorgie son surnom de *Peach State*.

Pour revenir à la pharmacie, il peut paraître curieux que l'on y serve des boissons et des produits pharmaceutiques. Mais peu à peu, les deux choses se séparèrent : d'un côté, le "débit de boissons sans alcool", autour d'une belle *soda fountain* agrémentée de statues pour qu'elle soit bien visible, et un autre coin pour préparer des ordonnances. Avec le régime sec, le nombre de "médicaments contenant de l'alcool" augmenta et le drugstore permettait de boire des vins aromatisés à l'écorce de quinquina sans aller au saloon, gardant ainsi sa respectabilité. Par ailleurs, pour mieux utiliser leur *soda fountain,* des pharmaciens eurent l'idée d'incorporer de la crème glacée dans un verre contenant l'insipide eau pétillante. C'est ainsi qu'est né l'*ice cream soda*, qu'un voyageur français[19] qualifia de ciment de l'unité nationale. D'autres préparèrent un breuvage plus moelleux encore en remplaçant l'eau gazéifiée par du lait. Le lait aromatisé qu'on appela aussi lait frappé, ou lait malté, dépassa en volume les ventes de l'*ice cream soda*. Les fournisseurs proposèrent des substituts (déjà) pour améliorer la présentation du *milk-shake,* qui devint par contractions successives *shake*. Quand les jeunes en avalaient un ou deux dans l'après-midi, ils n'avaient plus très faim à l'heure du dîner. Cette boisson (ou ce plat ?) a contribué au fil des ans à destructurer les rythmes alimentaires[20]. Les *shakes* poussent le drugstore à offrir une gamme de choses simples à préparer et rapides à consommer. Le gobelet et l'assiette en carton vinrent au secours du pharmacien pour supprimer la corvée de la vaisselle[21]. Ray Kroc, qui avait été pianiste pour le plaisir des *doughboys* en France, était devenu à la démobilisation vendeur de "vaisselle servant une fois" et il convertit bien des pharmaciens à l'utilisation de la vaisselle en carton, avant de devenir le père du hamburger industriel.

**Paris, 1919**
*Le non-goût de la vodka Smirnoff est sa qualité*
Les Russes réfugiés en France après la révolution d'Octobre bénéficiaient du crédit forgé par l'alliance franco-russe, par la visite de la flotte russe à Toulon et par le fait que les républicains gardaient pour les empires une secrète admiration. Ce crédit, entretenu par les relations des deux pays jusqu'en 1917, a créé en France une sorte de russomanie. La table n'échappait pas à la contagion et utilisait le mot "bistrot", venant du russe[22], des marques comme les entremets Franco-Russe, et surtout donnait le surnom "Curnonsky" au prince élu des gastronomes, Maurice-Edmond Sailland. Cette habitude sévissait également dans bon nombre de restaurants qui avaient choisi une cuisine qui se voulait d'inspiration russe, *Le Caneton* par exemple, au 3, rue de la Bourse, qui servait "les meilleurs plats russes de Paris, le fameux *bortsch* (ce potage aux betteraves servi avec de la crème), l'esturgeon froid sauce raifort, les côtes de volailles Kieff[23], les *schachlins* de mouton, le caviar frais accompagné des célèbres blinis".

Pour fournir à ses compatriotes de la vodka fabriquée sur place, le prince Tzitzianoff s'associa au plébéien Melikof qui maîtrisait les techniques de la distillation. Il tenta aussi de la vendre aux Français, mais cette eau-de-vie ne les intéressait guère. Vladimir Smirnoff, qui dirigeait une célèbre distillerie moscovite fournissant la cour impériale en vodka, s'était lui aussi lancé dans la même aventure mais il ne parvint pas plus à vendre aux Français cette boisson incolore comme l'eau. Il abandonne, part pour les États-Unis, où il s'associe avec un autre exilé comme lui et entrevoit, avec la fin du régime sec, une petite place pour la vodka. La déception fut aussi grande qu'en France et les pertes prirent ici des proportions américaines ! Les deux distillateurs associés venus de Russie cédèrent leur formule "secrète", les étiquettes marquées au sceau des quatre aigles impériaux et leur petit alambic à un marchand de spiritueux, Heublein, qui était loin d'être le géant qu'il allait devenir à la fin du siècle. Ce n'est qu'après la seconde guerre mondiale qu'un bar de Los Angeles, le *Cock'n'Bull Tavern,* lance un mélange de vodka (sans goût) Smirnoff, de *ginger ale* et de jus de citron, baptisé *Moscow mule,* et réussit. Autant la vodka insipide ne séduisait personne, autant elle devenait intéressante avec le jus de citron qui gardait son goût dans le mélange. Quelqu'un d'autre noya un petit verre de vodka dans un grand verre de jus d'orange et le surnomma le *screwdriver...* Ce tournevis permit d'ouvrir bien des portes. À Paris, le barman du *Harry's New York Bar* prépare un jus de tomate très relevé, y ajoute une lampée de vodka et le *bloody mary* commence sa carrière mondiale. Ces trois cocktails font monter les enchères aux États-Unis et à l'étranger.

*Oublier le goût tourbé du whisky de papa*

À l'origine de la colonisation du continent américain par les Anglais, les premières soifs furent étanchées par de la bière que savaient faire les Pères Pèlerins, par du gin introduit par les Hollandais de Nieuw Amsterdam et par du rhum tiré des mélasses importées des Caraïbes. Bien plus tard, les Écossais et les Irlandais installés en Virginie et au Maryland utilisèrent les méthodes de distillation du whisky. Il durent y apporter quelques retouches car il n'y avait pas de

*Et que buvez-vous avec cela ?*

tourbe en Virginie, ce qui rendait impossible la fabrication d'un whisky "comme en Écosse", marqué par le goût de fumé de ce combustible. Ils essayèrent diverses formules de bouillies de fermentation (maïs et seigle), qui ne donnaient pas, à la distillation, le même alcool que celui issu de la bouillie d'orge : ces tâtonnements aboutirent, à la fin du XVIII$^e$ siècle, à une eau-de-vie nouvelle. La diffusion du *whiskey* passa par de nombreuses lampées avalées par les cow-boys, les bûcherons, les chercheurs d'or et les citadins, et sa consommation dépassa celle du rhum. Le *whiskey* était âpre, presque rugueux, souvent amer et illustrait bien la définition de "tord-boyaux".

Le seigle apporte la rusticité (comme le pain de seigle par rapport au pain de froment), l'orge adoucit l'amertume, et le maïs encore plus. Trop de seigle et le *rye whiskey*[24] est impossible à boire. L'utilisation exclusive des grains de maïs donne une eau-de-vie sans structure, un peu douceâtre : le *corn whiskey*. Un bon *whiskey* est donc le résultat d'un dosage équilibré de différents grains qui fermentent ensemble dans des proportions qui assurent le caractère propre du produit. Pour exalter les arômes du *whiskey*, on peut ajouter avant la distillation des levures (*sour mash*) prélevées sur des bouillies antérieures, ce que fait le *whiskey* du Tennessee, Jack Daniel's. Le *bourbon* s'appelle ainsi parce qu'il a été produit, la première fois, dans le comté du Kentucky baptisé Bourbon, en l'honneur de l'aide que les Français ont apportée à la jeune nation. N'est-ce pas un paradoxe que le grand obstacle à la diffusion du vin, et donc du vin français, aux États-Unis, soit le bourbon, ainsi appelé en hommage à la France ? Le bourbon est vieilli en fûts de chêne neufs, flambés, et c'est l'alchimie entre l'alcool et le bois brûlé du chêne qui lui donne son goût particulier. On ne doit rien ajouter au bourbon, que de l'eau de source pour abaisser le niveau d'alcool des 80° aux 40°/50° qu'il doit avoir en bouteille. L'État du Kentucky produit 80 % des bourbons, mais les distilleries ne sont plus installées dans le périmètre du comté qui porte ce nom. Certains whiskys (*7 Crown* ou *Calvert Reserve*) ont les premières places dans le volume des ventes, parce que les *blends* ont été conçus pour plaire au plus grand nombre, mais un large public n'aimera jamais un bourbon pur (*straight*[25]). La souplesse de certains blended american whiskys est accentuée par de la glace pilée (*"on the rocks"*), et encore plus par l'eau gazeuse qui complète la noyade. Un bon bourbon doit être bu avec deux fois son volume d'eau plate, point final !

Les whiskys conviennent bien à la confection de cocktails, mais si on cherche à donner la prépondérance au goût du fruit, il ne faut pas que le goût de l'alcool utilisé intervienne. Des alcools plus neutres, gin ou rhum (Bacardi) conviennent mieux, mais les classiques Manhattan et Old Fashioned faits avec du bourbon continuaient, en 1933, à occuper les premières places dans le hit-parade des cocktails. Le goût établi est difficile à changer, ce qui laissait peu de place à la vodka, d'autant plus que le gin et le rhum blanc occupaient le reste du terrain. La direction de Heublein, qui avait attendu trente ans pour que pointe le succès de Smirnoff, choisit un agent de publicité qui va chatouiller la corde puritaine qui sommeille chez l'Américain. Le manque de goût (défaut) de la vodka est magnifié en qualité par l'absence d'haleine chargée (*"It leaves you breathless"*). On peut donc en abuser sans que les autres le sachent. Les quatre cent mille litres de vodka consommés par an avant 1950 sont multipliés par cent, dix ans après. Les ventes de Smirnoff dépassaient, dans les États-Unis des années quatre-vingt, celles de toutes les marques de whiskey. Une partie des sommes engrangées par Heublein, grâce aux marges de la boisson des tsars, est utilisée pour acheter des vignobles ! Des signes d'intérêt pour le vin étaient en effet visibles aux États-Unis.

1. Territoire équivalant aux trois quarts de la France avec, à l'époque, une population de deux millions d'âmes.
2. Paul de Rouziers, *La Vie américaine,* Firmin-Didot, 1892.
3. Gabriel Domenech, *Éloge de l'ivresse,* Albin Michel, 1981.
4. Cette gare, affublée de son nom en français, a existé jusqu'en 1953.
5. Thomas Pinney, *A History of Wine in America from the Beginning to Prohibition,* University of California Press, 1989.
6. Il le sera en janvier 1919.
7. Mouton deviendra officiellement premier cru en 1973.
8. Le dessinateur humoriste Sennep, rapporté par René Pijassou dans *Le Médoc,* Tallendier, 1980.
9. Maurice des Ombiaux, *L'Amphitryon d'aujourd'hui,* Dorbon Aîné, 1936.
10. Le nombre relatif de paysans diminue depuis le début du siècle, mais compte pour la moitié de la population française.
11. Leur nombre atteint, dans les années vingt, le chiffre record du demi-million (cafés, estaminets, caboulots, bistrots), ce qui donne aux villes le ratio le plus élevé du nombre de débits par centaine d'habitants et plus dans les quartiers populeux.
12. Robert A.M. Stern, *Architecture and Urbanism between the Two World Wars,* Rizzoli New York, Monacelli Press, 1995.
13. John Kobler, *Ardent Spirits,* Putnam, 1973.
14. Trente deux mille *speakeasies* remplacèrent à New York les quinze mille *saloons* d'avant la prohibition.
15. Plaquette *À la gloire des vins de France* publiée par les Établissements Nicolas, 1930.
16. Trois cent soixante mille hectolitres ont été produits en 1910 et consommés dans la Région parisienne, dans le Jura et dans le midi de la France. L'absinthe sera interdite en 1915.
17. Maurice des Ombiaux, *Le Nobiliaire des eaux-de-vie et liqueurs de France,* Dorbon Aîné, 1927.

## Le Ketchup et le Gratin

18. Waverley Root et Richard de Rochemont, dans *Eating in America,* Eco Press, 1976, estiment que c'est un pharmacien de Philadelphie d'origine française, Eugène Roussel, qui aurait été le premier, vers 1838, à aromatiser l'eau gazeuse de la *soda fountain*.
19. Urbain Gohier, *Le Peuple du XX<sup>e</sup> siècle,* Fasquelle.
20. À la fin du siècle, quand la diététique devient à la mode, on donne aux boissons coupe-faim, permettant de sauter un repas, la texture et le goût d'un milk-shake. Ces produits seront vendus en pharmacie, juste retour des choses.
21. Car le concept même d'une pharmacie exclut les locaux et le matériel affectés à la plonge.
22. Même si les puristes de l'étymologie contestent cette appartenance.
23. Écrit de cette façon dans une annonce parue dans *Le Figaro* de l'époque et qui ne dit pas non plus "*schachlik*".
24. La réglementation fédérale autorise l'appellation "*rye*" à partir de 51 % de seigle.
25. Le "*straight whiskey*" provient d'une seule distillation faite par une distillerie unique. Il est aux alcools de grains américains ce qu'est le pur malt au whisky écossais.

## Chapitre IX
## *Tout va plus vite, et les repas n'échappent pas à la règle*

*"Durant les heures de cotation à la Bourse, j'ai vu (aux États-Unis) des millionnaires debout, avec pour tout repas un sandwich de* corned-beef.*"*
Ali Bab, *Dictionnaire de gastronomie pratique.*

### Villacoublay, le 8 février 1919
*Du champagne sur le premier vol Paris-Londres*

On avait converti le bombardier Farman Goliath en avion civil de transport en y mettant des fauteuils en osier pour que les premiers voyageurs du Paris-Londres soient installés confortablement. On avait aussi remis à chacun d'eux, au départ de Villacoublay, un panier contenant une bouteille de champagne et des canapés au jambon, mais les douze privilégiés ont par la suite parlé des trois heures de parcours sans évoquer le repas. On aurait pu ne pas donner à manger aux passagers pendant le voyage, mais il fallait ne pas laisser aux trains et aux paquebots l'avantage de nourrir les voyageurs en route. On s'était résolu à adopter les sandwiches au jambon préparés à l'avance et faciles à consommer…

et la bouteille de champagne était là pour ceux qui auraient trouvé à redire ! Les choses allèrent plus vite dans le domaine de l'aviation civile (et dans celui des repas servis en avion) entre le premier Paris-Londres et 1933, date de création d'Air France avec un réseau de 38 000 km et une flotte de deux cent cinquante-neuf avions.

Les compagnies maritimes reconstituent dans les années vingt et trente leurs flottes, parce que les voyages transatlantiques s'adressent à plus de gens. Ce ne sont plus les seuls nobles ou rois de la finance qui voyagent, mais des industriels, des aviateurs, des héros de la guerre et des sportifs célèbres. La cuisine sur les paquebots diffère selon les classes : en troisième, les plats simples "prennent la place du caviar et des *bouchées à la Pompadour* des premières[1]". Le lancement des nouveaux paquebots est un événement attirant des centaines de milliers de personnes, comme ce fut le cas dans le port de New York, le 3 juin 1935, à l'arrivée du *Normandie,* le "plus grand et le plus luxueux paquebot transatlantique[2]". La traversée du monstre de 313 mètres de long et de 40 de large s'était faite à une vitesse moyenne de 29,7 nœuds. Le *Normandie* se voyait attribuer le Ruban bleu du record de vitesse de la traversée ; s'il y avait eu un trophée de la meilleure table flottante, il l'aurait aussi ravi. Les mille deux cent cinquante personnes (équipage et personnel de service) permettent de prodiguer les meilleurs soins au millier de passagers. On s'émerveille du confort des appartements, on emploie des superlatifs pour décrire les salles à manger, leurs portes monumentales[3], les verres des plus prestigieuses cristalleries et les services de table en vermeil. Le montant de l'investissement (connu) et les coûts de fonctionnement (supputés) font du "*Normandie* une entreprise difficile à rentabiliser, [mais c'est] une splendide et onéreuse publicité pour la belle France"[4].

Ce paquebot est également un vecteur publicitaire unique pour

*Tout va plus vite, et les repas n'échappent pas à la règle*

la cuisine française avec tous les jours quinze hors-d'œuvre, cinq potages, des œufs préparés de quatre façons différentes, une spécialité régionale, trois grillades (brochette de foies de volaille, steak grillé, *mutton chops* grillés à l'anglaise), deux préparations de poisson, le buffet froid avec cinq jambons différents, du homard froid, du foie gras, du blanc de dindonneau et un plat rustique comme le bœuf mode en gelée. Trois plats de légumes, cinq préparations de pommes de terre accompagnent le plat principal, cinq sortes de pâtes, deux types de salades, du fromage, de la pâtisserie, des glaces, des fruits et, pour les buveurs de thé, le choix entre le thé de Chine, de Ceylan ou l'orange pekoe. Ce n'est pas la longueur de la carte qui fait du repas sur le *Normandie* un moment privilégié mais la qualité de ce qui est servi. Les menus des paquebots des autres compagnies ont des difficultés à atteindre le même niveau. Tous alignent le copieux *breakfast* américain, le délicat petit déjeuner français, la collation de onze heures, le grand déjeuner, le *five o'clock tea* avec tranches de cake, *muffins*, brioches, *buns*, canapés, et enfin le dîner. On ne meurt pas de faim sur les transatlantiques, mais la *French Line* se détache par la finesse des préparations.

Les trains aussi sont devenus plus rapides et en août 1937 se produit le regroupement des compagnies privées dans la SNCF qui maintient la restauration sur rails. La vitesse s'applique aussi au monde des véhicules automobiles et la capacité de production de l'industrie qui a répondu aux besoins de la guerre est mise au service des civils. Citroën sort cent véhicules par jour et Renault produit quarante voitures, toutes plus véloces. Les citadins se déplacent plus vite en taxi-automobile qu'ils ne le faisaient avec les fiacres. On voit aussi moins de charrettes tirées par de solides percherons et les marchandises sont transportées en un temps plus court par les camions. À la fin des années vingt et dans les années trente, les automobilistes couvrent confortablement de grandes distances. Grâce "au plein d'essence, du carbure [?], aux phares, et un bon manteau[5]", les gastronomes nomades découvrent les auberges de campagne et les restaurants de province.

*Les gourmets ont le Guide du pneu Michelin*

Pour savoir où il faut s'arrêter pour déjeuner, les guides touristiques qui renseignent sur les meilleures tables se multiplient et font appel à des personnalités connues. Raynaldo Hahn prétend que le "guide gastronomique raccourcit les longueurs de la route, il distrait durant les périodes monotones, il console des mésaventures, il stimule la volonté d'arriver en faisant miroiter l'espoir d'un bon gîte et d'un bon repas". L'automobiliste connaît ainsi les meilleurs produits de chaque région et il lui faut aussi connaître les points où l'on trouve du carburant. C'est ce que lui apporte un petit manuel rouge, le *Guide du pneu Michelin,* lancé au début du siècle pour promouvoir la vente de pneumatiques. Gratuit[6] à l'origine, il complète ses quarante pages consacrées au bon usage du pneu par une rubrique "où se loger en route", qui répertorie les palaces et les maisons confortables, ainsi qu'une carte de la France gastronomique. Le guide se détache du lot des suiveurs par une rubrique des restaurants qu'il classera ultérieurement par attribution d'étoiles et il devient, avec la rubrique "où manger en route", un découvreur de talents des grands chefs et de tables à prix abordables.

Ceux qui ont les moyens de s'offrir le dernier modèle d'automobile cherchent à marquer leur différence avec la masse des conducteurs. Ils créent le Club des cent, d'accès difficile – il faut en effet avoir parcouru 4 000 km, obtenir le parrainage de deux membres du club et démontrer son état de "gourmet compétent" ! Cette position d'arbitre gastronomique conduit ses membres au Havre en 1924 pour goûter la cuisine des premières du *France*[7]. À cette occasion, on félicita le chef, on lui remit une plaquette d'argent pour trente années de "cuisine

*Tout va plus vite, et les repas n'échappent pas à la règle*

supérieure". *L'Illustration* signala "l'alliance méritoire du xérès et des grappes[8] de fruits frappés" servis en entrée et se demanda pourquoi "ce nom américain figur[ait] sur le menu du paquebot français". S'il y avait faute de goût et de français, c'était parce que "presque toutes les grappes dont nous nous délections venaient de Louisiane ou de Californie" mais ces fautes que l'on avait laissées passer "pour des raisons de convenance internationale" ne se renouvelleraient pas. On se préoccupait désormais d'en encourager "la culture sur terre française et de leur restituer un jour le nom si joli de pamplemousses que nous apprîmes dans *Paul et Virginie*".

À Paris, deux mois après l'armistice, le menu du réveillon de *Maxim's* n'a pas changé : "huîtres de Belon ; tartines d'Auvergne ; consommé de fumet de céleri en tasse ; petit homard à la nage, sauce tartare ; côtelette d'agneau aux petits pois ; médaillon de foie gras truffé ; salade chinchilla et petits fours[9]", alors que dans la rue Royale, les voitures roulent plus vite. Rouler plus vite ne change pas la façon de manger, et rien ne laisse présager que les plateaux-repas en avion serviront un jour cette même catégorie de clients.

### Kansas City (Kansas), 1er novembre 1921
*Que fait le maréchal Foch à Kansas City ?*

L'hôte d'honneur du congrès annuel de l'American Legion, association d'anciens combattants, est Ferdinand Foch, ancien commandant en chef des armées alliées, et Kansas City était pour lui la première étape d'un long périple qu'il allait mener au pas de charge. Les repas, banquets, discours et manifestations en tous genres allaient se succéder à un rythme fou. Cette tournée américaine avait été conçue un an avant au restaurant du Cercle de l'union interalliée, à Paris, lors d'un dîner du maréchal et d'une délégation de l'American Legion.

Cette invitation est devenue, après moult démarches auprès des gouvernements des deux pays, une très officielle tournée.

Foch avait débarqué le 28 octobre à New York. Il se rend en automobile à l'hôtel de ville sous une pluie de confettis. Discours et cortège vers la gare, où le président de la compagnie ferroviaire lui offre l'usage de son luxueux wagon personnel pour la durée du périple. Le wagon est accroché au train, baptisé *The Foch Special,* pour transporter, loger et nourrir journalistes, photographes et autres participants. À Washington, le Président Harding reçoit la délégation française à la Maison Blanche, et c'est ensuite l'accueil du vieil ami de la France, Theodore Roosevelt. Il fallut amputer le temps du déjeuner pour permettre la visite de la maison de George Washington à Mount Vernon où Foch, surpris, constata dans la cuisine reconstituée "une disposition identique d'ustensiles à ceux que l'on trouvait dans une maison de campagne de Bretagne, où lui-même avait une ferme[10]". La deuxième journée se termina par un brillant mais court dîner offert à l'ambassade de France, dernier contact du maréchal avec la cuisine de son pays. Les banquets qui allaient suivre présentaient une caricature de cuisine française coupée de ses bases et amputée de ses vins par le régime sec. Les Américains préféraient ce qu'ils appelaient *plain food,* que l'on peut traduire par "cuisine simple", incitant les cuisiniers à délaisser tout ce qui était compliqué. Foch n'avait pas de grandes exigences sur ce plan et avouait dans une lettre à son épouse[11] : "Je ne bois que de l'eau et mange peu." La délégation quittait Washington le lendemain pour Kansas City, où plus de cent mille vétérans massés aux abords de la gare firent à celui qui avait été leur chef une formidable ovation.

Toutes les villes américaines favorisaient l'implantation d'hôtels géants en prévision de banquets possibles. L'État du Kansas, réputé pour les chiffres records du maïs récolté et de la viande de porc produite,

*Tout va plus vite, et les repas n'échappent pas à la règle*

s'était rendu célèbre en étant le premier à avoir, à Kansas City, un hôtel dont toutes les chambres étaient équipées de salle de bains. Le Kansas était un État sec avant la prohibition, mais comme Kansas City débordait sur l'État du Missouri où l'alcool était autorisé, on servait du vin dans les hôtels de l'autre côté de la rue. Ce découpage insolite de la ville en un secteur sec et un autre avec alcool ne servait plus avec le régime sec généralisé. C'est de l'eau White Rock et des bouteilles de Pale Ginger Ale, dont la publicité prétendait qu'elles "étanchaient la soif tout en stimulant la conversation", qui furent servies au maréchal Foch, au vice-président Calvin Coolidge et au général Pershing. Le premier jour, il y eut un banquet de sept services, alors qu'un siècle plus tôt le banquet type en comptait dix. Pour limiter les temps morts, on allumait de discrètes lampes afin que les garçons desservent, le nouveau service étant prêt. Il fallait douze minutes pour ramasser les assiettes, mais malgré ce minutage, le temps des discours dut être amputé.

Il restait à peine huit jours entre la fin de la convention et le 11 novembre, où Foch devait décorer la sépulture du soldat américain inconnu. La vitesse des trains permit de passer par Saint Louis, Indianapolis, Chicago, Detroit, Cleveland et Pittsburgh, en faisant tout plus vite, y compris les repas. À Saint Louis, le général Pershing, né dans cette ville, perdait sa situation d'invité et devenait l'hôte qui conviait la délégation à un petit déjeuner au *Saint Louis Club*. Le *breakfast* avait évolué depuis le siècle dernier et avait perdu en route les steaks, côtelettes de mouton, haddock et alose que l'on servait alors, laissant la place à du jus d'orange, un demi-pamplemousse, des toasts, des œufs frits, du bacon et (tout de même) un peu de poulet, de la bouillie d'avoine et (nous étions dans le Sud) des *corn cakes* que les Français appréciaient peu[12]. Ils s'étonnaient aussi des toasts enduits de beurre fondu, alors que chez eux une tartine, c'est du beurre frais étalé sur la tranche de pain froid. Après le petit déjeuner, la délégation se rend à l'université de Saint Louis entre deux haies de petits drapeaux américains et français agités par la foule.

*Pas de cuisine régionale dans les banquets*

À Indianapolis, la délégation se rend au fameux autodrome où les véhicules font des pointes de 122 km/h, ce qui laissait augurer de nouveaux records pour les voitures ordinaires ! Suivent ensuite le déjeuner, la plantation d'un orme, la pose de la première pierre d'un monument aux morts, laissant peu de temps pour le banquet. L'étape suivante était Chicago avec dix-huit millions de bêtes abattues et découpées dans ses abattoirs, cent millions de boisseaux de maïs entreposés dans ses silos, cinquante millions de dollars de "grignoteries" et snacks fabriqués (dont un dixième de chewing-gum[13]) et vingt millions de dollars d'aliments divers mis en boîtes. Séjour exténuant avec réception à la *Chicago University,* parade dans les rues, cérémonie devant la statue de Lincoln, banquet au *Drake Hotel,* incursion à l'hôpital de Maywood pour remonter le moral "des camarades blessés au front" et dîner au *Congress Hotel.* Entre Chicago et le retour à Washington pour le 11 novembre, ce fut comme un film que l'on a déjà vu et qui se déroule à grande vitesse. Arrêt à Battle Creek (sans visiter les usines de *corn flakes*), à Detroit, où attendait une délégation d'Alsaciens-Lorrains, à Cleveland et à Pittsburgh, le tout entrecoupé de banquets et de repas vite avalés. Le 10 novembre, on projeta au cours du banquet du soir au *William Penn Hotel* des séquences filmées des journées de Kansas City. La vitesse touchait aussi le développement et le montage de films. Le maréchal fleurit le 11 novembre la tombe du soldat inconnu au cimetière d'Arlington, ce qui marquait la fin du voyage officiel, mais le séjour aux États-Unis se poursuivait et le *Foch Special* le conduisit dans plusieurs autres villes.

*Tout va plus vite, et les repas n'échappent pas à la règle*

Si la cuisine l'avait intéressé autant que Joffre[14], on aurait pu connaître son sentiment sur les plats régionaux américains. Il aurait pu goûter à Boston, au dîner du *Copley Plaza Hotel,* une *fish chowder* et la comparer avec les "petites marmites bretonnes" servies dans sa maison de campagne près de Morlaix. À Philadelphie, où il s'était arrêté pour fleurir la statue du gastronome qu'avait été Benjamin Franklin, on aurait pu l'honorer d'un *Philadelphia pepper pot*[15], sorte de soupe de tripes aux deux poivres. La visite de Baltimore aurait été l'occasion de manger un "crabe à carapace molle légèrement fariné et juste poêlé" (*soft shell crab*) spécifique au Maryland. En Virginie, on aurait pu lui servir du jambon fumé (un peu), adouci (un peu trop) au miel et piqué de clous de girofle, emblématique de cet État. Mais Foch prêtait peu d'attention aux repas et les Américains ne cherchaient pas à valoriser leurs cuisines régionales, comme se lamentait Sheila Hibben, journaliste du *New York Times* de l'époque. Les menus standard avaient partout le même goût avec leur demi-pamplemousse – ou leur melon, leur salade de fruits – pour commencer, suivi d'un potage clair, poisson et poulet, accompagné des habituels haricots verts bouillis et des non moins habituelles pommes de terre. Malgré son manque d'inclination pour les choses de la table, le maréchal relève cette monotonie dans une lettre : "Les programmes des festivités ne sont pas plus variés que les menus : poisson, poulet, glace." Entre Boston et la Virginie, Foch passe par New York où il fleurit des monuments, déjeune chez *Sherry*[16] avec le Cercle de l'union interalliée, rencontre des associations de Français, est honoré par les universités de New York et de Columbia, participe aux parades. Le dîner offert par l'Association France-Amérique au *Waldorf Astoria* et celui de l'ambassadeur Jusserand au *Plaza Hotel* sont deux pauses françaises au milieu de trois folles journées.

*Un vrai repas de Thanksgiving Day en train*

Le voyage vers la côte Ouest est l'occasion d'un authentique repas américain sur le *Foch Special* le jour de *Thanksgiving*. Afin de mieux apprécier le dîner copieux, on prévoit un déjeuner léger sous forme de buffet au cours duquel le steward en charge du wagon-restaurant présenta le menu : une dinde de Virginie de dix kilos (les Français auraient sans doute apprécié une bestiole plus petite) farcie au pain de maïs[17], du jambon de Smithfield[18], des tomates de Maryland, la traditionnelle *pumpkin pie* relevée d'*apple jack* (ce lointain parent du calvados). La confiture d'airelles (*cranberry sauce*) accompagnant la dinde fit l'objet de discussions entre Français qui n'arrivaient pas à la situer[19]. Foch abandonna son wagon-hôtel pour dîner avec tout le monde. On traîna à table parce que l'on mangeait en roulant, c'est-à-dire sans perdre de temps ! On traversa le Minnesota, l'Iowa – surnommé l'État-maïs –, et l'arrêt dans l'Idaho ne fut pas l'occasion de visiter des champs de pommes de terre, dont c'est pourtant la spécialité. On touche le Pacifique à Portland et le train longe la côte vers San Francisco, où les deux meilleures tables de la ville, le *Palace Hotel* et le *San Francis Hotel,* attendent le maréchal. À Los Angeles, on présente à celui-ci une industrie, le cinéma, et au retour, le train s'arrête à El Paso, à San Antonio et à Houston avec banquet au *Rice Hotel,* et puis c'est la Louisiane.

À La Nouvelle-Orléans, les voitures emportent la délégation dans le célèbre restaurant du quartier français, *Antoine's*. Il était dix heures trente du matin, et comme Foch avait déjà pris son petit déjeuner en train, il ne put honorer le superbe repas qui l'attendait. C'était le fils du fondateur Jules Alciatore, formé à Paris et à Strasbourg, où il avait appris à maîtriser la préparation du "*pate de foi gras*[20]", qui recevait la délégation. Il tenait à donner à Foch une belle place dans la galerie

*Tout va plus vite, et les repas n'échappent pas à la règle*

des hommes célèbres qui étaient passés chez lui, et quand il raconta cette matinée, il habilla quelque peu la réalité en prétendant que Foch était venu dîner. Il dit aussi qu'il connaissait[21] le vin préféré du "vieux guerrier" (*sic*) et que, par miracle (c'était la prohibition), il en avait trouvé dans sa cave. Bien qu'il ait été "hors de prix", il en offrit une bouteille comme une "faveur que ferait un Français à un autre Français", mais le soldat discipliné qu'était le maréchal ne pouvait pas l'accepter et il s'expliqua en souriant : "Mon ami, j'aurais beaucoup aimé boire votre bouteille, mais je suis l'invité des États-Unis d'Amérique et la moindre des choses que je puisse faire, c'est de ne pas enfreindre ses lois." [Et] il refusa de boire une seule goutte du vin que son palais et son estomac souhaitaient ardemment goûter."

Après La Nouvelle-Orléans, le train remonte vers le nord, Atlanta, les Carolines, et plus au nord encore, avant de revenir à New York pour que le maréchal s'embarque sur le *Paris* qui appareillait vers la France, et qu'il puisse enfin manger en prenant son temps. Ouf !

L'énorme boucle, représentant 21 000 km avec de nombreux arrêts, toujours très courts, dans trente-deux États, a été faite en six semaines. Pas moins de trente universités honorèrent l'académicien que Foch était depuis un an. Il rencontra des Français, en toute hâte, même quand ils ne parlaient plus français. Il fit un grand nombre de discours brefs, il visita des hôpitaux au galop, des usines au pas de course, passa en coup de vent à l'Académie militaire de West Point, rencontra hâtivement des hommes politiques, des gouverneurs, des sénateurs, d'autres militaires. Il fleurit rapidement des monuments, en inaugura d'autres à toute vapeur, se précipita pour planter des arbres, poser des premières pierres, et mangea vite, très vite, presque toujours la même chose, lors de repas où tout était minuté et où il fallait aller encore plus vite, car le temps imparti était toujours dépassé. Il n'avait sans doute jamais mangé aussi vite, alors que paradoxalement les moyens de locomotion empruntés n'avaient jamais été aussi rapides.

**Paris, 1922**
*Manque de temps pour le repas : danger !*
En 1922, au retour de Foch, les vocables "restauration rapide" ou "fast-food" n'existaient ni aux États-Unis ni en France. Les repas express qu'il avait subis durant six semaines étaient rares et, heureusement, les gastronomes nous incitaient à résister aux préparations conduisant à la restauration minute. Il fallait rejeter les "plats" faciles à préparer et rapides à avaler, bien que le steak haché et la saucisse de Francfort soient appréciés en France. Le docteur ès sciences de gueule Édouard de Pomiane accusait les Allemands d'être "les promoteurs de toutes les préparations comprimées qui, pour peu d'argent et sous un petit volume, offrent un repas horrible et peu nourrissant[22]", transformant ainsi la lutte contre la réduction du temps passé à table en thème patriotique ! En ces temps de relations franco-allemandes tendues, s'attaquer au déroulement rapide du repas, c'était protéger la gastronomie et dénoncer en même temps les Allemands et leurs "préparations comprimées". Maurice des Ombiaux, autre chantre de la gastronomie française, désapprouve lui aussi la hâte qui s'empare de ceux qui se mettent à table, car selon lui le repas est ce moment privilégié "où la lutte pour la vie fait trêve et où l'on éprouve le sentiment d'une véritable détente". La vitesse, menace suprême du savoir-manger, a été le souci de Curnonsky, bien avant qu'il ne soit élu Prince des gastronomes. Réhabiliter la bonne cuisine passe par l'arrêt de la course dans la préparation et la consommation des plats.

Mais dans la réalité française des années vingt, les préceptes des princes de la fourchette sont difficiles à suivre. Rien n'est simple dans les mille cent sept pages de la *Gastronomie pratique* d'Ali Bab... La plus

*Tout va plus vite, et les repas n'échappent pas à la règle*

élémentaire salade de pommes de terre nécessite un savoir-faire confirmé et du temps pour la réussir. Or, en France, la demande de repas courts existe et amène de Pomiane à se compromettre quand il publie *La Cuisine en dix minutes*. Avant lui, d'autres auteurs avaient fait le même type d'exercice, telle cette mademoiselle Rose qui avait publié les *100 façons de préparer un plat en quelques minutes*. De Pomiane lui emboîte le pas en s'adressant "à l'étudiant, à la midinette, à l'employé, à l'artiste, au paresseux, au poète, à l'homme d'action, au rêveur, au savant, à tous ceux qui ne disposent que d'une heure pour déjeuner ou pour dîner et qui veulent avoir, quand même, une demi-heure de liberté pour contempler la fumée de leur cigarette, tout en buvant gorgée par gorgée une tasse de café qui n'a même pas le temps de refroidir". Il permet ainsi à ceux qui souhaitent rentrer chez eux à midi d'avoir un repas convenable dans le temps imparti par les horaires de travail, car il faut trouver les moyens d'"adaptation au rythme moderne". S'offrir à l'occasion un bon restaurant, ou un repas dont la préparation est plus longue, permet de ne pas "manger éternellement un beefsteak à la poêle sans aucun des raffinements de la grande cuisine".

Pour préparer en dix minutes un potage, de Pomiane reconnaît qu'il "existe dans le commerce des pâtes, des comprimés, des extraits, qui, dissous dans l'eau, communiquent à cette dernière une saveur prononcée de bouillon". Il propose aussi d'ouvrir une boîte de *tomate concentrée*[23], une boîte de cèpes, des asperges en bocaux, "savoureuses quoique de consistance molle", des petits pois en conserve. Il conseille d'acheter des farines de légumineuses cuites à la vapeur, de la choucroute cuite chez le charcutier, de la mortadelle, des champignons cuits en salade. Il reconnaît le service rendu par les saucisses de Francfort "bien plus savoureuses [que les saucisses de Strasbourg, qui] coûtent du reste beaucoup plus cher", et anticipe sur le fast-food en disant au lecteur : "Prenez-la à la main, du bout des doigts, et mordez dedans." La viande de bœuf hachée "est bien adaptée à la cuisine express" et, sous le titre *Bitoks à la russe,* il donne la recette d'un hamburger. Mais le raffiné de Pomiane conseille de déglacer la poêle avec du vin blanc et un peu de cognac, afin d'en faire une sauce pour arroser les *bitoks.* Ces préparations prennent dix minutes, mais le repas reste classique dans son déroulement, avec entrée, plat, fromage et dessert. Les recettes dites américaines ne vont pas plus vite mais comportent des tranches de bacon, comme le *foie de veau à l'américaine*[24].

*Paris compte plusieurs restaurants américains*

D'autres signes annoncent le changement d'attitude des Français à table, comme ce groupe de gastronomes militant pour un temps plus court du repas qui prendrait alors le nom de "plat unique". Ses membres se contentent d'"un seul plat, mais honnêtement préparé, et choisi parmi les spécialités si savoureuses de la vieille cuisine française[25]". Curnonsky rend grâce à ses fondateurs et suggère aux restaurateurs et aux particuliers de s'en inspirer, car "l'excellence de la table française peut s'affirmer en un abondant, délectable et attirant plat unique". Il ajoute que les repas à plusieurs services successifs devraient rester exceptionnels. Doit-on en conclure que la maladie américaine est contagieuse et que les Français sont sensibilisés à l'importance du gain de temps ? Le plat unique est loin de rallier une majorité. Bien d'autres associations continuent à défendre, avec Curnonsky, les repas exigeant du temps, "puisque le temps ne respecte point ce que l'on fait sans lui". Le repas de réveillon chez *Maxim's* démontre que les choses restent en l'état, mais d'autres restaurants s'orientent vers des formules rapides. Émile Dupont[26] ouvre en 1925 à Paris des restaurants où l'on sert rapidement des plats convenables, pour un juste prix. Le slogan "Chez Dupont, tout est bon" cache une nouveau type de restauration dont les méthodes vont être reprises et amplifiées après la guerre, tout en gardant l'arrangement ancestral du repas "à la française".

Pourtant, *Au Bon Accueil* à Paris, on ne respecte guère les règles de l'ordonnancement du repas puisque l'on y sert un *quick lunch*[27] avec *corned beef hash* et *corn on the cob* comme plats. Au 6, rue Castiglione, *Sherry's* s'adresse aussi à des clients qui ne veulent pas s'attarder au déjeuner et, "contrairement au restaurant parisien moyen où les gens s'installent pour deux heures au déjeuner, *Sherry's* a une bonne maîtrise de l'idée américaine du service rapide. Vous pouvez y déjeuner en une demi-heure", précise un guide pour Américains à Paris. *Sam's,* au 3, rue Taitbout, fait penser à une enseigne américaine, mais la carte est en français et en anglais. Dans la salle trône une *soda fountain* typiquement américaine, mais les très françaises bouteilles de vin et le nom des propriétaires (Plouviers) annoncent le contraire. En fait, la carte bilingue de *Sam's* prône la cuisine française pour certains plats et la cuisine américaine pour d'autres. Il en est de même de Joseph Michat qui a commencé sa carrière aux États-Unis (*Sherry's* et l'hôtel *Plaza* à New York, l'hôtel *Lasalle* à Chicago) et qui, à son retour à Paris, ouvre *Joseph,* au coin des rues Pierre Charron et François I$^{er}$ [28]. Des résidents américains "haut de gamme", des visiteurs illustres, tels que Teddy Roosevelt, Edgar Hoover ou le général Pershing, se sont attablés chez lui. Les Américains nostalgiques, ou fatigués des trop riches sauces françaises, peuvent se restaurer rapidement et retrouver le goût et l'atmosphère de chez eux, mais cette énumération est marginale. Nous sommes le pays où l'on prend encore le temps d'apprécier un bon repas et c'est cette image de la France que l'on retient aux États-Unis[29].

*Trente ans pour préparer les repas plus vite*

Bien qu'elles aient moins de temps, les Françaises des générations suivantes maintiennent la structure classique des repas. En 1958, une femme reporter et une historienne écrivent *Cuisine d'urgence* en partant du constat que les femmes "n'ont plus le goût de passer des heures à confectionner des plats savants selon des recettes compliquées […], manquent d'aide, [ont] reçu un héritage de bonnes traditions culinaires" qu'il faut adapter au mode de vie actuel. La "cuisine d'urgence" fait appel au mixer électrique, aux moulinettes, à l'autocuiseur, aux légumes tout cuits et autres conserves. Face à l'Américaine qui refuse d'être cuisinière, la Française, pourtant occupée, n'envisage pas d'abandonner ce rôle. Elle sait préparer les escargots de Bourgogne, les perdreaux sur canapés, la soupe au basilic ou la potée campagnarde, pourtant peu représentatifs de la cuisine d'urgence. Bien avant 1958, l'Américaine refusait déjà de passer son temps à faire la cuisine et préférait assister aux conférences organisées par des industriels qui font le point à New York sur l'"âge nouveau" de la cuisine. "La cuisine doit être le centre d'aiguillage des fournitures alimentaires de la maison de demain", s'écrie le président de l'American Institute of Food Distribution. Le "manager de la maison" (et non plus la ménagère) vit "dans une atmosphère agréable" et "développe sa créativité" grâce à des préparations préemballées à l'abri de l'air qui annoncent l'âge de la cuisine sans travail (*labourless cooking*)[30]. Entre la hâte des Américaines et le temps interminable des inconditionnels de la gastronomie, la solution française des années soixante avec *Cuisine d'urgence* empruntait la voie du juste milieu.

### Dallas, Fort Worth (Texas), 1925
*L'automobiliste mange vite dans le drive-in*

Dans le périple du maréchal Foch, il n'était pas prévu d'emprunter la route reliant Dallas à Fort Worth, qui comportait sur ses deux côtés une succession continue de bicoques, de stands et de baraques destinés à sustenter les passagers des voitures. Les restaurants, au sens français du terme, étaient remplacés par des structures rustiques, y compris des wagons-restaurants sans roues, les *diners*. Tous ces établissements installés le long des routes offraient aux chauffeurs pressés des œufs au bacon, des travers de porc, un sandwich, un soda, du café. Le petit *diner* s'appelle *dinette,* mais petit ou grand, rustique ou luxueux, il y en avait de plus en plus le long des routes, avec des stands aux formes étudiées pour être vues de loin. Ces formes évoquaient la spécialité offerte et les gens peu instruits savaient ce qu'ils trouveraient. Des milk-shakes dans un stand en forme de bouteille de lait, des jus de fruits dans une cabane en forme de citron ou d'orange, des *doughnuts* dans une bicoque en forme de roue. Quand on ne pouvait pas, faute de moyens, agrandir le produit vendu, on se contentait de le peindre en lettres, pour signaler en grand les *toasted frankfurts* (et pas encore, *frankfurters*) ou les *toasted hamburgs* (et pas encore *hamburgers*). Les "plats" ne nécessitaient ni assiette ni couverts, et le chauffeur prenait en main ce qu'il avait commandé pour le manger sur place ou en route.

Si le "restaurateur" du bord de route pouvait compter, en plus, sur un nombre élevé de jours d'ensoleillement, il faisait travailler ses serveuses à l'extérieur. Elles se précipitaient vers la voiture qui s'arrêtait, prenaient la commande et rapportaient un plateau ou un paquet. Cette logique aboutit, dit-on, à la création du premier *drive-in,* sur la route de Dallas à Fort Worth – ce serait un grossiste en bonbons qui en aurait eu l'idée le premier. Le *drive-in,* appelé trivialement *pig stand* à cause des sandwiches de viande de porc servis, serait donc texan, à moins que ce ne soit un Texan qui soit à l'origine de l'information. Les débits de sandwiches installés à proximité d'une station d'essence faisaient aussi de bonnes affaires. Le fait de pouvoir s'approvisionner en carburant (*gas*) et en nourriture (*food*) au même endroit était souvent signalé par l'accolement des deux mots sur le même panneau, qui indiquait alors "station-service où l'on mange", ce qui quelquefois était lu "nourriture d'essence", "*gas*" et "*food*" ayant perdu leur sens propre dans une connotation négative. On préféra alors les inscrire sur deux panneaux distincts ou alors opter pour "*fast*" au lieu de "*gas*", qualifiant ainsi la rapidité du service, ce qui fit de la station-service qui sert à manger l'une des origines de la "restauration minute".

*Rendre le gril visible par tous les clients*

Deux entrepreneurs, W. Andersen et E. Ingam, décident d'appliquer le concept de restauration rapide non plus au bord de la route mais dans le centre de Wichita (Kansas). Ils ouvrent en 1922 un débit de hamburgers affublé d'une enseigne pompeuse : *White Castle*. La façade représentait en effet un château[31] flanqué de tours, supposé évoquer, selon eux, la puissance (le château) et la pureté (la couleur blanche), mais le minuscule local, en contradiction avec l'enseigne, ne comportait qu'un point chaud et cinq tabourets le long du comptoir. On y vendait de toutes petites galettes de viande (dix-huit par livre de viande crue), tellement fines qu'elles "se coupaient, si on les soulevait par le bord[32]". On en plaçait plusieurs entre deux morceaux de pain, comme de l'émincé de bœuf, et plutôt que d'en commander à l'unité (5 *cents*), on pouvait partir avec un plein sac ("*Buy'em by the Sack*"). Ces mini-galettes trivialement surnommées *sliders* (elles "glissaient" comme des pilules) se seraient difficilement imposées sans la magie du "château blanc" qui s'exerça dès le jour d'ouverture. Ils se multiplièrent comme les petits pains qu'ils vendaient pour atteindre le nombre de cent dix en 1970, répartis dans plus de dix États. La route qui n'avait pas copié le restaurant classique des villes générait un modèle adopté par la ville.

Ce concept fit des émules, notamment un certain Thomas Saxe qui cherchait à faire mieux que les "habituelles bicoques à hamburgers avec peinture écaillée". Il fut séduit par la relation entre le blanc immaculé de la façade d'un *White Castle* et la fraîcheur induite de la viande. Il se dit qu'un château médiéval avait forcément des tours, ce qui lui fit concevoir sa propre *White Tower* carrée avec une fenêtre en ogive et les mêmes (fausses) briques blanches en façade et à l'intérieur. On mit le gril en évidence près de l'entrée pour que l'on puisse voir la matière première des hamburgers. C'est ainsi que Milwaukee vit ériger la première "tour blanche", et deux mois après l'inauguration, la deuxième façade, aussi blanche que la première et surmontée de la même tour avec la même fenêtre, apparut aux passants. Fin 1927, les quartiers industrieux, les stations de tramway, les arrêts de bus ont à proximité des "tours blanches" qui ne visent pas le conducteur de voiture, mais l'usager des transports en commun. Durant les années noires que connaît l'Amérique, la percée de *White Tower* ou de *White Castle* suscite de nouvelles vocations. Les chômeurs des années de misère 1929-1930 se rendent dans ces restaurants qui leur donnent, pour une somme modique, le sentiment d'être dans un château, ce que n'offrait pas la soupe populaire.

*L'origine de la chaîne mondiale McDonald's*
La crise pousse beaucoup d'Américains à émigrer en Californie où on trouve des emplois dans le secteur épargné qu'est le cinéma. Les deux frères Mac Donald débarquent à Hollywood en 1930 et décident de s'essayer au secteur de la restauration rapide. Ils trouvent un tout petit emplacement près de Pasadena, dans la banlieue de Los Angeles, et s'attachent à tout organiser autour de l'idée d'un service rapide, très rapide, pour cette nouvelle race de clients pressés que sont les conducteurs. Ils engagent peu de serveurs, assurent eux-mêmes les mille fonctions qu'il faut remplir dans un petit restaurant puis, dès le remboursement de leurs dettes, recherchent quelque chose de plus grand. C'est à

San Bernardino qu'ils atterrissent cette fois mais ils ne peuvent pas installer quelque chose de comparable aux grands *drive-in* existants, faute de moyens, et utilisent leur propre nom pour l'enseigne, *McDonald's* ("Chez les Mac Donald"), qu'ils complètent par l'indication : *Hamburgers*. Impasse est faite sur la salle à manger, l'attention est portée sur le parking (150 places), plus spacieux que la boutique elle-même. Le client se gare et attend le serveur ou s'installe sur un des tabourets. Par un travail acharné et de longues heures de présence, le nombre d'automobilistes qui s'arrêtent augmente, parallèlement au nombre de dollars déposés chaque jour à la banque. Les frères n'avaient jamais osé rêver de ventes annuelles dépassant cent mille dollars, avec un profit de 20 %, mais ce qu'ils avaient conçu était une véritable machine à faire des sous. Les pragmatiques Mac Donald se contentent de le noter et ne changent surtout rien, sauf peut-être leur voiture, une Cadillac neuve tous les ans.

Ils n'étaient pas attirés par une aventure de plusieurs établissements et ne savaient pas comment s'y prendre pour que le "café servi soit conforme à une certaine formule, que le hamburger soit préparé exactement de la même façon, que la tasse soit la même que des milliers de tasses utilisées au même moment par des milliers d'autres personnes[33]". Il fallait un homme ambitieux pour donner au projet une autre dimension en reproduisant le prototype à des milliers d'exemplaires. Cet homme allait se présenter en la personne de Ray Kroc.

---

1. *Bouchées à la Pompadour,* en français dans le texte, in *An Alphabet for Gourmets,* The Macmilan Co., 1976, de l'Américaine M.F.K. Fisher, auteur de nombreux ouvrages d'anecdotes culinaires, de recettes et de réflexions sur l'art de manger.
2. *The New York Times,* 4 juin 1935.

*Tout va plus vite, et les repas n'échappent pas à la règle*

3. Les portes de la salle à manger des premières classes du *Normandie* seront rachetées, après l'incendie du paquebot, par la communauté maronite de New York pour servir de portes à l'église de Notre-Dame-du-Liban à Brooklyn !
4. "Belle France", en français dans le texte.
5. Robert Robert, *Le Guide du gourmand à Paris,* Bernard Grasset, 1932.
6. On pouvait se le procurer avec soixante centimes en timbres et le numéro d'immatriculation de son auto ou de sa moto.
7. Il s'agit de l'ancêtre du *France* d'après la guerre de 39, qui assurait avec le *Paris* la liaison entre Le Havre et New York.
8. Il ne s'agit pas de grappes de fruits mais de *grapefruit,* traduction américaine de "pamplemousse". À partir de là, on comprend mieux la faute (de goût et de français) qui est reprochée plus loin.
9. Arthur Conte, *Le 1er janvier 1920,* Plon, 1976.
10. Francis E. Drake, *International Cross Roads and Marshal Foch in America,* Herbert Clarke, 1926.
11. Rapporté par Jean Autin, *Foch,* Librairie Académique Perrin, 1987.
12. Pour rendre plus légère la pâte des *corn cakes,* on emploie de la poudres à lever, qualifiée en 1923 par Jean Gontard, in *Les Sierras de Californie,* Pierre Roger & Cie, 1923, de "drogue composée de crème de tartre, de bicarbonate de soude ou ingrédients analogues".
13. Les marges de la gomme à mastiquer (qui remplaçait désormais le tabac à chiquer) avaient permis d'ériger en pleine ville le flamboyant gratte-ciel Wrigley Building, du nom de la première marque.
14. On raconte que, lors de la bataille de la Marne, Foch s'était rendu au quartier général pour rencontrer Joffre, alors commandant en chef. Son aîné lui demanda s'il voulait déjeuner, en précisant qu'il y avait du veau. Interloqué, Foch rappella qu'il attendait des décisions importantes, mais Joffre éluda la réponse et demanda : "Comment aimez-vous le veau ?"
15. Cette soupe épaisse, relevée et servie très chaude, aurait été créée, selon la légende, par George Washington lui-même durant la guerre d'Indépendance, quand il était à Valley Forge.
16. *Delmonico's* avait beaucoup décliné. En l'espace d'une semaine, en mai 1923, les journaux annoncent sa fermeture et celle de deux autres restaurants prestigieux de New York, *Sherry's* et *Murrays Roman Gardens,* tués par la prohibition.
17. Mélange de miettes de pain à base de farine de maïs, avec le même poids de chair à saucisse, relevé et assaisonné.
18. Séché au soleil et fumé en partant d'un porc nourri exclusivement d'arachides au cours des trois mois précédant l'abattage.
19. La difficulté provient de la baie américaine, la canneberge (airelle des marais), variété différente de l'airelle d'Europe, et des jus et zestes d'orange, usuellement incorporés dans la sauce.

*Le Ketchup et le Gratin*

20. Dans l'orthographe de la plaquette éditée par *Antoine's* pour son centenaire en 1946.
21. Il n'est pas certain non plus que le maître d'hôtel de l'époque, Albert Feugas, le sache, même s'il avait quitté le restaurant en août 1914 pour aller servir son pays et était revenu décoré de la médaille militaire et de la croix de guerre.
22. Édouard de Pomiane, *Bien manger pour bien vivre. Essai de gastronomie théorique*, Albin Michel, 1922.
23. En italique dans le texte.
24. Couper le foie en morceaux gros comme une noix et les faire rissoler avec le bacon coupé en petits dés.
25. Curnonsky et Pierre Andrieu, *Les Fines Gueules de France*, Firmin-Didot, 1935.
26. La catégorie des restaurants *Dupont* n'est certes pas comparable à celle de *Maxim's*.
27. Le mot existe sur les guides touristiques de 1929.
28. Le restaurant existait encore à la fin des années quatre-vingt, au même endroit (*François première [sic]* dans le guide pour Américains).
29. Long article du *New York Times Magazine*, 15 février 1931.
30. *The New York Times*, 22 mars 1930.
31. Il s'agissait de reproduire le château d'eau de Chicago, dont l'architecture anachronique représentait un château fort.
32. John F. Love, *Sous les arches de McDonald's*, Michel Lafon, 1989.
33. Texte d'une brochure destinée aux clients de *White Castle* rapporté par John Mariani, *America Eats out*, Morrow, 1991.

## ∞ Chapitre X
## *La gastronomie va-t-elle aussi bien qu'on le dit ?*

> *"Le boire et le manger ont occupé une place de choix dans l'idée que se faisaient les Français de la bonne vie. Aucune étude de leurs sens des valeurs ne saurait être exhaustive si elle n'examine la prééminence que les Français ont accordée aux plaisirs de la table."*
> Theodore Zeldin, *Histoire des passions françaises*, tome III : *Goût et corruption*, éditions du Seuil, 1979.

**New York, 1926**
*Le centenaire de la mort de Brillat-Savarin*

Un article du *New Yorker* rapporte, sous la signature de Genêt (pseudonyme de Janet Flanner installée à Paris depuis 1921), la décision du gouvernement français de faire préparer un repas suivant les règles édictées par Brillat-Savarin, "dans le cadre des festivités officielles" du centenaire de sa mort ! C'est l'occasion pour l'espiègle Américaine de constater que personne à l'Assemblée n'a osé s'opposer à l'idée de ce repas ou toucher à sa composition, alors que les députés délibéraient la nuit précédente à la recherche d'économies. Brillat-Savarin, ce "parfait et incisif philosophe", avait réussi à faire, cent ans après sa mort, l'unanimité à la Chambre, ce qu'aucun gouvernement récent n'avait pu obtenir sur d'autres questions. Aucune opposition donc pour que Prosper Montagné prépare le repas devant se tenir dans la salle des Maréchaux de l'hôtel *Crillon*. *Le Figaro* emboîte le pas et célèbre le grand homme en clôturant par un somptueux dîner la Fête de l'élégance organisée au *Ruhl* à Nice. C'est l'occasion pour le quotidien de rappeler que Brillat-Savarin a, de son vivant, rapproché les États-Unis de la France et de souhaiter qu'il récidive, à titre posthume, en forçant "les Américains hivernant [à Nice] à se départir du *mixed grill* et de l'*ice cream*". Peine perdue, car le temps que le gastronome a passé là-bas a été trop court pour convertir les "Américains [qui] ne mangent [toujours] pas, [mais] se contentent de se repaître[1]". Sans compter que certains gourmets reprochent au magistrat de Belley d'être resté trop longtemps outre-Atlantique, au point d'avoir contracté de fort mauvaises habitudes qui, par *Physiologie du goût* interposée, polluent notre façon de se comporter à table.

*La Physiologie du goût* avait jusque-là fait l'objet de nombreux éloges, et comme son auteur avait, sa vie durant, convié à manger, été invité à manger et écrit sur ce qu'il fallait manger, il était difficile d'imaginer que l'on puisse l'accuser d'incompétence en la matière. Certes, Brillat-Savarin a émigré en Amérique en passant par Lausanne[2] et par la Hollande, et s'était promis, une fois sur place, de "parler comme [les Américains], s'habiller comme eux, et trouver bon tout ce qu'ils font[3]". C'est cette perméabilité de l'âme qui lui est sans doute reprochée par ceux qui n'admettent pas qu'il ait accompagné la *soupe à la tortue* et le *welsh rarebit,* servis dans une taverne de Broadway, d'*ale,* bière légère américaine, au lieu de vin. On lui en veut aussi d'avoir avalé force rasades de punch, ce qui dénote une "méconnaissance complète de la gastronomie".

*La gastronomie va-t-elle aussi bien qu'on le dit ?*

*Le potage à la française fait fureur à Boston*
En route pour Boston, il s'arrête dans une ferme du Connecticut où il prépare des *ailes de perdrix en papillotes,* des *écureuils gris court-bouillonnés au vin de Madère* et un dindon qui "fut charmant à la vue, flatteur à l'odorat et délicieux au goût". Mais il n'y avait pas de vin à ce repas et Anthelme trouve délectable le thé préparé par la fille de son hôte. À Boston, l'ancien cuisinier de l'archevêque de Bordeaux, Jean-Baptiste Gilbert Payplat, avait loué une maison qu'il appelle *Julian's Restaurator* et Brillat-Savarin dit lui avoir enseigné "à faire des œufs brouillés au fromage" (qui figurent sur la carte) : "ce mets, nouveau pour les Américains[4], fit tellement fureur, [que Payplat] se crut obligé de me remercier". Les potages de Payplat plaisent aux Américains, qui le nomment "prince de la soupe". Chez *Julian's Restaurator,* Anthelme dit son affection pour les Américains, ce qui n'est à ses yeux que la juste contrepartie de l'hospitalité dont ils ont fait preuve. Il réaffirme son admiration pour le pays, pour ses habitants et peut-être aussi pour ce qu'ils mangent et boivent. Être l'ambassadeur de la gastronomie française en Amérique n'empêche pas de goûter à la cuisine locale et de l'apprécier. Anthelme s'y attarde d'ailleurs dans *La Physiologie du goût,* rappelant que le Nouveau Monde a contribué aux plaisirs de la table par dindon interposé – animal qui, à l'état sauvage, a "une chair plus colorée et plus parfumée que celle de la dinde domestique". Mais les gourmets affirment au contraire que, si le dindon est "fort appréciable et apprécié, sa chair ne l'emporte pas en délicatesse sur celle du chapon du Mans, de la poularde de Bresse ou de Caux".

On peut se demander si les critiques de Maurice des Ombiaux à l'endroit de Brillat-Savarin ne visent pas les habitudes introduites en France par les Yankees du corps expéditionnaire. Ils ont peut-être contribué à la victoire, mais ont importé les séquelles de la prohibition, poussant les Français à s'adonner par mimétisme à l'eau minérale.

Brillat-Savarin est leur allié objectif puisqu'il n'a pas relevé que "le sucre, le café, le thé, le chocolat, les liqueurs alcooliques et tous les mélanges qui en résultent ont fait de la bonne chère un tout composé, dont le vin n'est plus qu'un accessoire plus ou moins obligé". On a beau "feuilleter [son ouvrage *La Physiologie du goût*], le retourner dans tous les sens", on ne trouve guère d'autre information sur le vin que "le patriarche Noé passe pour [en] être l'inventeur [et que] c'est une liqueur qui se fait avec le fruit de la vigne[5]". Constantin-Weyer[6] amplifie l'accusation et affirme que si l'on veut "conserver encore, en France, quelques bonnes caves, [il va falloir] qu'on se décide à interdire le passage de camions automobiles, criminels véhicules dignes de la barbarie américaine". L'Américaine Miss Flanner s'est étonnée de l'unanimité de la Chambre, mais il ne s'agissait que d'une apparence.

### Paris, 1928
*Une portion de frites et un Américain à Paris*

Un autre Américain n'avait heureusement pas été touché par ces querelles entre gastronomes français. Waverley Root, journaliste au *Chicago Tribune* qui avait ses bureaux à Paris dans le 11ᵉ arrondissement, bouclait le journal à deux heures du matin et regagnait, à pied, son studio rue de l'Ancienne-Comédie. Il s'arrêtait en chemin, malgré l'heure avancée, pour commander "un cornet de frites[7]. La forte femme rougeaude derrière le comptoir, encore plus rougeaude en hiver, quand elle se couvrait de plusieurs couches de vêtements, prenait une feuille de journal, d'une pile préparée à l'avance, en faisait un cône qu'elle tenait d'une main, alors que, de l'autre, elle extrayait une portion libérale de pommes de terre frites (*french fried potatoes*[8], si vous n'êtes pas en France) d'une bassine d'huile bouillante placée derrière elle et la transvasait dans le cône. Elle agitait au-dessus une énorme salière en métal et, en échange du paiement (en francs), me remettait le cornet. Je me brûlais la bouche tous les quelques pas avec une frite. Ma vitesse était constante, ce qui était simple à vérifier puisque le cône de frites était vide au milieu du premier pont que j'empruntais pour traverser la Seine. Je laissais au fleuve le soin de livrer mon cornet à l'Atlantique. La vendeuse de frites était située au point le plus important de ma promenade nocturne, le début de ma traversée des Halles[9]". Root traversait les Halles tous les jours, non comme un touriste qui "savourait la traditionnelle soupe à l'oignon à quatre heures du matin dans l'un des restaurants, [mais pour sentir, écouter, voir] les fruits et les légumes sans emballages, placés sur les trottoirs, par des mains amoureuses et compétentes comme des chefs-d'œuvre d'architecture alimentaire ; des pyramides rouges (radis), des cubes verts (choux), des parallélépipèdes violets (aubergines). [Il se frayait un passage dans les rues encombrées] de charrettes de ferme tirées par des chevaux, conduites par ceux qui avaient cultivé le produit alimentaire et l'avaient cueilli le matin même, avant le lever du jour pour que Paris puisse l'avoir frais. [Les bruits le fascinaient et il reconnaissait] le tintement de la cloche et le sifflet [de l'Argenteuil-Express qui] ajoutaient à la clameur ambiante, dans l'espoir futile de libérer quelques mètres de voies".

L'attrait exercé sur lui par les Halles annonçait l'épicurien qu'il allait devenir – ou qu'il était déjà – si on admet qu'on puisse l'être à l'âge de vingt-sept ans. Il était arrivé en France deux ans avant, et son premier contact était teinté d'une sensualité gustative rare chez ses compatriotes. "Ce que je mangeais me semblait du nectar et de l'ambroisie", disait-il, relatant son premier repas au restaurant du deuxième étage de la tour Eiffel. Arrivé le matin même à la gare Saint-Lazare, il s'était promené à pied durant des heures, et la belle journée de printemps lui avait fait surévaluer la qualité du repas. Après une pratique assidue de

## Le Ketchup et le Gratin

quelques années des restaurants, il a requalifié ce déjeuner initiatique d'"honnête mais [de] non exceptionnel". Dans les années trente, Root gagnait quinze dollars par semaine, mangeait à crédit chez un bougnat "un bon et honnête gigot avec des haricots blancs pour presque rien, ce qui correspondait à nos moyens[10]", réglait l'ardoise le jour de paie et faisait ailleurs son "grand" dîner hebdomadaire. Le menu ("même les plats qu'il n'allait pas commander") était mentalement composé et recomposé, ce qui augmentait son plaisir. Cette pratique l'a poussé à vivre en France jusqu'à la fin de sa vie (avec une absence obligée durant la seconde guerre mondiale).

La population américaine vivant à Paris dans les années vingt avait des centres d'intérêt différents de ceux de Root. Mais pour tous ceux qui étaient habitués à avaler un café dans un *coffee shop* et à repartir, la découverte du café parisien où il était possible de passer des heures avec une consommation était la différence qui les frappait le plus. Autant le café symbolisé par le zinc et ses "mange-debout" apparaissait au gastronome parisien comme le résultat d'une exécrable influence américaine, autant la terrasse du même établissement, où on pouvait parler avec n'importe qui de tout et de rien, était, pour les Américains, représentative de l'art de vivre des Français. Thomas Wolfe[11] l'exprimait en évoquant l'odeur des cafés, mélange de "parfums coûteux, de vin, de bière, de cognac, d'âcre et nostalgique fumée du tabac français, de café noir français, de châtaignes grillées et de mystérieuses liqueurs". L'attrait de la France s'expliquait aussi par le taux de change du dollar. Celui qui recevait un salaire en dollars vivait en France mieux qu'aux États-Unis, car le repas dans un restaurant modeste, avec entrée, plat et dessert, ne dépassait pas, carafe de vin comprise, vingt *cents* américains. Chez *Lapérouse,* que Root fréquentait parfois pour le dîner "haut de gamme" de la semaine, il payait un dollar cinquante, somme très abordable pour un Américain, mais excessive pour son homologue français.

*Apéritifs anisés, vins vieux ou cocktails ?*

Les touristes riches aiment être vus dans les grands restaurants, tels que *Larue, Foyot, Voisin, Paillard,* même sans apprécier la bonne cuisine. Ils vont aussi chez *Montagné,* rue de l'Échelle, qui "prend un soin jaloux de présider quotidiennement à la composition de sa carte [et dont la cave] renferme de vraies merveilles". Les intellectuels qui sont là pour écrire, composer, peindre ou flâner, car la vie est tellement plus agréable à Paris, choisissent de résider à Saint-Germain-des-Prés et fréquentent les petits restaurants du quartier. Au 29 de la rue des Saints-Pères, chez *Michaud,* il y a beaucoup de monde, car on sait qu'ici "certains pieds de mouton arrosés de vins du Rhône satisferont les plus difficiles", mais ce conseil ne s'adresse pas aux Américains, peu attirés par les viandes gélatineuses. Les articles de journaux évoquent plutôt l'éveil du goût pour des plats mijotés, ou le plaisir de la première bouchée de baguette fraîche "que l'on peut manger, sans rien d'autre[12]". Ce plaisir de la découverte des petits restaurants de la rive gauche, les prix abordables, la liberté de boire à sa guise vont drainer vers Paris des artistes qui y trouvent le moyen de mieux exprimer leur talent. C'est donc grâce à sa cuisine que Paris devient la capitale littéraire des États-Unis des années vingt, si on admet que les écrivains "expatriés" ont constitué le fait marquant de la décade dans les lettres américaines.

Beaucoup d'artistes trouvent les loyers de Saint-Germain trop élevés et cherchent un logement dans le morne quartier de Montparnasse. Le café du *Dôme* est déjà fréquenté par de vrais ou pseudo-intellectuels américains. On y sert des repas à n'importe quelle heure, pour répondre à ce besoin qu'ont les Américains de manger à tout moment. Le petit déjeuner se partage entre le café au lait et la tartine beurrée bien de chez nous, et des *corn flakes,* sortes de pétales croustillants servis dans un bol, que l'on arrose, semble-t-il, de lait froid. Cette dualité existe pour le déjeuner et le dîner car le *Dôme* fait une cuisine traditionnelle française et des *club sandwiches* de forme tétraédrique, faits avec des tranches de pain enserrant des viandes diverses et une feuille de laitue. On sert au bar, ce qui est tout récent, des mélanges à base de whisky et de gin, à côté d'apéritifs traditionnels français. L'alcool vendu librement est un facteur d'attrait pour les Yankees qui ont fui le régime sec de leur pays. En face, la *Rotonde* a, dit-on, un patron qui interdit aux femmes de fumer sur sa terrasse. Les habitués viennent avec des bouquins aux titres alambiqués, qui semblent plus les intéresser que la carte du restaurant, puisque l'esprit a, comme chacun sait, besoin de peu de nourritures terrestres. À côté, la terrasse du *Sélect* est pleine d'Américains qui se sont habitués au goût étrange du Pernod vendu comme substitut de l'absinthe, interdite depuis 1915. On sert aux Français attablés du whisky à l'eau alors que d'autres, refusant l'influence de la mode, commandent des apéritifs indigènes. En face, le "complexe" bar-restaurant-café-dancing de la *Coupole* est fréquenté par les seuls Américains argentés. Ces quatre cafés constituent le centre du Paris fréquenté par les Américains – par ailleurs si nombreux que l'on entend parler bien souvent anglais. On peut d'ailleurs se demander si ce ne sont pas les Américains qui ont contribué à déplacer le centre de gravité du Paris à la mode vers ce quartier banal. Ernest Hemingway, correspondant en Europe du *Toronto Star,* le hante depuis 1919. Il en est à son premier mariage et à son premier roman publié. Le personnage central de son livre est à un moment "saturé de vin rouge, de pain, de fromage, de mauvais café[13]", il commande un martini[14] et lui trouve "un goût frais et pur". Il se régale ensuite de sandwiches qui lui paraissent tellement bons qu'il en redemande : "J'en mangeai trois et je bus deux autres martinis. Jamais je n'avais rien goûté d'aussi frais et d'aussi pur. Je me sentais redevenir civilisé." Parler de civilisation, avec des sandwiches et des martinis, est une affirmation que personne n'aurait osé avancer devant des Français avant la guerre.

*Les tenants des "deux" façons de manger*

Est-ce à dire que le nombre d'Américains à Paris provoque l'inversion du sens des influences ? Sûrement pas, mais les Américains sont plus sûrs d'eux, ont perdu leur complexe d'infériorité face aux Français à table et sont moins disposés à subir le diktat selon lequel il n'y a "point de salut gastronomique, en dehors du génie culinaire français". Quand ils apprécient la cuisine française, ils le disent mais gardent leur libre arbitre sur leurs goûts. Hemingway transfère ses goûts d'Américain au personnage de *L'Adieu aux armes,* mais lui-même se plaît devant des plats du terroir français. Il a des adresses confidentielles qui le conduisent jusqu'à Meudon, pour le plaisir de "dévorer des platées [d'une petite friture de goujons, à la] chair tendre et douce, avec un parfum meilleur encore que celui de la sardine fraîche, [qu'il accompagne d']un merveilleux vin blanc qui ressemble au muscadet". Il a son rond de serviette dans un troquet, *Le Nègre de Toulouse,* qui fait un bon cassoulet et il a, dit-il, l'eau à la bouche à la lecture du menu. L'ail ne le rebute guère, les escargots non plus, et il en commande lors d'un voyage en Bourgogne. Quand son invité est appelé au téléphone, il avoue : "Je mangeai ses escargots et sauçai de petits morceaux de pain dans le mélange de beurre, de persil et d'ail, et je bus la carafe de Fleurie." L'éloge qu'il fait de la table chez *Lipp* est de la même veine : "Les pommes à l'huile étaient fermes et bien marinées et l'huile d'olive était exquise. Je moulus du poivre noir sur les pommes de terre et trempai le pain dans l'huile d'olive." Il explique (à ses compatriotes) que le cervelas est "une sorte de grosse saucisse de Francfort, lourde et coupée en deux dans le sens de la longueur, assaisonnée avec une sauce spéciale à la moutarde". Ces traits, qu'il qualifie d'"œuvre d'imagination"[15], montrent que les Américains n'ont pas un goût figé.

Comme Hemingway, John Dos Passos apprécie la cuisine française – au point de dire : "Je vais faire préserver mon cœur dans un pichet de vin de Beaujolais"[16] – et il garde un souvenir ému des vermouth-cassis de la *Closerie des Lilas*. Dans son œuvre, en revanche, ce sont des "hachis roux de *corned-beef*, des morceaux croustillants de pommes de terre, tout en buvant à petits coups son café fortement sucré, des gens qui mangent vite, sans se regarder, les yeux dans leur assiette ou dans leur tasse", d'autres qui se contentent d'un *doughnut* commandé "dans un *diner* installé dans un terrain vague" qui illustrent la vie quotidienne du New-Yorkais. À l'opposé de Dos Passos et de Hemingway, Scott Fitzgerald, qui habite le *Ritz*, représente l'Américain insensible aux charmes de la cuisine française. On peut se demander s'il savait ce qu'il mangeait au restaurant du *Ritz*, mais on est sûr qu'il connaissait bien son bar, devenu l'un des décors de *Tendre est la nuit*. On pourrait même se demander, en observant les Parisiens noctambules qui dansent le one-step, le charleston, écoutent les jazz bands et boivent des cocktails, si Scott Fitzgerald n'est pas en quelque sorte leur modèle. Sans tourner le dos à la cuisine française, on accepte désormais le *shaker*, les cocktails, et même les plats originaires d'outre-Atlantique. Le lieu privilégié pour ce type de confrontation est Montparnasse, car les deux façons de boire et de manger y coexistent. À côté du restaurant *Baty*, où on mange du bœuf bourguignon et des plats de la cuisine bourgeoise, le *Dingo Bar* sert du *corned-beef*. Français et Américains passent la nuit au cabaret *Le Jockey* où le barman d'origine peau-rouge sert des Manhattan et des Old Fashionned.

Gertrude Stein, depuis qu'elle est en France, s'est convertie, par cuisinières interposées, aux bons petits plats. Sorte de trait d'union entre les exilés élégants des beaux quartiers et les assidus de la terrasse du *Dôme* qualifiés de "génération perdue", elle leur fait découvrir, rue de Fleurus, "toutes sortes de bonnes choses à manger". Plutôt que les alcools de grain, elle préfère "des alcools naturels, fabriqués avec des prunes rouges et jaunes, ou des baies sauvages [...] renfermés en des carafons de cristal taillé, et servis dans des petits verres". Quand, en 1934, Gertrude Stein décide de donner aux États-Unis une série de conférences, elle hésite… par crainte de mal manger. Alice Toklas, sa compagne, raconte qu'il a fallu écrire aux restaurants des villes à visiter pour avoir les menus et conclure que du "melon glacé", du *"roast beef"*, et du "crabe à carapace molle meunière" devaient avoir la prééminence sur les "cocktails de légumes en boîte et les salades de fruits en conserve". À leur retour, Alice Toklas publie un article sur la différence entre les cuisines française et américaine. Elle constate que les produits sont meilleurs aux États-Unis qu'en France, mais que la façon de les cuire là-bas les rend immangeables. Elle développe la même idée dans un livre de cuisine autobiographique et conclut que "les fameuses cinq sauces ne suppriment pas, en cuisine française, la texture des produits, alors que les Américains en font, sans utiliser de sauces, une pâtée".

Quand Waverley Root quitte la France en guerre, il retrouve sa Nouvelle-Angleterre natale et note l'évolution du goût de ses compatriotes. Il est frappé par l'usage de l'ail, devenu selon lui "le véhicule d'une sorte de snobisme à l'envers[17]", car en 1927, ceux qui aimaient l'ail étaient mal vus, alors qu'aujourd'hui ce sont ceux qui n'en mangent pas qui le sont. Ses amis qui l'invitaient à dîner mettaient de l'ail dans "chaque plat à l'exception de la glace", comme si c'était un signe de sophistication gastronomique. Les notes et les anecdotes compilées deviennent en 1958 un livre, *The Food of France*. Il reste lui-même, refuse les idées reçues et fait un classement des cuisines régionales suivant le type de gras utilisé pour la cuisson. Il ose critiquer un des bastions de la cuisine française, Lyon, dont les plats lui paraissent lourds, gras, lui rappelant (quelle horreur !) les mets de Philadelphie, "malgré les quatorze restaurants à une étoile et les six qui en comptent deux" dans le *Michelin* de l'époque. Il se rattrape dans le *New York Times* avec une interview de Paul Bocuse. Après une œuvre encyclopédique majeure, *Food,* et avec l'aide de Richard de Rochemont, il place la cuisine de son pays dans une perspective historique, *Eating in America*. À l'évidence, Waverley Root a fait plus pour la promotion de notre cuisine que les diktats pointilleux des gastronomes français et leurs querelles ridicules.

### New York, 1930
*Le dernier fermier quitte Manhattan*

Le krach boursier du jeudi noir de 1929, avec treize millions de titres échangés, s'était mué en dépression générale. "On voyait dans les rues de New York des milliers d'hommes jeunes qui, debout à côté d'un panier de pommes, répétaient d'une voix lugubre : *"Buy an apple… Buy an apple…"* ("Achetez une pomme… Achetez une pomme…") [et un peu partout] de longues queues se formaient devant les lieux où des institutions charitables distribuaient des vivres ; on les appelait *breadlines,* lignes de pain[18]." Les agriculteurs, à qui on avait demandé de produire plus pendant les années de conflit, s'étaient équipés en conséquence, et croulaient alors sous les dettes. C'est dans ces circonstances que Joe Benedetto voit un journaliste de la revue *Time* se présenter à la porte de sa ferme, située à Manhattan, à l'intersection de la 213th Street et Broadway, pour lui annoncer que le prochain numéro va évoquer la vente de sa ferme à un promoteur immobilier. Le dernier vestige d'un Manhattan agricole et bucolique allait disparaître. Cent ans à peine avant cette rencontre, l'Anglais Frederick Marryat notait que le cuisinier de New York qui avait besoin de beurre "l'envoyait chercher à la campagne", une campagne proche dans un Manhattan recouvert de champs, de fermes et de résidences secondaires (sauf à la pointe sud de la presqu'île).

Le style de vie des habitants de New York de 1930 n'avait rien de commun avec celui des 300 000 habitants du Manhattan du siècle précédent, mais on avait dès 1811 anticipé sur les changements à venir. La municipalité avait chargé un certain Randel de concevoir le projet d'urbanisation de la presqu'île, et celui-ci dessina les cent cinquante-cinq rues parallèles allant d'est en ouest et les coupa verticalement par douze avenues. La trame de deux mille vingt-huit *blocks* enserrés par des voies se coupant à angle droit annonçait la fin d'une petite ville à proximité de ses fournisseurs de produits frais. Joe Benedetto était le dernier à vendre sa ferme après bien des agriculteurs qui étaient partis, laissant leur place à la cité qui se développait vers le nord. Il était ainsi confirmé que "la vie quotidienne du New-Yorkais contemporain était plus affectée par le plan Randel que par n'importe quel autre événement de l'histoire de la ville[19]".

*Nourrir les millions d'habitants de Manhattan*

Sur les emplacements des fermes, les immeubles occupèrent plus de surface à l'intérieur d'un *block,* puis ce fut la course vers la hauteur. En 1929, le concepteur du Chrysler Building, sourd aux arguments qui démontraient que la location ne couvrait plus les coûts au-delà du soixantième étage, voulut monter plus haut que la tour Eiffel. Ce même besoin donna à l'Empire State Building ses quatre-vingt-cinq étages surmontés d'une tour observatoire de dix-sept étages. Ces bâtiments, ajoutés aux immeubles d'une trentaine d'étages existants, ont fait s'agglutiner des millions de personnes dans Manhattan. Et les observateurs notent que cette foule "mange peu et tout le temps, [qu']il n'y a pas d'heure ni de lieu de repas". La cohorte de *cafeterias, lunchonettes* et autres *coffee shops* était là pour nourrir cette population grouillante, à condition de faire vite. La vogue des laits frappés favorise les restaurants végétariens et les crémeries (*milk bars*) avec, en guise de repas, des laits chocolatés ou maltés. Les *tea rooms* servant des sandwiches et des gâteaux avec du thé et du café sont combles à midi et le soir.

Le restaurant *Murray's Roman Gardens,* qui se distinguait par un fatras de moulages de sculptures, de plagiats de fastueuses demeures romaines, égyptiennes ou assyriennes, fait des adeptes de la "débauche décorative". On voit naître une "hacienda mexicaine", un "village florentin" ou une "grotte vénitienne"[20]. Dans le quartier chic surnommé *tenderlion* ("filet de bœuf") par un commissaire de police imaginatif, s'installe sur cinq niveaux le *Longchamps Restaurant*. La presse s'extasie sur le jeu de miroirs et sur sa cage d'escalier mais reste silencieuse en matière de cuisine. La construction du *Waldorf Astoria,* qui devait être plus grand et plus beau que l'hôtel détruit du même nom, occupe tout un *block* de Park Avenue. On y déplace "ses salons innombrables, le luxe de ses chambres, de ses bars, de ses dining-rooms[21]". Le *Starlight Roof* concurrence d'autres restaurants haut perchés, comme celui installé sur les toits de l'hôtel *Pierre* où l'"on danse et on dîne à merveille"… L'hôtel *San Regis,* décrit comme un "grand et bel hôtel bien situé", a aussi un restaurant sur le toit. Le *Ritz,* le *Biltmore,* le *Plaza,* le *Voisin* et le *Sherry*[22] servent "ce que les Américains vont chercher l'été à Paris et dont ils sont particulièrement friands : les crêpes Suzette, les pêches flambées, les escargots"… Alors que les architectes installaient des restaurants au dernier étage des buildings, le *Fifth Avenue Hotel,* plus terre à terre, avait occupé une partie du trottoir de la Fifth Avenue, pour en faire un restaurant en plein air. L'hôtel *Brevoort* et le *Longchamps Restaurant* suivent la tendance et servent des repas sur leurs terrasses. Bien d'autres terrasses virent le jour à Manhattan, avec utilisation d'arbustes, de pots de fleurs et de sculptures pour marquer la séparation avec la rue.

    Le nombre total de restaurants à la fin de la guerre était multiplié par trois et beaucoup d'entre eux, bien que modestes, réalisaient un chiffre d'affaires supérieur aux grands établissements de luxe. Leurs clients, des employés de bureau, n'ont pas les moyens de payer de grosses additions et ne savent pas ce que "gastronomie" veut dire. Ils demandent quelque chose de facile à manger pour repartir dans les meilleurs délais. Les petites tables du *Rismont Tea Room* ainsi que leurs beaux sièges métalliques inconfortables poussent dans le même sens. Le propriétaire qui a investi dans un décor extravagant se rattrape par les marges de la soupe en boîte servie avec quelques croûtons sortis d'un paquet, ou des spaghettis en conserve réchauffés et présentés fumants à table. Les self-services ouvrent leur façade sur la rue, ce qui expose autant les clients "au regard des autres que des singes dans la cage du zoo[23]". Il y a quelques façades réussies, dans le plus pur style Art déco, comme *Horn & Hardart*, mais quelle tristesse à l'intérieur avec son "Automat" où les clients glissent une pièce pour avoir accès au plat enfermé dans un petit casier vitré ! "La ville a une horreur biblique pour ce qui est impur ; aussi les restaurants ont-ils l'air de cliniques ; le moindre sandwich, le moindre morceau de sucre est vendu dans des sacs hermétiquement clos[24]." À l'asepsie de certains restaurants s'oppose le pôle cosmopolite qui a "pris aux émigrants allemands leurs confitures, leur charcuterie, leurs delicatessen, aux juifs leurs sucreries, aux Français leurs sauces […] Le New-Yorkais mélange tout cela sur une même assiette".

*Franklin Roosevelt écourte les repas officiels*

    Franklin Roosevelt, le nouveau Président des États-Unis, trouve un pays avec un chômeur pour quatre actifs. Bien des pères de famille passaient à côté des restaurants au décor luxueux sans les voir, occupés qu'ils étaient à fouiller les poubelles pour rapporter quelque chose à manger à la maison. Le gouvernement autorise à porter le seuil du degré d'alcool des boissons de 0,5 % à 3,2 %, ce qui provoque des embauches chez les brasseurs et par ricochet chez les verriers pour fabriquer des bouteilles, chez les tonneliers parce que la bière était servie à la pression, dans les scieries pour fabriquer les caisses et chez les imprimeurs pour les étiquettes… Les taxes sur l'alcool de la nouvelle bière entraient dans les caisses de l'État fédéral au lieu d'aller à la mafia qui vendait plus d'alcool clandestinement que le pays n'en avait jamais bu avant la prohibition. La mise sur le marché de la bière n'a pas augmenté la consommation d'alcool de l'Américain, qui en avait ingurgité par an deux[25] gallons pendant les années de régime sec. Cette baisse va se poursuivre malgré la réouverture des bars, l'alcool servi dans les avions et sur certaines lignes de train.

Franklin Roosevelt encourage par l'exemple la simplicité à table. On est loin de Theodore Roosevelt, qui avait tenu à avoir durant son mandat le "dîner le plus brillant et le plus élaboré qu'a connu la Maison Blanche en quarante-deux ans[26]". Les huit services pour les repas officiels sont ramenés à six. Il n'y a plus de caviar comme hors-d'œuvre, mais un cocktail de crevettes ou d'huîtres ; pour suivre, un jus de tomate, un potage et puis un plat de poisson, un plat de viande avec des légumes. On termine par une salade, un dessert et quelques petits-fours. On sert du vin, mais madame Roosevelt a refusé que l'on revienne à l'habitude des quatre à six vins, comme cela se faisait avant la guerre. "Seuls des vins américains sont servis et seulement deux, un blanc et un rouge, peut-être un sauternes et un bourgogne[27]." Les repas (non officiels) sont remplacés par des buffets dînatoires avec juste un plat chaud qui suit le jus de tomate et qui précède le dessert. C'est encore plus simple quand les invités sont des intimes car le plat chaud est fait d'œufs brouillés, qu'adore le Président. Quand le roi George VI et la reine Elizabeth d'Angleterre rendirent visite aux Roosevelt, "on leur servit un menu tout américain : des *clam cocktails* et… des *hot dogs*[28]".

*Des réactions de défense de la bonne cuisine*

Une petite minorité d'Américains se battent pour le goût des repas. Ils sont soutenus par les gourmets de France qui rêvent d'imposer leurs vues hexagonales en matière culinaire. Le baron de Fouquier entreprend une série de conférences sur la gastronomie, les vins et le tourisme et fonde avec l'inconditionnel de la cuisine française, Julian Street, The Wining and Dining Club. Cet Américain avait qualifié le premier jour de la prohibition "journée nationale de deuil [parce que] l'art de dîner noblement avait été légalement assassiné". Pour lui, l'absence de vin rendait impossible la préparation des grands plats des cuisines française et américaine. Sans sa dose de sherry, le *homard Newburg* devenait, disait-il, aussi insipide que "du papier journal mouillé". Le vin étant à nouveau autorisé aux États-Unis, les membres de cette tête de pont gastronomique étaient conviés, pour l'automne 1935, avec la bénédiction de Curnonsky, à venir goûter nos crus de Bordeaux et de Bourgogne afin qu'ils puissent agir "en terre étrangère", en faveur des vins et de la cuisine de France. D'autres gourmets réunis au sein du Club des arts gastronomiques, fondé aux États-Unis, sans le patronage de Curnonsky, sans menus rédigés en français et sans vins venant exclusivement de France, avaient osé changer l'ordonnancement classique des repas. Heureusement, leur influence réelle était réduite à un tout petit cénacle de snobs payant des cotisations élevées. L'association "Les Amis d'Escoffier" était née de la profession des cuisiniers français qui, face à la menace de la crise et des nouvelles habitudes américaines de manger simplement, s'étaient regroupés afin de "montrer ce qu'ils savaient faire". Les dîners mensuels étaient organisés par les différents chapitres de l'organisation (Boston, Chicago, Washington, Saint Louis, Saint Paul, La Nouvelle-Orléans, Baltimore…). Les règles des dîners étaient des plus strictes (et un peu ridicules) puisqu'il fallait statutairement "nouer la serviette autour du cou pendant tout le repas" !

En 1932 s'est constituée une association new-yorkaise, The Gourmet Society, axée sur l'art culinaire des États-Unis. Un de ses plus importants dîners fut organisé le jour où le ministre de l'Agriculture, Henry Wallace, accepta de le présider. Un invité de marque est une preuve du rôle d'influence que pouvait jouer le club… et cela tourna au délire quand le ministre annonça que désormais "les efforts entrepris par les agriculteurs américains pour sélectionner des produits agricoles [le seraient] en fonction de critères suggérés par les gourmets". Cette importante réunion de la Gourmet Society amena son président, George Frederick, à proclamer New York "capitale culinaire mondiale", détrônant ainsi Paris. La crise, qui avait clairsemé les rangs des grandes adresses parisiennes (*Foyot* venait de fermer ses portes), faisait de New York l'endroit en mesure "d'offrir les critères de qualité les plus élevés, la plus grande variété de délices de la table et de talents culinaires, [plus] qu'aucune autre ville dans le monde[29]". Cette déclaration faite sur le ton le plus sérieux venait clore un repas dont chaque plat avait été choisi pour son appartenance au patrimoine culinaire américain… avec une seule concession : les *petits fours*, en français sur le menu. En fait l'influence française était insidieusement plus présente en cuisine, car celui qui avait préparé ce somptueux repas américain était français[30].

*Il n'y a plus de table dans les appartements !*

Les Français affirment qu'à New York "on vit au restaurant, […] dans les appartements, il n'y a pas de table ni même de salle à manger, éléments essentiels de la civilisation française". Ce n'est pas tout à fait vrai, car les repas, dans leur majorité, sont encore pris à la maison, où l'Américaine fait de sa famille la plus grande consommatrice de conserves du monde. Des bonnes âmes s'en émeuvent, non pour des raisons de gastronomie, mais par crainte de voir la facilité apportée par les conserves "tuer la famille, noyau de la civilisation chrétienne". Le *New York Times* d'octobre 1930 explique au contraire que la crise morale de la cellule familiale n'est pas liée au confort de la femme au foyer, car "elle ne dépense en conserves qu'un tout petit 5 % du total de ses achats alimentaires". Des associations organisent des congrès où l'on discute de l'évolution des techniques culinaires qui devraient permettre de servir des repas complets sans la moindre fatigue. On prédit des appareils ménagers de petite taille, mais ayant de grands rendements. Les journaux reprennent l'essentiel des débats sous des titres alléchants : "Plus de four dans la cuisine", "Les femmes envisagent la cuisine sans effort"… et les hebdomadaires féminins s'attachent à passer de la théorie à la pratique.

Très loin de New York, à Austin, dans le Minnesota, la "petite" entreprise HORmel mettait en boîtes, en 1927, cinq mille jambons par jour destinés à la restauration. Elle décide de s'adresser à la famille avec des boîtes plus petites sous le nom de Spam, contenant de l'épaule de porc assaisonnée. La petite marque de la petite boîte lancée par la petite société allait, après la seconde guerre mondiale, faire mentir ce même article d'octobre 1930 du *New York Times,* qui attribuait une place marginale à la viande en conserve dans les repas des citadins américains.

### Paris, 1931
*Des restaurants dans le quartier du cinéma*
De la Concorde à l'Étoile, des établissements ouvrent leurs portes sur les Champs-Élysées et dans les rues adjacentes, car ce quartier connaît une véritable explosion par le nombre de salles obscures

nouvelles. Jusque-là, il n'y avait que le *Fouquet's* pour représenter la bonne cuisine française à l'ouest de chez *Larue,* et désormais d'autres restaurants complètent le dispositif. Peu de restaurants rivalisent en fait avec *Larue,* dont le "taux de remplissage" témoigne combien les Français apprécient cet endroit où l'on voit défiler "tous les trésors de la terre, accommodés à miracle par un chef illustre[31]", mais il est difficile d'avoir le talent d'un Édouard Nignon. Pour les gestionnaires des maisons de production et pour les représentants des studios de Hollywood installés dans cette avenue, ce n'est pas important puisque le déjeuner est le moment où l'on conclut accords et contrats. Pour cette catégorie d'hommes d'affaires, la cuisine n'a pas d'importance.

Le Club des cent, le Club des purs-cent s'investissent dans la défense de la cuisine française traditionnelle, l'"Académie des œnophiles assure la propagation de cette gloire nationale qu'est le vignoble de France". D'autres clubs s'attachent à découvrir de nouveaux chefs pour mieux leur attribuer satisfecit et blâmes. Les querelles vont jusqu'à frapper "d'excommunication majeure un homme qui s'est décoré – ou laissé décorer – du titre de prince des gourmets [pour avoir bu, avec du] pâté de foie de canard, [un verre de] haut-sauternes". Il faut dire que la mission d'arbitre des goûts que s'est donnée Curnonsky est difficile. Pris sous le feu de la révolte des cuisiniers contre leurs juges, témoin de la tendance à réduire le temps passé à table, assailli par les conserveurs et les chimistes de l'alimentation qui cherchent à occuper le terrain avec de pâles reproductions des bons plats de France, il choisit la tradition. Il accuse les gargotiers, qui servent de la truite d'élevage (déjà !) au goût de "linge mouillé et qui nage dans de la colle de tapissier", dénonce le "redoutable foie gras enrobé d'une glace industrielle" (déjà !) et attaque les cuisines étrangères qui menacent l'"éminente et millénaire supériorité de la cuisine française". Il crée l'Académie des gastronomes

*La gastronomie va-t-elle aussi bien qu'on le dit ?*

qui comporte, comme l'autre, quarante fauteuils.

Les employés, les ouvriers et les petits salariés rêvent de plats comme sait les décrire le prince, mais les contraintes de leur travail et le montant de leur salaire les ramènent sur terre. Les réfectoires des entreprises où l'on "apporte sa gamelle" sont loin du rêve du gourmet. L'exiguïté des logements de cette catégorie sociale interdit aux familles d'avoir une bonne cuisine ou de faire de bons repas chez soi. Les hommes politiques se gargarisent des subventions instaurées pour que les familles démunies aient un logement (donc une cuisine) plus vaste, mais celles-ci restent confidentielles. Toute une théorie tendant à démontrer la relation entre la pauvreté et la bonne cuisine est échafaudée, mais elle s'applique plutôt aux plats de la campagne qu'à ceux du citadin mal loti. Cela ne veut pas dire qu'à l'autre bout du spectre social on sait forcément apprécier ce que signifie "bien manger". L'exposition des Arts déco qui se tient au Grand et au Petit Palais en 1925 est à cet égard exemplaire dans sa relation avec la table. On y a vu notamment de nombreuses applications pour les salles à manger des familles qui se veulent à la page. Ce style moderne, qui "ne ressemble à rien de ce qui a existé jusque-là", permet à beaucoup de gens de s'autoproclamer gourmets. Comment leur refuser ce titre quand ils ont consacré tellement d'argent pour la table de leur salle à manger ?

Malgré ses affirmations, Curnonsky déroge aux principes qu'il a lui-même édictés. Quand il se rend chez Miss Viola Rodgers avec cent trente gourmets pour goûter un *smörgasbord* (buffet suédois), il oublie que sa mission est de "conserver et développer le goût de la bonne cuisine française". Peu importe, les convives se régalent du plat incontournable d'un tel buffet : le *hareng à l'aigre-doux,* dont la marinade de vinaigre et de sucre est fort éloignée des saveurs d'un plat de France. Heureusement, les *langoustes à la nage* et les *poulardes vallée d'Auge,* qui venaient après les hors-d'œuvre vikings, faisaient oublier la célébration des victuailles étrangères. Et pour mieux effacer les méfaits de la "cuisine cosmopolite" du début du repas, la *pièce de bœuf à la royale* flanquée d'un clos-vougeot et d'un corton 1911 venait à point nommé. Cette incursion est loin d'être une exception puisque Curnonsky, accompagné d'une délégation du Club des cent, récidive chez la même Miss Rodgers, qui a fait cette fois un gigantesque "barbecue" en plein air. Le prince apprécie, semble-t-il, ce plat venu de l'Amérique profonde et le qualifie d'"extraordinaire[32]" en le comparant au *bœuf à la cuiller*. Le morceau de bœuf était, paraît-il, tellement tendre et moelleux qu'on pouvait le manger avec une cuiller, comme le *gigot à la cuiller* dont Curnonsky avait donné la recette par ailleurs[33]. Comparer le barbecue à un plat français est un éloge marqué, confirmé par le plaisir des invités qui se rendaient auprès du cuisinier pour "choisir une portion, l'assiette à la main". De telles incartades sont difficiles "à avaler" par les cuisiniers français, surtout quand elles sont faites par les censeurs. On ne veut plus de ces culinographes[34] qui s'autoqualifient de "public d'élite" et qui traitent les cuisiniers qui osent les contrer d'"agréables plaisantins". Alors ils lancent un cri d'alarme pour dénoncer l'invasion d'habitudes anglo-américaines.

*La cuisine se porte mal, malgré ce que l'on dit*

"Nous ne sommes ni à New York ni à Londres, où les *publics' bars* reçoivent des milliers de consommateurs dont le déjeuner de midi n'a pour eux qu'une importance secondaire[35]", disent les cuisiniers. Cette manie de manger vite, de manger debout, de manger simple attire les Français "vers des maisons nouvelles qui font le même travail à prix réduit et sans confort". Même les bouillons et les petits restaurants subissent la concurrence des "mange-debout où le couvert, le pain, le service sont gratuits". La restauration souffre également du nombre de ses censeurs, écrit Montagné dans la *Revue culinaire*. Pelleprat observe une "évolution lente de cette décadence de la cuisine moderne" et Dumont Lespine craint que la cuisine ne soit "menacée par le machinisme et la standardisation". Si la situation économique ("cette incertitude du lendemain qui fait que l'argent manque de stabilité") vient en tête des difficultés que connaît la "grande cuisine", il y a aussi les nouveautés techniques ("des extraits d'arôme, des viandes congelées, des œufs refroidis, des fruits de chambre froide, des beurres qui n'en sont pas, des laits condensés"), et aussi le fait que les gourmets (la "République a plus de gastronomes que le premier et le deuxième Empire à la fois") font beaucoup de mal en instaurant des "tribunaux de la cuisine où la louange est honorée de diplômes et où le jugement est sans appel". Les cuisiniers en vue reçoivent des coups de griffe, comme Montagné, "homme célèbre auprès de tous les vrais gourmands", à qui Constantin-Weyer reproche de parler du vin "comme un aveugle des couleurs" ! Critiques qui stérilisent les efforts qui sont faits en faveur d'une nouvelle cuisine et qui, au contraire, exigent la "soumission pleine et entière aux canons de l'orthodoxie".

Montagné, qui a déjà une dizaine de livres à son actif, écrit *Le Grand Livre de cuisine* et officie, depuis le début des années vingt, dans son restaurant. Il s'agit de deux pièces, pas très spacieuses, où tous les gourmets de France passent des moments inoubliables. De nombreux Américains viennent aussi en pèlerinage et confirment qu'il n'y a pas dans leur pays que des "mange-debout" qui se nourrissent de sandwiches. À leur retour, ils affirment que c'est à la rue de l'Échelle que "la haute cuisine de France atteint sa perfection[36]". La simplicité de l'enseigne, *Montagné Traiteur,* la simplicité du décor, le fait de voir la cuisine et le patron derrière ses fourneaux démontrent aux Américains qu'il faut faire la différence entre l'assiette et le décorum. Peut-on rêver

*Le Ketchup et le Gratin*

plus grand hommage qu'un long article dans le *Saturday Evening Post,* qui titre "Les meilleures choses que j'aie mangées", citant l'œuvre culinaire de Montagné ?

1. Maurice des Ombiaux, *L'Amphytrion d'aujourd'hui,* Dorbon Aîné, 1936.
2. Où il retient la recette de la fondue au fromage de l'*Auberge du Lion-d'Argent.*
3. Thierry Boissel, *Biographie de Brillat-Savarin,* Presses de la Renaissance, 1989.
4. N'est-il pas curieux de constater que les *scrambled eggs* du *breakfast* des Américains étaient considérés en 1794 comme un plat nouveau pour eux, du moins d'après Brillat-Savarin ?
5. "Du vin et du haschisch", in *Les Paradis artificiels,* Baudelaire.
6. Constantin-Weyer M., *L'Âme du vin* (Rieder, 1932), dédié à Maurras, ce qui situe bien l'anti-américanisme primaire qui anime l'auteur.
7. En français dans le texte de l'autobiographie de Waverley Root, *The Paris Edition,* Samuel Abt, 1987.
8. Il fallait expliquer au lecteur américain la différence entre *fried potatoes* et *french fries.*
9. Un autre journaliste du *Chicago Tribune,* William Shirer, fait, en 1925, à la même heure tardive, un périple équivalent qui se termine à la *Brasserie Balzar,* rue des Écoles, pour descendre quelques verres de bière et une choucroute garnie.

## La gastronomie va-t-elle aussi bien qu'on le dit ?

10. Rapporté par A.J. Liebling dans *Between Meals,* North Point Press, 1986.
11. Écrivain américain, dans un roman un peu autobiographique, *Of Time and the River.*
12. Janet Flanner, encore une fois.
13. Ernest Hemingway, *L'Adieu aux armes,* Gallimard, 1948. Cette œuvre à été publiée à Paris en américain en 1929.
14. Pas la marque de vermouth, mais le cocktail fait d'un tiers de vermouth blanc et de deux tiers de gin, servi avec une olive.
15. Ernest Hemingway, *Paris est une fête,* Gallimard, 1964. Les mots "goujon" et "pommes à l'huile et cervelas" sont en français dans le texte.
16. "Pichet de vin de Beaujolais" en français dans le texte rapporté par Brian N. Morton, *Americans in Paris,* The Ollivia and Hill Press, 1984.
17. Waverley Root, *Food,* Simon and Schuster, 1990.
18. André Maurois, *Histoires parallèles. USA 1917-1960,* Presses de la Cité, 1962.
19. Jerry E. Patterson, *The City of New York,* Abrams.
20. Ce particularisme existe cinquante ans après. Les hôtels d'Eurodisney en France imitent le *pueblo* mexicain ou la ville du Far West.
21. En anglais dans le texte du très français Paul Adam, *Vues d'Amérique,* Ollendorff, 1906.
22. Il s'agit d'un nouveau restaurant portant le nom de *Sherry's.*
23. Rapporté par Robert Stern dans *Architecture and Urbanism between the Two World Wars,* Rizzoli, 1995.
24. Paul Morand, *New York,* Flammarion, 1929.
25. 1,95 gallon, pour être précis quant à ce chiffre forcément imprécis, sans tenir compte de l'alcool contenu dans la bière.
26. Catherine Mackenzie, "Repas plus simples à la Maison Blanche", in *New York Times Magazine,* 9 décembre 1934.
27. Les appellations américaines sauternes et bourgogne ne signifiaient rien en 1934.
28. André Maurois, *op. cit.*
29. *The New York Times,* 15 novembre 1937.
30. Le compte rendu du banquet ne donne que son prénom, Lucien, et précise qu'il a été invité à la salle à manger et félicité.
31. Robert Robert, *Le Guide du gourmand à Paris,* Bernard Grasset, 1932.
32. Curnonsky et Pierre Andrieu, *Les Fines Gueules de France,* Firmin-Didot, 1935.
33. Selon La Reynière, dans une de ses chroniques hebdomadaires du *Monde.*
34. Barbarisme qui définit les auteurs des ouvrages de recettes.
35. J.M.A. Martin, *La Cuisine en regard du passé et de l'avenir,* Éditions de la Toque Blanche, 1935.
36. Julian Street, *Where Paris Dines,* W. Heynemann, 1929.

∞ *Chapitre XI*
*Où mange-t-on le mieux ? En Amérique ou en France ?*

> *"Avec sa barbiche blanche et sa cravate lavallière, le "colonel" Harland Sanders est conforme au portrait, mais sa carrière se déroula au feu des fourneaux de cuisine et son apport tactique consiste en un perfectionnement dans la manière de frire le poulet en utilisant une friture pressurisée. Il est sorti de cette inspiration le* Kentucky Fried Chicken.*"*
> Raymond Cartier, *Les Cinquante Amériques,* Presses de la Cité.

**New York, 1ᵉʳ mai 1939**
*Deux repas pour ouvrir l'Exposition universelle*
L'Exposition universelle de New York avait pour thème "Le Monde de demain", symbole d'une Amérique qui avait retrouvé la foi en l'avenir. Franklin Roosevelt était arrivé à midi pour le déjeuner avec trois cent cinquante chefs d'État et ambassadeurs, alors que mille personnes se pressaient autour du buffet prévu dans un autre bâtiment. On fit ensuite une tournée derrière Roosevelt, qui s'extasia devant la Lagune des Nations et le Futurama. Les quotidiens populaires publient

quelques chiffres relatifs au nombre de repas servis. Sur ce dernier point, chaque journaliste a utilisé sa méthode. Les plus stricts arrivaient, pour les trente-neuf restaurants et *lunch bars* situés dans l'enceinte de l'Exposition, à vingt mille places assises, soit, pour les quatre services du premier jour, quatre-vingt mille personnes. Ce calcul convenait mal à un peuple pour qui le repas n'impliquait pas forcément une chaise et une table... en ajoutant ceux qui avaient mangé debout des *frankfurters* et des *doughnuts*[1], on dépassait le cap des cent mille personnes. La précision, en fait, n'avait une importance que toute relative, car il y avait, pour manger, foule partout et tout le temps. Même la cantine pour exposants fut prise d'assaut par les concessionnaires et leurs invités, qui n'avaient pas eu la patience d'attendre leur tour dans les restaurants de l'enceinte.

Les restaurants américains de l'Exposition répondaient à toutes les attentes, à toutes les envies, à tous les prix. Le club sandwich rebaptisé pour la circonstance *The World's Fair three ring club sandwich*, avec olives et cornichons, coûtait 90 *cents*. *The Chef's own special hot turkey au gratin sandwich* servi avec une rondelle de cornichon valait 1 dollar. À 50 *cents,* on avait un simple sandwich de poulet, à 35 *cents* un sandwich de sardines, et un sandwich de fromage américain à seulement 20 *cents,* sans cornichon, bien évidemment. Les boissons allaient de la bière, pression ou bouteille, au thé glacé en passant par le fameux *postum* servi chaud, mais des *cocktails* ou des *mixed drinks* forts en alcool étaient également servis. Les visiteurs qui, ce premier jour, avaient beaucoup trop bu, étaient renvoyés chez eux après que la police eut fait l'inventaire écrit et chiffré du contenu de leurs poches. On épinglait sur la veste un exemplaire de l'inventaire, avec copie au chauffeur de taxi chargé de les reconduire jusqu'à l'intérieur de leur domicile. Le chauffeur rendait alors le paquet scellé du contenu des poches, délesté du montant de la course.

*Où mange-t-on le mieux ? En Amérique ou en France ?*

*Les Français visent la qualité, pas la quantité*

Les autorités françaises prirent une certaine distance par rapport à la horde de visiteurs affamés pour promouvoir la gastronomie. La voie de l'éclectisme était la seule possible car, comme chacun sait, la gastronomie s'adresse à quelques *happy few* et, pour eux, on construisit un prestigieux restaurant. Il fallait un responsable tout aussi prestigieux : ce fut Jean Drouant, *"one of the most esteemed restaurateurs of Paris*[2]*"*, qui fut choisi. Pour que le nombre de couverts reste dans des limites maîtrisables, le *Restaurant du Pavillon de France* ne devait pas avoir plus de trois cent soixante-quinze places, ce qui était déjà énorme pour la cuisine française. Il aurait été ridicule de viser les milliers de visiteurs qui cherchaient à manger, comme il aurait été absurde d'imaginer servir à toute heure. Seuls des plats dignes de représenter le meilleur de la cuisine française devaient figurer dans le restaurant tricolore, d'où la nécessité d'insérer les repas dans un créneau horaire étroit. Le recrutement des cuisiniers avait été confié au maître d'hôtel Henri Soulé qui a constitué les brigades avec les meilleurs éléments de la restauration française.

Le premier dîner tenait son pari haut la main avec un service attentif et des assiettes au contenu sublime. La qualité de ce qui était servi valait, pour les Français de métropole qui pouvaient se l'offrir, le long voyage. Il fallait s'y précipiter : une exposition est éphémère et, de plus, les nouvelles en Europe ne laissaient pas augurer des traversées de l'Atlantique sans risque. Pouvoir dire que l'on avait goûté à cette exquise cuisine française si loin de ses bases faisait partie de la panoplie de tout gastronome digne de ce nom. C'est à monsieur Drouant que revenait l'honneur de présenter à l'ambassadeur de France, et à trois cent soixante-quinze convives, le menu du premier repas. On avait accepté que des cocktails fissent partie des apéritifs, unique concession faite au public auquel on s'adressait. Le menu commençait par un *double consommé de viveurs*[3] suivi d'un *homard*, de *noisettes de prés-salés avec pommes noisettes et cœurs d'artichaut farcis,* puis ce fut le tour du *chapon fin à la gelée d'estragon* et le *cœur de laitue princesse*[4], puis enfin les desserts. Le repas était accompagné d'un graves blanc, d'un rouge du Médoc et d'un champagne. Les prix étaient comparables à ceux des hôtels de luxe de New York. Les jours se suivent et confirment l'excellence de la cuisine. Le premier commis poissonnier, Pierre Franey, raconte que le restaurant a fermé quand la guerre a éclaté entre la France et l'Allemagne, les membres de la brigade étant mobilisés.

Le succès obtenu par la cuisine du *Restaurant du Pavillon de France* auprès des New-Yorkais et des visiteurs venant de tous les États-Unis fut immense. Le temps d'attente pour avoir une place se comptait en semaines. Son directeur, Henri Soulé, constatant qu'il y avait une clientèle pour apprécier la grande cuisine française, décide d'installer après l'Exposition un restaurant haut de gamme dans Manhattan. À l'époque, deux restaurants français émergeaient dans la presqu'île, le *Restaurant Passy* de la 63rd Street, qui avait, de l'avis de tous, une cuisine remarquable, et le *Voisin* de Park Avenue, fréquenté par le gotha new-yorkais avec une cave prestigieuse et une excellente cuisine. Soulé voulait que son projet concurrence directement ces deux dernières adresses. Le succès du *Pavillon* ouvert le 15 octobre 1941 est en effet immédiat car, pour tous, il s'agit du prolongement des cent trente mille merveilleux repas servis par le *Restaurant du Pavillon de France* à l'Exposition. Beaucoup d'Américains avaient découvert la grande cuisine concoctée par une brigade de trente-cinq personnes et servie par une autre de soixante-dix en salle. *Le Pavillon* devait leur faire revivre cette expérience et, pour assurer la continuité, Soulé avait engagé les meilleurs éléments du restaurant de l'Exposition. Pierre Franey est de ceux-là et devient chef poissonnier, avant de prendre la direction des fourneaux, qu'il va garder jusqu'en 1960. Le rêve de Henri Soulé de faire mieux

*Où mange-t-on le mieux ? En Amérique ou en France ?*

que tout ce qui s'était fait en gastronomie française à New York devient réalité. "New York avait de merveilleux restaurants avant *Le Pavillon*. Il y avait *Voisin* et d'autres bien sûr, mais lors de mon premier repas au *Pavillon*, je me souviens d'avoir pris conscience qu'un incontestable grand restaurant avait ouvert, pour la première fois, en Amérique[5]." Soulé applique une sélection rigoureuse aux produits locaux. Pierre Franey marie la finesse exceptionnelle de l'alose du Delaware avec une mousse de soles importées des côtes françaises. Cette spécialité s'ajoute au *homard du Pavillon* et au *consommé de viveurs*, et fait de la carte de ce restaurant l'une des plus prestigieuses. Les critiques les plus difficiles ont rendu unanimement hommage à Soulé en le surnommant "le Fernand Point des Amériques". Son action en faveur du bon goût, appuyée par l'exceptionnel chef qu'était devenu Pierre Franey, prend l'allure d'une institution dans la lignée du *Delmonico's* et de son chef Ranhofer. Cette institution se prolonge quand *Le Pavillon* déménage pour laisser la place à *La Côte Basque* ("*Le Pavillon* des pauvres" !), que Soulé crée en 1959. En 1960, Pierre Franey quitte *Le Pavillon* pour se consacrer à la rédaction d'articles dans le *New York Times* et à la publication d'ouvrages. *Le Pavillon* a joué le rôle de détonateur auprès d'un public qui va, dès la fin des années cinquante, s'intéresser à cette chose qui s'appelle le goût, car il est difficile de rester insensible aux repas qu'on y sert. Soulé meurt en 1966 à *La Côte Basque*, alors qu'il passait une commande, c'est-à-dire en pleine action en faveur de la cuisine qu'il aimait… L'on ne peut s'empêcher d'évoquer la fin de Molière, car comme lui, c'est sur "sa" scène que le grand artiste s'est éteint.

## Paris, septembre 1939
*Bouchées doubles à la veille de la guerre*

La mobilisation générale est décrétée le 1<sup>er</sup> septembre, deux jours avant l'entrée en guerre de la France contre l'Allemagne. Cet événement va bouleverser la vie de quarante et un millions de Français, provoquer d'énormes migrations de populations et transformer leur façon de manger. Quelques mois avant le début des hostilités, tout semble prétexte à se mettre à table. Ceux qui ont les moyens n'hésitent pas à faire le voyage en Amérique pour voir à quoi ressemble notre cuisine là-bas, mais se régaler au *Restaurant du Pavillon de France* à New York n'est que la partie visible de l'iceberg. Toutes les occasions sont bonnes pour faire un repas de fête, les opportunités se multiplient et favorisent la préparation de plats plus riches, comme si l'on sentait proche la fin de la période où de tels excès étaient possibles. Ceux qui se piquent de savoir manger (c'est-à-dire presque tous les Français) étaient pris d'un irrésistible mouvement des mandibules pour mettre des bouchées doubles. En juillet, beaucoup sont partis en vacances en voiture (il en circule près de deux millions et demi) : les restaurants comme *Dumaine* à Saulieu, ou d'autres, font le plein. Ceux qui sont partis en vélo (il y en a trois fois plus) grâce aux congés payés installent une table pliante sur les bords de la route qui mène à Trouville ou s'arrêtent au *Relais des Routiers* d'une petite bourgade. Quand on reste en Région parisienne, on profite des vacances pour manger une friture dans une guinguette sur les bords de la Marne. Ray Ventura lance par cinéma interposé la chanson prémonitoire *Tout va très bien Madame la Marquise*. Les cuisiniers, qui pressentent peut-être qu'un coup fatal va être porté à la profession, créent des plats nouveaux et, tel un chant du cygne, font de l'été et de l'automne 1939 un des moments glorieux de la cuisine. On mange et on danse. On va au cinéma voir *Toute la ville danse* qui vient de sortir, sorte de miroir puisque le Paris des dancings chics et des guinguettes s'envole comme jamais auparavant. On va au théâtre pour applaudir Jouvet, Guitry, mais on termine la soirée au restaurant. On s'amuse en mangeant, on mange pour s'amuser ou pour oublier, pour ne pas voir ce qui se prépare. Avec le recul, il est facile d'identifier les signes annonciateurs du conflit qui expliquent cette sorte de gloutonnerie collective, mais ce qui est visible après coup ne l'est que rarement pour les contemporains. La majorité des clubs de gastronomes avait conçu des règlements permettant à leurs membres de devenir sourds aux bruits de bottes ou aveugles aux événements politiques. Dès la fin des années vingt, il était statutairement "défendu de parler de la crise et de ses conséquences" en réunion, sous prétexte de recentrer l'attention sur les sens gustatifs et olfactifs. De telles règles ont contribué à déconnecter les gourmets des événements dramatiques de septembre.

*Il manque au soldat le repas en famille*

Au début du conflit, on dénombre, en simplifiant, trois mouvements majeurs de population : les six millions d'hommes mobilisés qui se retrouvent au front – dans un service de logistique ou dans un camp d'entraînement –, l'exode mal maîtrisé des populations civiles frontalières et, enfin, l'évacuation volontaire de familles entières, de personnes âgées ou d'enfants des grandes villes.

La mobilisation dure un bon mois. Pour les hommes déjà attelés aux fortifications qui longent le Rhin, les choses changent peu, si ce n'est que la qualité des repas, déjà éloignée de celle consignée dans les manuels militaires, baisse encore. Où sont les onze sauces du *Manuel du cuisinier militaire en campagne* rédigé par le capitaine J. Laribe ? Personne sur le front ne décèle la différence entre la sauce pour le bœuf bourguignon, avec ses cent grammes d'ail pour dix-huit kilos de viande de bœuf, et la sauce pour le bœuf en daube, avec le double d'ail, l'ajout de "carottes épluchées et coupées en dés" et le vin blanc au lieu du rouge. Presque jamais de poisson et encore moins de la *pochouse,* qui nécessite pour cent hommes dix litres (dont un de vin blanc) de court-bouillon et seize kilos de poisson frais ! Les réservistes qui se retrouvent en uniforme découvrent une cuisine qui ne ressemble pas à celle qu'ils avaient "à la maison" mais, heureusement, les colis envoyés par les familles améliorent l'ordinaire. En décembre 1939, la presse décrit le mess des officiers comme "un des lieux géométriques de la courtoisie et même à certains égards de la gastronomie française". On dit que le général Georges a fait spécialement affecter un grand chef à son quartier général.

L'exode des civils frontaliers est le mouvement de population le plus dramatique. Les règles administratives leur imposent de ne pas emporter plus de trente kilos de bagages par personne ni plus de trois jours de vivres. Les aides promises par l'État viennent tard et les "évacués" doivent se débrouiller pour trouver une résidence en Dordogne ou dans le Gers. Les logements sont vétustes et les autochtones ne sont pas préparés psychologiquement, ni équipés pour les recevoir. Il y a peu de choses en commun entre les deux populations : l'accent est différent – quand ce n'est pas la langue –, le niveau de vie est plus élevé chez les Alsaciens que chez les Périgourdins. Les maisons que l'on attribue aux déplacés ont des cheminées avec trépied et crémaillère pour soutenir et soulever la marmite, alors que les arrivants n'ont jamais appris à cuisiner de cette façon. Les saucisses, la viande de porc fraîche ou salée, les choux, la choucroute, les vins, et surtout la bière, auxquels sont habitués les habitants de l'Est, n'ont rien à voir avec les produits du Gers. Il faut du temps pour s'habituer aux châtaignes grillées, et comme on ne sait pas reconnaître les champignons, on ne va pas les ramasser dans les sous-bois. L'oie est l'exception à la règle, mais on n'a pas les moyens de s'en payer une. Les cafés changent de nom pour s'appeler *À la vraie choucroute,* ce qui aide un peu les arrivants !

L'évacuation des familles, des personnes âgées et des enfants vers la campagne est moins traumatisante. En s'approchant de la nature, on devrait avoir des produits plus frais, meilleurs, moins chers, mais les locaux réquisitionnés pour les enfants ont bien peu de confort. Les plus mal lotis sont ceux qui doivent habiter dans des granges ou des étables désaffectées. Curnonsky n'a pas intérêt à rester à Paris sans clubs de gourmets, sans invitations à dîner, sans activité d'écrivain, sans Académie. Il s'est souvenu de la cuisinière qu'était Mélanie Ruat et qu'il avait découverte en 1919 en vacances, alors qu'elle tenait une sorte d'épicerie avec quelques tables dans le Finistère, à Riec-sur-Belon, pas loin de Pont-Aven. Il avait en son temps considéré que l'on devrait lui élever une statue, car elle "fit plus pour la renommée de ce petit pays que tous les guides de l'univers". Il avait admirablement mangé : "délicieuses huîtres du pays, fameux homard à la crème et palourdes de Belon grillées, ragoût de congre, poulet en cocotte"… Depuis, la maison avait une salle de cent couverts et les articles du prince avaient fait affluer "toute l'Europe gastronomique". Curnonsky avait l'espoir d'y mieux manger qu'à Paris, puisque Riec-sur-Belon était réputé pour ses parcs à huîtres.

La vie quotidienne des Français (non déplacés) à table ne change pas dans les premiers mois de la guerre car la ménagère trouve au marché ce qu'elle veut. On a certes acheté beaucoup de produits alimentaires en septembre et en octobre pour constituer un stock, mais rien de comparable à la panique du début de la guerre de 1914. Un reportage sur l'Angleterre fait état du rationnement de certains produits, mais l'Angleterre n'est pas la France. De plus, les récoltes sont excédentaires. En février 1940, des restrictions qui touchent au nombre de plats dans les restaurants, aux jours sans viande et à certaines catégories de chocolat sont plutôt perçues comme une contribution civique volontaire. Et tout d'un coup, c'est l'invasion de la Hollande et de la Belgique avec des centaines de milliers d'hommes et de femmes qui fuient vers le sud, sans provisions. La situation quotidienne des civils de l'exode frise l'horreur. Ils n'ont souvent pas à manger et sont même obligés de payer l'eau qu'ils boivent. Les nouvelles, malgré la censure, sont alarmantes ; c'est Dunkerque, puis le front cède à Sedan, et voilà les Allemands à Paris. L'armée allemande dépasse Paris le 14 juin 1940, traverse la Loire, longe le Rhône et déferle sur l'Ain, et le premier véhicule blindé fait son entrée à Belley, la ville de Brillat-Savarin.

*Conserver deux jambons, sans perdre une miette*

Une petite demi-heure avant l'entrée des Allemands à Belley, Gertrude Stein et Alice Toklas y avaient rempli leur automobile de victuailles. Elles durent emprunter un étroit chemin de terre battue, connu des seuls autochtones, pour rejoindre leur spacieuse maison de Bilignin. Dès que le seuil fut franchi, leur cuisinière, la veuve Roux, referma le portail et rejoignit la voiture que les deux occupantes commençaient déjà à vider. Pour Gertrude et Alice, le temps s'écoulait sereinement durant la drôle de guerre et quand elles apprirent que Paris était tombé, quand l'inéluctable arrivée des Allemands dans l'Ain s'était imposée à leur esprit, elles étaient allées à Belley pour faire le plein de provisions. Elles rapportèrent des boîtes de conserve, des produits d'épicerie divers, ainsi que deux énormes jambons non préparés. Malgré l'angoisse née de la venue des Allemands, leur préoccupation première était la préparation des deux jambons, sans perdre le moindre morceau. "Dans quoi devions-nous les cuire pour qu'ils puissent se conserver indéfiniment ? Nous avons décidé que ce serait dans du marc du Bugey. Cela paraissait complètement farfelu, mais cette idée nous a permis de vivre avec ces deux jambons tout l'hiver, et bien avant dans le printemps suivant. L'eau-de-vie de cuisson avait été récupérée avec soin, mise en bouteilles, bouchée et [avait] servi à tonifier les légumes d'hiver."

Après six semaines, les Allemands se retirent au nord de la ligne de démarcation et le pays est divisé en deux. En juin 1940, le gouvernement de Vichy instaure le rationnement pour la plupart des produits alimentaires. Les réfugiés ont grossi la population de la zone libre, rendant les stocks plus maigres encore – ils maigriront encore plus par les réquisitions. On ne trouvait plus rien à manger en dehors de ce qu'autorisaient les tickets. Ceux qui s'étaient précipités chez les commerçants, comme Alice et Gertrude, avaient des boîtes de sardines, des légumes secs, des pots de confiture et quelques autres denrées qui ont duré jusqu'à l'automne 1940. L'été de cette même année voit une production exceptionnelle de tomates, en provenance des cultures potagères paysannes et des jardins potagers de particuliers. Les Français se régalent et, pour en prolonger le plaisir, il faut conserver celles que l'on n'a pas mangées. C'est ainsi qu'Alice Toklas a appris à mélanger de l'acide salicylique avec les tomates coupées en huit et à les faire cuire à feu doux. Ceux qui n'ont pas de jardin pratiquent le sport national qu'est le troc, un vieux costume contre des produits comestibles, un œuf contre de l'eau grasse où a trempé la vaisselle pour être incorporée à la nourriture du cochon. Quand le troc atteint ses limites, le marché noir prend le relais, pour avoir plus de tickets ou pour acheter sans ticket. On essaie d'avoir un poulet ou une livre de beurre, à des prix qu'il ne faut surtout pas discuter si on veut pouvoir récidiver. Des inconnus proposent un litre de lait, une cervelle d'agneau, une cuisse de veau difficile à conserver sans glacière et qui sera partagée avec les voisins. On essaie d'élever chez soi un agneau, un cochon, des écrevisses. On met l'animal en pension chez un fermier mais il faut faire face à des aléas, car le paysan qui cherche à justifier la maigreur de son pensionnaire dira sans rire : "Je ne sais pas ce qu'il a, votre cochon, mais je n'arrive pas à le faire manger."

À Paris et en zone occupée, la réglementation est plus sévère qu'en zone libre. Pendant les cinq ans d'occupation, il y aura bien des drames au plan alimentaire, mais la ménagère fait au mieux avec les produits disparates des arrivages hasardeux. Plus question de gourmandise, mais des astuces pour survivre le moins mal possible, ce que ne permet pas la carte de rationnement. Difficile d'accommoder cinquante grammes de viande par jour[6] provenant des "mille quatre cent quarante grammes pour une période de vingt-huit jours", d'où l'idée de la préparer tous les deux jours pour qu'il en reste. Si on peut ajouter à cette quantité ridicule de protéines du poisson, par exemple, il faut le faire "sans penser à ses préférences gastronomiques". Si le marché manque de poissons de mer, de poissons de rivières, de mollusques, de crustacés, la ménagère se rabat sur des protéines végétales – les lentilles, les fèves, les haricots qui sont moins difficiles à trouver. Il faut des tickets pour deux cents malheureux grammes de fromage. On découvre le filon des déchets de beurrerie. Cent grammes d'une poudre blanche, la caséine, incorporés dans de la purée, compensent les protéines de trois cents grammes de viande. La caséine donne l'illusion du steak sans steak, mais les pommes de terre pour faire la purée sont introuvables, et leurs succédanés – rutabagas, topinambours ou orge perlé – ne sont pas bons. Si la ménagère tombe sur un œuf, une langue de veau, un morceau de boudin, une andouillette, elle a le complément de protéines non couvert par les seuls tickets. Pour "étirer" l'usage des œufs, on conseille[7] de séparer les blancs des jaunes, de monter en neige les blancs, d'y incorporer de la mie de pain trempée dans du lait écrémé, de battre l'ensemble, de le saler, de le poivrer et de le cuire comme une omelette (sans jaunes). Des livres de recettes imaginatifs démontrent que l'on peut faire plus avec moins : utiliser l'eau de cuisson des pâtes dans les potages, faire perdre sa saveur désagréable à un beurre qui a ranci, garder le gras lâché par des saucisses que l'on a fait revenir, rissoler des topinambours dans la graisse abandonnée par une hypothétique côte de veau, choisir (chez le pharmacien) la bonne huile de paraffine pour la salade. Il ne faut surtout rien jeter : pain, croûtons,

*Où mange-t-on le mieux ? En Amérique ou en France ?*

miettes ou morceaux non entamés sont mis de côté une quinzaine de jours, passés au four, écrasés avec un rouleau à pâtisserie pour avoir la chapelure qui sert aux potages. L'achat d'une marmite norvégienne (ou mieux, sa confection) permet de faire mijoter une daube, en utilisant sa propre chaleur.

*Qui présente encore les plats élégamment ?*

Les auteurs ajoutent des conseils pour que les plats soient présentés d'une façon élégante, mais combien de plats peut-on faire sur les "340 recettes de cuisine pour les restrictions alimentaires" données par Pelleprat ? Jamais la conserve n'a été aussi abominable ; la confiture de fraises est une gelée composite, rougie on ne sait trop comment, avec de la sciure pour donner l'illusion des petits grains noirs des vraies fraises. On se contente de succédanés, ce qui va, après la guerre, renforcer la résistance des Français aux produits alimentaires industriels, assimilés aux mauvais repas de l'Occupation. On rêve du temps où les choses seront normales. Ce petit jeu a conduit James de Coquet à demander, lors d'un dîner, à ses convives qui avaient apporté leurs tickets, quel vœu ils aimeraient voir exaucer. "L'un souhaitait des cigarettes américaines, un autre une tasse de vrai café, un troisième de manger un homard. – Moi, dit la maîtresse de maison qui recueillait les tickets de ses invités, peu m'importe de bien ou mal manger, c'est de ne plus avoir à quêter mon dîner dans une soucoupe, c'est de ne plus avoir à compter des tickets où je m'embrouille comme dans une monnaie étrangère. [...] Les tickets sont pour les Français une monnaie étrangère parce qu'ils étaient, eux, étrangers aux restrictions. Nous vivions dans un pays qui était celui de l'abondance et que la défaite à tari[8]."

À Paris sont créés des restaurants communautaires qui servent, pour une somme modique, un repas à des centaines de milliers de Parisiens qui peuvent emporter des plats chez eux. Les restaurants communautaires sont classés par un texte réglementaire en catégories et il arrive que le restaurateur oublie de demander les tickets ou n'applique pas la norme de sa catégorie. Ceux qui connaissent la filière font, sans ticket, un repas à un prix plus élevé. Au-dessus, les noms comme la *Tour d'Argent, Lapérouse, Ledoyen*, le *Fouquet's* ou *Maxim's* sont classés dans la catégorie dite "exceptionnelle", où l'on continue à trouver de tout. Leurs clients réguliers, qui ne connaissent guère les affres du rationnement, pensèrent que "la route du beurre était coupée" le jour du débarquement allié. Dès 1941, la Résistance ordonne le "boycottage des restaurants, hôtels et magasins manifestant une complaisance évidente à l'égard des Allemands" et conseille à "tout Français [de quitter l'endroit⁹] quand les Allemands viennent s'y installer".

### Corbin (Kentucky), 1940
*La fièvre des repas rapides gagne Dixie*

Les bruits générés par la guerre en France parvenaient mal dans la petite ville de Corbin, proche de Paris et de Versailles, deux localités du Kentucky. La distance par rapport à l'Europe et le style de vie des États du Sud enlevaient tout relief aux informations venant de loin et la vie s'écoulait ici plus sereinement qu'ailleurs aux États-Unis. La spécialité du Kentucky est le bourbon – qui prend du temps pour "se faire" et que l'on sirote lentement. Il faut être un Yankee du Nord pour en avaler un verre d'un seul trait : ici, on le déguste. L'image de Dixie (c'est-à-dire l'ensemble des États qui avaient fait sécession) était marquée par la lenteur, que l'accent traînant des gens du pays confortait. On prend son temps pour faire de la vraie cuisine et pour l'apprécier. Ceux qui s'acharnent à aller vite pour avaler le repas sont mal considérés, d'où un refus d'imiter les trépidants citadins du Nord ou de Californie. La culture locale, une forte proportion de ruraux, de vastes

*Où mange-t-on le mieux ? En Amérique ou en France ?*

et paisibles prairies donnaient au Kentucky et à ses habitants ce trait de décontraction et de nonchalance. Et pourtant, au croisement de deux routes proches de Corbin, Harland Sanders, "patron" d'une station d'essence, avait noté que les conducteurs n'aimaient pas s'arrêter une fois pour le plein et une autre pour se restaurer. Il avait donc prévu quelques "en-cas", des morceaux de poulet faciles à manger que ses clients appréciaient bien. Avec le temps, il finit par avoir un vrai petit restaurant. Comme on fait le plein à n'importe quelle heure, et qu'il fallait compter une bonne demi-heure pour cuire du poulet pané à la façon du Kentucky, il perdait des ventes et jurait comme un charretier chaque fois qu'un client partait sans manger. Harland gardait un souvenir ému du poulet pané de son enfance, et ce n'est pas à cinquante ans que l'on réforme ses goûts ! Il servait aux chauffeurs cette même recette mais il lui fallait une formule de cuisson plus rapide, capable de garder le goût de la chair de la bestiole sous une peau craquante. Un jour, Harland tombe sur un autocuiseur qui, après de multiples essais et divers bricolages, permet de ramener à huit minutes le temps de cuisson avec un résultat appréciable (selon lui). Avoir un bon poulet en huit minutes est une mission que n'admettra jamais un Français. Il faut au moins "deux heures [pour] se régaler d'un poulet sauté, parfumé à l'estragon, parfois au basilic, écartelé sur un lit de frites croustillantes[10]".

Harland Sanders agrandit le restaurant (cent places assises). On y sert, en plus de son fameux poulet et de sa sauce, du jambon, des salades, des haricots verts, et d'autres choses à manger sur place ou faciles à transporter. Son restaurant est même cité dans le guide le plus réputé de l'époque, *Adventures in Good Eating*[11], ce qui le conduit à ouvrir une succursale à cent kilomètres de Corbin, avec la même recette de poulet. Tout va donc bien pour lui, au point que le gouverneur décide de l'honorer pour avoir "tant fait pour la cuisine et la notoriété de l'État", en le nommant colonel honoraire de la garde du Kentucky. Ce titre de colonel serait resté confidentiel, comme d'ailleurs serait restée banale l'histoire de ce restaurateur, si une nouvelle autoroute, l'Interstate 75, n'avait détourné le flot de voitures. Les amateurs de poulet frit ne passent donc plus par Corbin : Sanders est obligé de fermer. Il sort alors sa vieille Ford 1946, cale dans le coffre l'autocuiseur revu et corrigé, et un grand bocal d'épices dosées à sa manière. Il part sur les routes, s'arrête, guidé par son flair, et offre ses deux secrets (autocuiseur et épices dosées) à des restaurateurs contre 4 *cents* de royalties par poulet vendu. L'histoire du colonel Sanders prend ainsi une tout autre coloration, en même temps que naît le deuxième grand produit du fastfood. La nouvelle de l'attaque des bombardiers japonais à Pearl Harbor arriva au moment des balbutiements du restaurant de Corbin : si Harland Sanders n'avait pas été aussi âgé, il aurait été mobilisé et nous n'aurions pas eu de *Kentucky Fried Chicken*.

*Ceux qui combattent doivent bien manger*

"Nous allons combattre avec tout ce que nous avons", affirme avec force à la radio Franklin Roosevelt. L'engagement des États-Unis impliquait de nourrir les soldats qui allaient se battre sur des fronts très éloignés de leur pays. L'engagement de seize millions d'hommes et de femmes et le départ de six millions d'Américains vers différents fronts étaient une nouveauté historique. Jamais les distances entre source d'approvisionnement et consommation ne furent aussi longues, mais il n'y eut jamais armée aussi bien nourrie[12]. Il a fallu analyser toutes les méthodes connues de transport et de conservation des aliments pour choisir les bonnes filières. L'objectif à atteindre était que les hommes puissent trouver dans des pays étrangers, dans des contrées lointaines, avec ou sans environnement hostile, les plats auxquels ils avaient été habitués "*at home*". L'adage selon lequel "Qui peut le plus peut le moins" devait assurer la réussite du pari, puisque l'hypothèse de départ était le schéma le plus pessimiste. Mais sur le terrain, les choses ne sont pas perçues de la même façon. Sur tous les fronts, les soldats trouvaient du Spam et ils finissaient par détester cette épaule de porc, fabriquée par HORmel. Les plats censés être différents avaient en fait le même goût et ils étaient qualifiés de "*Spamrama*", comme le mauvais cuisinier était surnommé "*Spammy*", et la cantine où l'on mangeait mal "*Spamville*". On se plaisait à raconter l'histoire du soldat perdu dans la jungle qui, obligé de manger des détritus pendant des semaines, se voit offrir une assiette de Spam une fois revenu : il refuse et repart se perdre dans la forêt, parce qu'"on y mange bien mieux".

À l'intérieur du pays, la situation de l'emploi changea du tout au tout. Les usines et les bureaux se vidèrent de leurs ouvriers et de leurs employés mobilisés, remplacés par les chômeurs et par les femmes. En travaillant en usine, celles-ci avaient moins de temps pour préparer à manger aux enfants et faisaient donc appel plus qu'avant à des aliments tout prêts. La mise en route de la machine de guerre entraîna la liquidation des excédents agricoles et donna un coup de fouet à l'agriculture. Les fermiers augmentèrent leur production moyenne, alors qu'il y avait moins de main-d'œuvre disponible. Les Blancs défavorisés et les Noirs du Sud montèrent vers le Nord, ce qui contribua à l'énorme migration de populations qu'a connue le pays. Des techniciens avaient pour mission de reconvertir des entreprises produisant des réfrigérateurs en fabriques de casques ou de culasses d'obus. Tout le monde faisait des heures supplémentaires et mangeait sur le pouce, faute de temps.

Il fallait contrôler les prix et l'Administration inventa un système qui plafonnait les hausses à chaque stade du circuit de distribution. Pour que les prix plafonds tiennent, il fallait limiter la demande, donc la rationner. On commença par le sucre en 1942, le café quelques mois plus tard, la viande et les conserves de viande au début de 1943. Le nombre de coupons variait suivant le morceau de viande, ce qui provoqua des protestations, parce que "la nation toute entière n'allait rien manger d'autre que des mauvais hamburgers" ! Des coupons rouges donnaient accès à la viande, au poisson, aux produits laitiers, alors que les conserves en nécessitaient d'autres – les coupons bleus –, signe de l'importance de la conserve dans le quotidien de la famille américaine. La conserve servait deux fois, personne ne jetait la boîte vide, qui était recyclée. Le pain blanc si cher aux Américains devenait avec le temps de plus en plus gris. On incitait la population à réutiliser le papier d'emballage, à revendre au boucher le gras de viande que les enfants n'aimaient pas (contre coupons). La volaille, le gibier, les fromages à tartiner et les fromages à pâte molle comme le camembert[13] n'étaient pas rationnés.

*Coca-Cola, une arme qui contribue à la victoire*

Près de cinq milliards de bouteilles de Coca-Cola ont suivi les G.I's. sur tous les fronts du globe : pour y arriver, la société a travaillé de concert avec les autorités militaires. On ne s'y serait pas pris autrement s'il s'était agi d'une arme qui allait directement contribuer à la victoire. Woodruff, qui avait acheté la société en 1912, fixe l'objectif : "Tout homme en uniforme doit pouvoir se procurer une bouteille de Coca-Cola pour 5 *cents,* où qu'il se trouve et quel qu'en soit le coût pour nous." À partir d'une telle mission, des délégués par théâtre d'opérations ont tout pouvoir pour implanter des usines capables d'approvisionner le front. Quelques semaines après le débarquement en Afrique du Nord, les services de la logistique recevaient un ordre signé du général Eisenhower pour que soient implantées huit usines d'embouteillage, au fur et à mesure de l'avance des alliés. Des milliers de lettres de soldats américains témoignent à quel point Coca-Cola a symbolisé, pendant ces années, les États-Unis (pas moins !). La guerre terminée, on comptait soixante-trois unités réparties dans le monde, destinées au départ à la mise en bouteilles du breuvage pour les soldats. Le débarquement en Normandie fut, indirectement, une exceptionnelle campagne d'exportation des habitudes alimentaires américaines. Dès qu'un morceau de territoire était libéré, les G.I's. donnaient aux civils frustrés par quatre ans de rationnement du chewing-gum, du café soluble, du whisky et bien d'autres choses. Avant que Nescafé ne soit fabriqué en France, avant que Hollywood Chewing-Gum ne devienne un annonceur important, avant que Lemmy Caution ne conseille de boire trois doigts de whisky, l'avant-garde avait créé le goût de ces choses. Les civils perçoivent néanmoins qu'il s'agit d'une diffusion au compte-gouttes, car il n'est pas licite de vendre à la population des produits destinés aux armées. C'était la fin de l'isolationnisme alimentaire des États-Unis. Les *doughboys* avaient été moins nombreux pour marquer les mœurs alimentaires des pays qu'ils avaient aidés, alors que cette fois le nombre et le temps de présence étaient beaucoup plus importants.

### Paris, 1946
*La guerre aurait-elle tué la gastronomie ?*

La ménagère qui espérait le retour de l'abondance avec la fin de la guerre doit déchanter car les prix des rares produits alimentaires disponibles ont augmenté, la production agricole de 1945 ayant été très mauvaise. La situation, loin de s'améliorer, empire ; bien manger reste réservé à ceux qui connaissent les filières du marché noir. Le raffinement gastronomique, trait majeur d'une certaine société française d'avant-guerre, devient l'exception. La question semble tellement cruciale que le magazine américain *Life* décide de lui consacrer un long article.

André Jean, rédacteur au *Franc-Tireur*, répond le premier dans "son restaurant préféré" à la question posée par le journaliste. Il affiche un grand pessimisme, malgré la sympathique entrée que lui présente le maître d'hôtel : "œuf mollet, truffes et champignons émincés, sur une onctueuse sauce hollandaise relevée d'une petite goutte de Bénédictine[14]" sur une croûte feuilletée. "Je vois peu d'espoir, arrive- t-il à articuler, la bouche pleine, pour une génération élevée dans cette époque de restrictions sévères." Il vide d'un trait sa coupe de champagne nature, comme pour noyer dans l'oubli ce qu'il vient d'affirmer, et persiste dans son diagnostic pessimiste malgré la "superbe poularde sauce champagne, riz pilaf aux grains bien détachés" qui vient d'arriver. Il en découpe un morceau tout en décrivant les plaisirs du passé, la période de surabondance d'avant-guerre, la montée des prix, et il conclut, comme en écho à l'assiette qu'il a entièrement terminée : "La gastronomie n'est plus."

Pour vérifier ce sentiment plutôt sombre, c'est au prince des gastronomes que fait appel le journaliste. Curnonsky, délesté par les restrictions de quelque trente kilos, était-il aussi bon juge qu'il l'avait été ? Le rationnement avait réduit son dîner à "un plat unique précédé d'une soupe et suivi d'un fruit ou d'un entremet ; le fromage, étant devenu un objet de pure curiosité, [lui avait fait] aimer un pain de poireaux autant que des ballottines de foie gras". Il était devenu morose, buvait moins à cause du prix du vin et retenait de son passé les tuiles qui lui étaient tombées sur la tête, en nombre suffisant pour "couvrir le toit de [ses] châteaux en Espagne". Mais devant un journaliste américain, sa situation de prince lui commandait de montrer au monde entier que l'on continue, en France (et seulement en France), à savoir bien manger. C'est donc dans un restaurant qu'il a choisi que se déroule l'entretien. Bon début avec belle tranche de foie gras frais, arrosée d'un tokay 1942. Il sort de la léthargie gustative de ces dernières années et, s'identifiant à la gastronomie elle-même, il affirme, péremptoire : "La gastronomie n'est ni morte ni moribonde, elle est simplement en sommeil." La vue des "filets de sole, accompagnés de moules cuites au vin blanc et de queues de crevette décortiquées, des champignons" nappés d'une sauce onctueuse redonne à Curnonsky sa verve. Il philosophe sur le principe de la simplicité dans la diversité, qu'à ses yeux la garniture recouvrant les filets de sole illustrait bien. Il qualifiait de simple une préparation où les éléments disparates "avaient perdu leur identité pour se fondre, sans fausse note, dans un plat réunifié par le génial tour de main du cuisinier", alors que son interlocuteur y voyait une insurmontable complication. Heureusement, le bâtard-montrachet 1943, meilleure année depuis le début de la guerre (le 1945, encore meilleur, n'était pas en bouteilles), permettait de ne pas s'attarder à des différences linguistiques. Le plat suivant – deux perdreaux farcis de truffes sur une tranche de pain dorée dans du beurre – fait passer Curnonsky de la philosophie à la leçon de choses. Il allait continuer, mais le maître d'hôtel venait de verser un peu de beaune-grèves 1929. Il imprima au verre un lent mouvement circulaire, huma le vin, en prit un peu en bouche, le garda, prolongeant l'immobilité et le silence, au grand désarroi du journaliste. Il approuva d'un hochement de tête à peine perceptible et le maître d'hôtel servit. On passa à autre chose, les fromages, la cuisine régionale, ses livres, le tout annonçant une gastronomie plus triomphante que celle qui précéda les restrictions. Les prévisions optimistes de Curnonsky, rendues crédibles par le repas de quatre heures, semblaient plus fiables que les sombres propos du rédacteur du *Franc-Tireur*.

Pour boucler son article, le journaliste de *Life* avait besoin d'un troisième témoignage. Édouard de Pomiane n'avait nul besoin de prouver sa compétence, sa réputation de "virtuose de la casserole et de pyrotechnicien de la cuisine" était bien établie. C'est dans son appartement parisien que de Pomiane reçoit le journaliste et, dès le pas de la porte, il montre la table à son interlocuteur, pour lui faire admettre que "l'œil anticipe le goût des bonnes choses par la perception d'une table disposée artistiquement. […] L'oreille contribue au bien-être si on s'arrange pour qu'il y ait un fond de musique de chambre. Le sens du toucher, continue de Pomiane, fait partie intégrante du plaisir, parce que la dégustation, c'est aussi sentir, au niveau de la langue et du palais, la texture des aliments. Enfin l'odorat et le goût, c'est-à-dire la capacité d'appréhender la saveur des choses, sont l'essence même de la gastronomie." Sans laisser à son interlocuteur le temps de souffler, il affirme "que la gamme des plaisirs procurés par la gastronomie est infinie, tout en étant le plus périlleux des arts. Une fausse note en musique ne dure qu'un instant et s'oublie vite, alors qu'en gastronomie une fausse note peut se traduire en […] mauvais souvenirs." Le repas commence par un homard servi dans sa coquille, qualifié dans l'article d'irrésistible, sans que l'on soit toutefois en mesure de dire si c'est la sauce, les lamelles de truffes ou la chair qui lui avaient arraché ce cri. Un château-coutet 1924[15] accompagnait le homard pour "éviter les dissonances ou la brutalité". Un simple poulet rôti suivait le homard, que, pour qu'il ne fût trop sec, de Pomiane accompagna d'une béarnaise. On passe à un pommard 1937 et on reste avec le même vin pour le fromage, un camembert fait à cœur. Avec un clin d'œil, de Pomiane résume "le barsac est un grand vin qui se comporte très bien en compagnie du royal homard, comme une marquise élégante, parfumée, d'une quarantaine d'années, encore pleine de grâce et de distinction. Le pommard, par contre, est un bon mais plus petit vin, qui doit se mettre sur la pointe des pieds pour se bien tenir avec le poulet grillé et la sauce béarnaise. Ce serait plutôt une jeune paysanne, mieux à sa place avec le fromage qui sent la vache, la ferme et la bonne terre. Une jeune paysanne et une belle marquise sont deux choses différentes, mais chacune peut donner un immense plaisir".

## Où mange-t-on le mieux ? En Amérique ou en France ?

*Le bortsch restera, malgré les révolutions*

Le rédacteur de *Life* prévoyait la conclusion de l'entretien, mais posa tout de même la question de l'avenir de la gastronomie. De Pomiane resta silencieux comme s'il ne comprenait pas que l'on pose pareille question après un si bon repas. Et puis, réalisant qu'elle venait d'un Américain, il fit référence à l'expansion du communisme : la "révolution soviétique est un bouleversement sans précédent dans les modes de vie et dans les traditions russes. Tout a changé [...], les habitudes, l'art, la religion, la structure familiale et les institutions. Tout s'est transformé, mais il y a une chose que même la révolution n'a pas pu changer : le *bortsch* ! Cette excellente soupe à base de betterave fait partie du sang des Russes, de l'architecture de leurs corps. Les régimes tombent, les institutions sont secouées, les idéologies passent, mais la gloire éternelle du *bortsch* demeure". Et il conclut dans un souffle : "Monsieur[16], dans ces temps troublés, nous pouvons être assurés d'une chose, la gastronomie est ici pour rester." Le journaliste avait trouvé le titre de l'article : "Bien manger survit à la guerre et à la politique, et reste en France le plus beau des arts."

Cet article aurait été qualifié de surréaliste par les millions de Français qui s'escrimaient avec le rationnement. Les journaux français ont la moitié du format habituel et il aurait été incongru d'évoquer la bonne cuisine. Heureusement, *Life* avait une diffusion confidentielle en France. L'étalage de cette gastronomie renaissante auprès de gens obligés de faire la queue pour acheter leur pain aurait pu provoquer de violentes réactions. Au plan de l'approvisionnement, les choses ne s'améliorent pas. Alors que les Français rêvaient de la fin des restrictions, après la Libération, le manque de moyens de transport, les villes détruites et la production agricole exsangue compliquent le retour à la normale. Le chemin à parcourir est encore long.

*Le Ketchup et le Gratin*

1. La presse évoque ces stands mais reste muette sur les hamburgers, moins courants en ce temps-là à New York.
2. Kathleen McLaughlin, in *The New York Times,* 10 mai 1939.
3. Le traducteur n'avait rien compris en l'appelant *chicken consommé,* puisque ce consommé est fait à partir de bœuf et de canard.
4. Pour les Américains, c'était *"asparagus with french dressing served on lettuce leaves"*.
5. Elaine Whitelaw, in John Mariani, *America Eats out,* William Morrow and Co., 1991.
6. Édouard de Pomiane, *Cuisine et restrictions,* Corréa, 1940.
7. Texte inspiré d'une affiche qui titre *Omelette avantageuse.*
8. Article paru en 1941, rapporté par *Le Figaro* du 17 juillet 1991.
9. Henri Amouroux, *Le Peuple réveillé,* Robert Laffont, 1979.
10. Pierre Grassé, *Petit Bréviaire de la gastronomie périgourdine,* Pierre Fanlac, 1978.
11. Duncan Hines, dans son édition de 1939.
12. André Maurois parle d'une armée "suralimentée" dans son *Histoires parallèles. USA.*
13. Le texte indiquait *"soft and perishable cheeses, including Liederkranz and Camembert, and cheese spreads"*.
14. Le journaliste américain se trompe, la préparation des œufs bénédictine ne comporte pas de liqueur de bénédictine.
15. À noter que, dans les années quarante, on sert du vin liquoreux avec le homard.
16. En français dans le texte de l'article de *Life.*

## Chapitre XII
## *Les Français tiennent le réduit de la gastronomie malgré la montée de la technologie*

> *"Au grand étonnement de tous d'abord, à l'indignation générale ensuite, il y a belle lurette que plus aucun Européen ne chante les louanges de la patrie du foie gras et du champagne, et que très peu d'étrangers achètent ces délices."*
> Alberto Capatti, *Le Goût du nouveau*, Albin Michel, 1989.

**Moline (Iowa), 1945**
*Soft ice, plus moelleux que la crème glacée*
    Harry Axene habitait Moline, à la frontière de l'Iowa et de l'Illinois. Moline était célèbre depuis plus d'un siècle parce que John Deere y avait installé son usine de charrues à socle d'acier poli, permettant, mieux qu'un socle en fer, de retourner la terre arable, noire et grasse, des Grandes Plaines. Le machinisme agricole imprégnait donc cette ville, devenue au fil des ans la capitale de cette industrie, Harry étant lui-même commerçant en outillage agricole. Passant un jour avec sa petite famille devant ce qui ressemblait à un débit de crèmes glacées, il note la curieuse enseigne : *Soft Ice Cream*. Que pouvait bien vouloir dire "glace

molle" ? Harry propose aux enfants de goûter à la chose et, avant même de formuler complètement la commande, la serveuse lui remet un premier cornet déjà rempli. Elle l'avait placé sous un bec, fait jouer une manette et c'était prêt. La crème, plus onctueuse qu'un *milk-shake* mais moins ferme qu'une boule de glace, était bonne et les enfants l'avaient littéralement engloutie. Ils demandèrent un deuxième cône, servi aussitôt. Aucune perte de temps à racler les bacs de crème glacée car la *soft ice cream* était débitée en continu, comme s'il s'agissait d'eau coulant d'un banal robinet. Intéressé par la nouveauté, Harry Axene rencontre le fabricant de l'appareil, auquel il s'associe après discussions. La distribution par un réseau de franchisés étant à la mode, ils conçoivent un contrat type qui concède un territoire exclusif contre paiement d'une somme de base, plus une redevance par gallon de *soft ice cream* vendu. Pour lancer le projet, ils invitent des distributeurs potentiels dans un hôtel de Moline et disposent, le long du couloir menant à la salle de réunion, une batterie d'appareils à débiter la *soft ice cream*. Les hôtesses chargées de conduire les invités proposent en cours de route un cornet et, à l'étonnement de tous, les invités restent dans le couloir pour terminer leur glace et en redemandent. Ils voient que la machine est simple, perçoivent qu'elle ne nécessite pas de personnel qualifié, et sentent que le produit va plaire aux jeunes. Ils signent sans trop de difficulté les contrats proposés et font en quelques années de *Dairy Queen* une des premières marques de crème glacée... et un modèle pour l'activité de la restauration minute. On autorise certains franchisés à ajouter au *soft ice cream* un "plat" salé, *hamburger* ou *hot dog*, et on finit par affubler l'enseigne du nom de "restaurant". Il est en effet courant là-bas de manger quelque chose (cornet de glace, *milk-shake*, un quartier de pizza...) tenant lieu de repas en attendant la prochaine pause-nourriture. C'est dans cette perspective que doit ici s'entendre le mot "restaurant".

*Les Français tiennent le réduit de la gastronomie…*

*La sauce rend plus vrai le faux barbecue*

Très loin au sud de Moline, en Floride, Mel Williams se demandait ce qu'il allait faire de son *drive-in* (*The Hut*) situé à West Palm Beach, car la menace du *fast-food* se précisait. *The Hut* ouvrait de huit heures du matin à deux heures du matin car les clients se présentaient à n'importe quel moment, avec des pointes à midi et à l'heure du dîner. La cuisinière n'était là que le matin et préparait le dîner à l'avance. Son absence l'après-midi était compensée par un employé peu qualifié au titre pompeux de *sandwich maker*. Le climat de Floride autorisait le service en terrasse et la carte comportait des hamburgers (vingt-cinq kilos par jour) et des sandwiches de viande au barbecue (quinze kilos de bœuf et un peu plus de porc). Mais le barbecue de *The Hut* n'était pas du barbecue ! Les tranches de rôti de bœuf ou de porc recevaient une giclée de sauce toute prête au "goût de barbecue" qui conférait à la viande, grâce à ses arômes de bois fumé, à son sucre caramélisé et à son piment, un vague cousinage avec des viandes cuites et fumées lentement sur des braises. *The Hut* proposait des soupes et du *chili con carne* préparés par une cuisinière, car Mel n'avait pas jusqu'ici cédé à la pression de Heinz ou de Campbell qui proposaient leurs soupes en boîtes. Les conserveurs avaient conçu un présentoir à placer sur le comptoir, permettant aux clients de choisir directement leur soupe. Il n'était pas insensible aux arguments d'économie avancés par les vendeurs, mais pensait que la cuisinière donnait aux serveurs un accent de sincérité quand ils parlaient de *"the soup of the day"*. L'histoire de Mel Williams serait banale si un long article d'un magazine portant le titre *Eat and Run*[1] n'avait évoqué le dilemme des petits restaurateurs face à l'émergence des chaînes de fast-foods.

La même menace pesait sur les chaînes installées au centre-ville. *White Tower* par exemple s'était bien développée[2], mais le nombre de possesseurs de voitures augmentait plus vite[3] que celui des usagers des transports en commun, d'où une défection du public envers les commerces de centre-ville, *White Tower* comprise. Thomas Saxe a beau introduire dans la carte de nouveaux sandwiches, des soupes en boîtes et d'autres conserves, la boule de glace pour changer, un demi-melon en *Cantaloupe à la mode*[4], rien n'y fait. Il tente d'installer en 1961 en plein Manhattan un restaurant sans personnel, sous l'enseigne *Tower-O-Matic,* avec distributeurs où les clients choisissent entre cent trente plats différents, sans plus de succès. Il conçoit une *Tour Blanche* dédiée aux chauffeurs, bien visible de loin, installée sur la route hors de la ville, mais cet essai timide est trop tardif et les chiffres consolidés continuent de baisser. Quand, en 1970, son fils prend les rênes de l'entreprise, la chaîne ne compte plus que quatre-vingts établissements. Pour sauver *White Tower,* pourtant précurseur des chaînes de fast-foods, il convertit certaines boutiques en franchises Burger King. C'est en effet à Miami, pas très loin de là où avait sévi *The Hut,* que Burger King avait vu le jour en 1959, visant l'automobiliste, sans les hésitations de ceux qui s'étaient installés près des arrêts d'autobus.

### Paris, 1946
*Fin du rationnement en France*

Les journaux parlent moins de rationnement avec le retour des chroniqueurs spécialisés en gastronomie. "Leurs écrits s'instaurent, restaurent moralement, mettent en appétit un nombre croissant de fidèles lecteurs[5]." Dans leur majorité, ce sont de vieilles barbes qui évoquent les délices d'avant la guerre, alors que cette cuisine n'a plus sa place dans une société où beaucoup plus de femmes travaillent. Ils répètent que le seul avenir de la gastronomie est dans son passé et que les inventions sont des trahisons. Curnonsky ouvre la marche et reprend les

*Les Français tiennent le réduit de la gastronomie…*

thèmes qui lui sont chers, en les habillant du vocable "simplicité des préparations", sorte de litanie, alors que rien n'est simple dans les plats qu'il préconise. Ceux qui ont connu la vraie simplicité, celle des plats de pénurie, ne comprennent pas de quoi il parle. Évoquer l'onctuosité des sauces alors qu'il y a peu de beurre, peu d'œufs et peu de crème est hors de propos. Un nouveau venu chez les commentateurs, Robert Courtine, pourtant jeune, garde un regard tendre pour les anciennes modes. Véritable encyclopédie et fin palais, il fait découvrir les futurs "grands" en faisant l'éloge de "Paul Bocuse à Lyon, des frères Troisgros à Roanne, des frères Haeberlin en Alsace, et d'autres[6]". Il houspille gentiment ses aînés quand ils participent à des repas patronnés par des fabricants de potages en sachets, attaque plus durement les marques de margarine, accepte mal la nouveauté et moins encore les découvreurs (quand ce n'est pas lui). Il cherche des noises à Henry Gault, qu'il traite de "faux gourmet" aux "fallacieuses approbations" pour des plats aux "fallacieuses appellations", et ne rate pas Christian Millau, même pour une erreur minime. Ce sera un opposant à la nouvelle cuisine et au fast-food, qui pour lui est le "néfaste food".

Ces commentateurs ajoutent à la hantise de ce qui est industriel l'horreur du modèle *yankee*. Ils sont un handicap au développement du secteur alimentaire industriel, alors que l'industrie américaine, n'ayant que de "piètres gastronomes" comme clients, garde l'avance acquise par la guerre. Des bases militaires existent en France avec des "*Px*" (prononcé "*Pi aix*") qui vendent aux soldats ce qu'ils ont aimé dans leur pays. Il y a des mixtures pour faire des gâteaux au chocolat sans avoir à ajouter d'œufs, de sucre ou de farine. C'est pratique, mais les Français n'en veulent pas. La pénétration du goût américain se fait par les produits de là-bas, fabriqués en Europe grâce au plan Marshall. La direction de Coca-Cola, persuadée d'avoir directement contribué à la libération de la France en désaltérant les G.I's. entre deux coups de feu, poursuit son "sacerdoce". "Les contrats de franchise pour distribuer le concentré dilué et gazéifié de Coca-Cola signifient des emplois pour des Français." C'est le point de départ d'une violente campagne française contre la boisson chérie des Américains. *L'Humanité* accuse la petite bouteille de contenir une "drogue susceptible de provoquer la dépendance". Assertion amplifiée à l'Assemblée par des élus non communistes des régions viticoles, qui demandent une enquête sur les composants secrets du breuvage. La presse américaine parle d'ignoble ingratitude. *Le Monde* dénonce, à son tour, "non pas tellement la boisson elle-même", mais la civilisation, le style de vie qu'elle représente. La presse communiste craint la "Cocacolonisation de la France" et voit se profiler derrière les cadres de la société l'ombre du département d'État. L'Assemblée est saisie d'une motion pour interdire la production et la vente de ce soda, une sorte de régime sec pour le Coca-Cola. À Washington, les sénateurs veulent augmenter les droits de douane des vins français. Le représentant de Géorgie aura le mot de la fin : le "Coca-Cola apportera aux Français ce qui leur manque le plus depuis la guerre, un bon rot".

Les accords Blum-Byrnes, signés en 1946, vont contribuer indirectement à diffuser le goût américain. Ces accords effacent une partie de la dette française contre une diffusion plus libérale des films américains. On apprend ainsi que notre sacro-saint foie gras a, selon Gary Cooper (*Mr. Smith au Sénat*), un goût de savonnette ; on entre au restaurant *Sardi's* de New York, avec *Laura* ; et Woody Allen nous fait découvrir (plus tard) les *delicatessen,* les *coffee shops* et les *diners.* À la télévision, le grignotage de Kojak, passant d'une part de pizza à une sucette, favorise la contagion de cette habitude. Le bol de chili qui aide Colombo à découvrir le criminel devient un plat que goûtent les Français. Des aides sont allouées au cinéma français, qui produit de très bons films et d'autres moins bons, comme celui mettant en scène la fille d'un viticulteur, amoureuse d'un vendeur d'une société produisant avec d'infâmes produits chimiques un breuvage du nom de "Cocu-Colu" ! Le vendeur, finalement converti au bon vin de France, quitte sa société et épouse la jolie héritière. L'alliance objective entre chroniqueurs spécialisés, journalistes communistes et élus M.R.P. du Gard, appuyée par le cinéma avec ce (mauvais) film, n'empêche cependant pas les Français de boire du Coca-Cola (même si la consommation reste moindre que dans d'autres pays).

*Une carrière à l'abri de la cuisine française*

Un jour de 1948, un certain Paul Child débarque au Havre pour rejoindre son poste à l'ambassade des États-Unis à Paris. Il serait passé inaperçu s'il n'était accompagné de sa jeune femme, Julia – née à Pasadena en Californie, là où les frères Mac Donald ont eu leur première boutique –, qui allait devenir la plus grande promotrice de la cuisine française aux États-Unis. L'idée de vivre en France l'"excite", mais elle ne parle pas la langue et n'a jamais goûté à notre cuisine. Son mari avait en revanche vécu en France dans les années vingt : il savait ce qu'il faisait en s'arrêtant, sur la route de Paris, à Rouen, au restaurant *La Couronne*[7]. Arrivée à Paris, elle va en traînant les pieds suivre des cours de cuisine au *Cordon-Bleu*, lieu qui a toujours attiré les Américaines. Beaucoup d'anciennes ont fait parler d'elles, sans avoir toujours utilisé à bon escient leur nouveau savoir-faire. Esther Salomon, par exemple, avait cherché à raccourcir les recettes pour aboutir à la "haute cuisine[8] instantanée". Elle occulte la cuisson de cinquante minutes dans un fond de veau pour une *poularde à l'estragon* et lui substitue une *boîte de bouillon de poule concentré*. Même volonté simplificatrice pour les quenelles de brochet, test suprême du bon cuisinier. Elle achète un pot de petites *boulettes de carpe à la juive* (tant pis pour le brochet) qu'elle débarrasse du jus d'origine, et une "boîte de bisque de crevettes congelée", dans laquelle elle verse les boulettes pour laisser le goût de la sauce les pénétrer, et présente des *quenelles de brochet style U.S.* L'article de l'"instant haute cuisine" reproduit des lettres reçues faisant l'éloge de ces quenelles-là. Il faut espérer que madame Salomon n'en a pas parlé au chef du *Cordon Bleu,* car il aurait risqué l'apoplexie.

Julia Child vient aux cours plutôt sceptique, ne s'étant jusque-là "intéressée à rien[9]"… et c'est le coup de foudre. Sa nouvelle passion lui faisait répéter, au déjeuner et au dîner, les bons gestes qu'elle avait vu faire durant la leçon pour réussir les plats de cuisine française. Elle rencontre une ancienne élève qui voulait écrire un livre de recettes destiné à des Américaines. Elles travaillent ensemble pour publier *Mastering the Art of French Cooking.* De retour aux États-Unis, Julia participe à une émission intitulée *The French Chef.* Le succès est tel que l'émission est primée. Elle écrit des livres, réapparaît à la télévision et devient, jusqu'à la fin du siècle, une autorité en matière de cuisine française. Elle a plus fait pour la cause de nos plats[10] aux États-Unis que tous les chroniqueurs français réunis, trop occupés à critiquer le goût américain, et bien plus que tel grand chef qui refuse à des Américains (touristes ou militaires) leur table réservée, sous prétexte qu'ils sont arrivés en retard.

### Chicago (Illinois), 1946
*Nouvelles méthodes de conserve des aliments*

Il y avait beaucoup de journalistes et d'industriels de l'agroalimentaire à la conférence de presse du colonel Rohland Isker qui venait de quitter l'armée. Il avait dirigé un laboratoire en subsistance alimentaire et avait gagné ses galons à l'arrière, pour que les *boys,* où qu'ils soient, puissent manger comme "*at home*". Les besoins nutritionnels de

*Les Français tiennent le réduit de la gastronomie…*

la troupe s'imbriquaient avec la façon de traiter les matières alimentaires dans les problèmes posés. Il fallait trouver le meilleur moyen de préparer, transporter et conserver les aliments, faire en sorte que la ration K[11] (trois boîtes qui tiennent dans la poche d'un soldat en campagne avec tous les ingrédients compressés d'un repas, vitamines et barre de chewing-gum) résiste à l'humidité du Pacifique, à la chaleur d'Afrique et au froid d'Alaska. Ses services avaient cherché à dissoudre rapidement sans faire de grumeaux le cacao en poudre, car les soldats au front n'avaient guère le temps de s'escrimer avec leur tasse de chocolat. Ils avaient concocté des granules à dissolution instantanée, permettant aux G.I.'s. stationnés n'importe où de boire sans problème une tasse de chocolat. Le potentiel d'application d'une telle invention était énorme : les pommes de terre pourraient ainsi se transformer, en buvant littéralement l'eau tiède ou le lait, en une purée fondante prête à être servie. Ces granules ressemblaient à des grains de maïs pouvant se conserver longtemps et ils devenaient purée sans jamais, et sans exception, s'agglutiner en vilains grumeaux.

Redevenu civil, Isker cherche à assurer l'interface entre l'armée et l'industrie. Il crée un cabinet qui propose de transformer les projets militaires en produits agroalimentaires nouveaux car "l'après-guerre verrait une véritable révolution dans ce secteur". Isker décrit les fabuleux (selon lui) composants d'aliments, en poudre, en paillettes, en granulés, présentés en boîtes, en sachets, en containers, devant permettre aux restaurateurs et aux familles de gagner de l'espace, du temps et de l'argent. Tel un prophète, il annonce l'ère proche où de nouveaux emballages vont remplacer, pour les soupes, le fer-blanc, allégeant du même coup le poids à transporter et le prix à payer. Il fait circuler des feuilles de cellulose insensibles à l'humidité, des échantillons de cartons rendus imperméables par une matière synthétique "protégeant des souillures le contenu froid ou chaud, liquide ou pâteux". Sa prédiction se réalisera quelques années après, avec les sachets à plonger dans l'eau chaude pour en réchauffer le contenu. Il reconnaît à regret que, à "chaque phase de transformation, la matière première perd un peu plus de sa saveur originelle". On ne saura pas si le regret venait du scientifique ayant perdu l'usage de ses papilles, ou s'il avait une petite retenue à l'idée de détériorer le goût des choses. Peu importe. Ce qui comptait pour les industriels venus à sa conférence, ce n'était pas seulement les produits nouveaux, mais de savoir comment sortir du tunnel. Ils avaient en effet fabriqué des œufs (en poudre) pour faire des omelettes dans une forêt tropicale, ou du lait (en poudre) pour faire des milk-shakes dans le désert. Ils comptaient sur Isker pour reconvertir leurs usines en incitant les civils à consommer des oignons déshydratés, des œufs en poudre et de la purée en granules.

*Formules hermétiques de la cuisine française*

Pendant qu'Isker décrivait les charmes de l'alimentation future, deux cents personnes du monde de la restauration étaient attablées au *Waldorf Astoria*. Les amis d'Escoffier ne voulaient pas entendre parler des vertus de la purée en granulés, ils fêtaient le centenaire de la naissance du Maître. La photo de l'événement les représentait "avec la serviette autour du cou" selon, disait la légende, la "tradition française". D'ailleurs, le menu en faisait une obligation en deux langues : "*The napkin* MUST[11] *be worn tucked in the collar,* la serviette DOIT être portée, insérée dans le col." Mais le souci des convives présents était de savoir ce qu'était le "*fumet de testudo*[13]", à la première ligne du menu. Ceux qui parlaient anglais n'étaient pas plus avancés puisque "testudo" avait été traduit par "testudo". La suite, où l'énigmatique "*princesse de la Manche*" précédait les plus énigmatiques "*guérets de l'Île-de-France*", mettait deux fois mal à l'aise les profanes qui ne savaient pas qu'il s'agissait de soles et de perdrix. De même, le terme de "*Villeneuve-Loubet*", qui désignait l'un des plats, restait hermétique pour ceux qui ne connaissaient pas la ville natale d'Escoffier. Il fallait beaucoup de mérite aux Américains pour participer à un dîner où ils devaient déchiffrer le menu rédigé dans un français peu accessible aux Français eux-mêmes ! Les échos rapportés par la presse ne pesèrent pas aussi lourd que ceux consacrés à la conférence d'Isker, mais il faut dire que les amis d'Escoffier s'y étaient mal pris avec leurs guérets et autres testudos. Ce dîner au *Waldorf* n'a rien fait pour arrêter l'invasion des granules de purée, qui vont, dans les chaînes des fast-foods, accompagner le *fried chicken*. Les oignons déshydratés deviennent des *onion rings* (rondelles d'oignon panées), élargissant le menu des gargotes à hamburgers. Le tonnage d'omelettes préparées dans une cuisine centrale à partir de poudre d'œufs, acheminées congelées jusqu'à la porte du franchisé, augmente. Le divorce entre la cuisine française et l'alimentation de masse se confirme. Alors que les avancées techniques se multiplient, la haute cuisine se referme dédaigneuse sur elle-même, et ses incompréhensibles menus obligent les convives à se cacher derrière la serviette qu'il doivent impérativement avoir autour du cou.

### Paris, 1949
*Le prix Goncourt est décerné chez Drouant*

On est en pleine saison des prix littéraires et le jury qui attribue le prix Goncourt se réunit chez *Drouant*. Cette année, les académiciens ne sont que sept, les quelques absents ayant mandaté leurs collègues Roland Dorgelès, Francis Carco et Colette, "la gourmette, la gourmande, la gloutonne". Colette est ponctuelle car *Drouant* est tout près de chez elle et elle adore bien manger. Les personnages de ses livres hument le parfum d'une pêche mûre, mordent dans la chair d'un

## Le Ketchup et le Gratin

melon à l'arrière-goût d'anis et aiment les fraises de juin. Ils raffolent tant du vouvray sec et du chablis que l'on s'accorde à dire qu'elle leur a transmis ses préférences. Le menu spécialement concocté pour les Goncourt comportait une *sole Colbert,* suivie d'un *dindonneau farci à l'auvergnate, sauce Périgueux,* et comme dessert un simple *savarin Marie-Antoinette.* Les délibérations sont cette année bien courtes et on annonce que "le prix Goncourt 1949 est décerné à monsieur Robert Merle pour *Week-End à Zuydcoote*". Beaucoup découvrent le livre et son auteur, qui précise que "toute ressemblance de nom avec des personnes vivantes est fortuite", mais l'œuvre est bien partie de faits authentiques, Merle ayant été à Dunkerque. Les faits évoqués sont réels, ce que mangent ses personnages aussi, et il y a divorce entre le repas chez *Drouant* et celui des soldats qui battent en retraite.

C'est dans une "roulante" de fortune que les personnages préparent à manger, alors qu'ils sont coincés entre les Allemands et la mer, sur un territoire tous les jours plus étroit. Ils ont des boîtes de *corned-beef,* viande de bœuf salée, compressée, sans os et prétendue sans cartilages, qualifiée de "singe" dans le langage argotique de l'armée. "Il avait une façon admirable de les ouvrir, les boîtes de singe. Il tirait la grande lame de son couteau de poche [...] Il découpait ainsi, sans à-coup, sans bavure, un disque presque parfait qui, à la fin, ne tenait plus que par un fil. Il repliait alors le disque en arrière et faisait sauter le singe dans le plat de campement. [...] Le singe mijotait doucement [...] Alexandre plissa les yeux à cause de la fumée [et] remit du bois sur le feu [...] C'était du singe français. Alexandre était content d'avoir pu mettre la main sur du singe français. Le singe anglais ne revenait pas si bien." N'est-ce pas typique de la culture française que des auteurs fassent évaluer par leurs personnages les vertus respectives de boîtes de conserve dans un moment aussi dramatique ? Faire la différence entre

*Les Français tiennent le réduit de la gastronomie...*

les conserves françaises et les autres, et trouver les premières meilleures parce qu'elles sont françaises, est un autre trait remarquable. Curnonsky, avant qu'il ne soit prince des gastronomes, a affirmé, contre toute attente, que le "cassoulet ou les tripes en boîte, voire des sardines à l'huile, peuvent plaire aux plus difficiles". Durant la première guerre, il a connu les délices du "singe", dont on ne sait pas s'il était français, et rapporte en avoir fait "un véritable festin" accommodé avec des oignons et des tomates par un poilu qui savait utiliser sa roulante.

*Un gourmet à l'École technique de la conserve*

En février 1949, un peu avant que *Week-End à Zuydcoote* soit couronné, les tickets de pain sont supprimés et le ministère de l'Approvisionnement disparaît. La récolte de blé a dépassé, pour la première fois, les niveaux d'avant la guerre, les industriels exportent et l'agroalimentaire participe à cette quête des devises. L'École technique de la conserve à Paris forme des ingénieurs aux nouvelles avancées de la technologie. Un intervenant de l'école cite l'exemple de marques américaines : Del Monte, qui met en boîtes l'ananas en morceaux, en tranches, incorporé dans les salades de fruits, en jus, ce qui lui permet d'amortir les équipements industriels ; Campbell, devenu champion de la soupe en boîte ; Libby's, qui vise les marchés de masse... Leur objectif commun est la quantité et il ne leur viendrait pas à l'esprit de s'attacher un gourmet comme conseil. Or, c'est précisément Édouard de Pomiane qui est chargé d'un autre cours. Nous sommes en France et l'industrie récupère ainsi une des gloires de la gastronomie française, malgré les obstacles dressés à son endroit. Pendant une partie du temps qui lui est imparti, de Pomiane expose ses vues sur un meilleur usage de l'argument "gastronomie" par les conserveurs. Il fait le procès des marques qui assassinent les aliments qu'elles sont supposées conserver, mais il cite les foies gras, les ballottines et les galantines qui s'accommodent bien de la mise en boîtes. Dans aucun autre pays la conserve alimentaire n'a eu pour vocation de "mettre la gastronomie en bocaux ou en boîtes". Pour le cassoulet, par contre, le résultat de sa mise en conserve est misérable et la lecture des ingrédients utilisés fait frémir de Pomiane, qui égrène le nom des produits qui font le bon cassoulet. En célébrant devant les futurs ingénieurs le foie gras en terrine et en mettant au piquet le cassoulet en boîte, il incitait les industriels à valoriser leur appartenance à la patrie de la gastronomie. Produire de bonnes choses – bisque de homard, petits pois extra-fins, cèpes, foie gras –, c'est s'attribuer une place prépondérante dans ce secteur. Il rappelle que la conservation de la sardine française est à cet égard exemplaire. Une vieille cuisinière de Lorient préparait des sardines qu'elle faisait macérer dans l'huile : encouragée par un magistrat, qui avait apprécié ses sardines confites et goûteuses, elle en proposa à des épiciers de Paris, qui en commandèrent. Devant ce succès, le magistrat donna sa démission pour monter une petite usine à Lorient utilisant la recette de la cuisinière. Et de Pomiane conclut en citant l'auteur de cette anecdote disant : "Qui donc oserait médire de la magistrature, qui nous a donné Brillat-Savarin et les sardines à l'huile ?"

Plutôt que d'évoquer un mode de conservation, la publicité des panneaux d'affichage du métro représente une volée de grains de café, et le texte indique : "43 grains de café dans une cuillerée de Nescafé." On vise là un public animé d'un fort sentiment de défense contre ce qui sort de l'usine. Face à l'industrie agroalimentaire "se dresse LA gastronomie française, son passé, son histoire. Malgré son effroyable galvaudage, sa présence est permanente dans tous les esprits[14]". Partir de bons crus de cafés, associer les valeurs aromatiques de l'un avec la force de l'autre, les faire griller, les broyer, introduire la mouture dans d'énormes cafetières, en faire un café filtre qui

*Les Français tiennent le réduit de la gastronomie...*

ne peut pas être transporté en l'état, le pulvériser dans un courant d'air chaud pour obtenir une fine poudre (plus tard, des paillettes) de café préparé, que l'on met en boîtes. Au lieu de répéter que c'est plus rapide et plus pratique, il paraît plus judicieux de dire qu'il s'agit de "vrai" café, argument mieux adapté à la culture française. Cette différence transparaît dans la terminologie : *instant coffee,* disent les Américains, ce qui annonce le *fast-food,* et au lieu de traduire pour la France en "café soluble", la publicité dit : "C'est tout café... c'est pur café." André Siegfried, de l'Académie française, anticipait quand il écrivait dix ans plus tôt : "De plus en plus nombreux sont les cas que l'on pourrait citer où il n'y a plus qu'à verser un peu d'eau bouillante pour avoir un plat élaboré, qui demandait jadis des heures d'attention et de soin." Il n'imaginait pas que la gamme des produits Nescafé deviendrait aussi vaste. Nescafé décaféiné conditionné en sachets individuels pour servir aux familles, qui préparent d'une façon classique leur café, mais qui ont besoin parfois de café décaféiné. On distingue bientôt le café du matin avec un peu de chicorée, celui avec du lait et les cafés purs (forts ou aromatiques) de la journée ; on participe à l'invasion des cafés au goût italien avec le cappuccino ou l'espresso ; on fait boire du café glacé, avec *Frappé*. La percée du café soluble en France est loin de valoir les succès obtenus aux États-Unis, mais on commence à admettre que l'on puisse opter pour un produit industriel, même si pour le reste on préfère la tradition.

Ce mélange des genres entre tradition et produits industriels est courant dans la publicité. Les agents de publicité viennent d'attribuer l'Oscar de la meilleure campagne au sympathique tirailleur sénégalais qui, depuis le début du siècle, a répété un peu partout "Y a bon Banania". Les boîtes de Banania, que bien des petits Français ont vues sur leur table du petit déjeuner et qui ont été exportées dans beaucoup de pays, se vendent moins bien malgré leur notoriété (90 % des Français connaissaient le Sénégalais et sa boîte). La chute des ventes serait imputable à la diminution du nombre de Français qui prennent un petit déjeuner. On n'a plus le temps de s'asseoir, avant de partir, pour apprécier une boisson chaude. Faut-il que Banania entre dans le secteur du déjeuner instantané (céréales), fief des Américains ? Le président de Banania réplique : "Je suis le seul à offrir un déjeuner – presque – prêt et ce particularisme fera notre succès. C'est un petit déjeuner qui constitue un vrai repas dans une tasse." Les ventes ne se redressant pas, Banania finit par être rachetée par une entreprise américaine.

*Le froid concourt à rapprocher les habitudes*

Le nombre de réfrigérateurs vendus indique un changement dans la mentalité des ménages français. On est loin des chiffres américains, avec cent vingt-cinq mille réfrigérateurs fabriqués, mais les ventes doivent doubler tous les quatre ans. Les appareils à absorption conviennent bien aux ménages français parce que l'on cherche à conserver les restes du repas, plutôt que son marché. Aux États-Unis, le premier congélateur domestique a déjà fait son apparition. "C'est la fin des saisons, annonce la publicité, les achats du printemps et de l'été serviront à préparer des plats d'hiver." Plus besoin pour la femme de sortir tous les jours : "C'est comme si vous aviez un supermarché chez vous." Les réfrigérateurs incorporent une partie congélateur, qui prend plus de place à chaque nouveau modèle. La publicité s'attaque au temps de travail qui peut être réduit en préparant en une seule fois de grosses quantités, détaillées pour chaque repas : "Allez plus souvent à la pêche et payez votre congélateur avec les poissons que vous rapportez." Pour l'heure, on ne dit rien encore de la conservation de plats cuisinés, congelés, préparés en usine, car seule est visible la publicité de la matière première congelée : "La qualité de notre viande est aussi constante qu'une boîte de céréales pour petit déjeuner [et le poisson] aussi frais que le jour où il nageait dans l'océan Atlantique." Pourtant, c'est au début des années quarante que Birds Eye met sur le marché un plat "cuisiné" de haricots. Une autre marque congela des crêpes enroulées autour d'une farce. On trouva du *chicken à la King* et du *homard Newburg* congelés et, en 1945, le premier repas complet congelé (viande, légumes et pommes de terre, logés dans les alcôves d'un plateau pouvant aller au four) vit le jour sous le label de W.L. Maxon. Ce fut ensuite les *T.V. Dinners*. Au temps des produits congelés non cuisinés, la ménagère assaisonnait les plats à son goût, alors qu'un repas congelé ressemble au suivant et au précédent. Le fabricant décidait de la composition des plats, le choix de la ménagère s'exerçant sur le choix de la marque. La femme avait réalisé son rêve de liberté, mais en fait elle en avait moins.

*Maxim's* avait trois étoiles au *Michelin,* et Alex Humbert aux fourneaux. Personne n'imaginait que des expériences étaient menées, dès 1953, avec le *canard à l'orange* et la *sole Albert,* pour répondre à la demande d'une compagnie aérienne[15] souhaitant servir en première des plats signés *Maxim's*. Les concurrents d'Air France cherchaient à contrer la compagnie française et *Maxim's* semblait une bonne réponse. Un plat de grand chef ne supporte pas le voyage, sauf s'il est surgelé et transporté de la rue Royale à l'aéroport. C'est ainsi que les passagers de première purent goûter en plein vol les spécialités qu'Alex Humbert réservait aux clients de *Maxim's*. Raymond Oliver s'intéresse à son tour à la congélation. Vingt ans plus tard, on sait que l'on peut faire des frites dans une cuisine centrale et les expédier congelées à des milliers de kilomètres. Des noms prestigieux de la haute gastronomie et les chaînes du fast-food se rencontrent désormais (et de plus en plus) au seuil des entreprises de surgelés.

## San Bernardino (Californie), 1954
*McDonald's, champion du hamburger frites*

Garé depuis une demi-heure dans le parking de *McDonald's,* Ray Kroc se répétait qu'il n'avait jamais vu autant de monde entrer et sortir d'un restaurant. Quelques jours plus tôt, il avait reçu une commande de huit *multimixers*[16] et s'était demandé quel restaurant pouvait avoir besoin de quarante-huit milk-shakes en même temps. Il compte, recompte, il extrapole le chiffre d'affaires du restaurant et sent qu'il vient de découvrir l'entreprise idéale. Dans les semaines qui suivent sa visite, une offre d'achat est faite et Ray Kroc reprend aux deux frères le restaurant qu'ils avaient monté, ainsi que les contrats qui liaient la société à quelques boutiques de Californie. À la première visite du réseau, il s'aperçoit que les franchisés McDonald's, supposés servir le même hamburger, tirent huit, dix ou onze galettes d'une livre de viande. Le contrat précise que la galette doit être de pur bœuf, les franchisés n'en tiennent pas compte. Les prix varient d'un franchisé à l'autre. Certains font des pizzas leur produit principal et le hamburger est accessoire, d'autres débitent autant de hot dogs que de hamburgers. Il en trouve un qui fait des *tacos* parce que les *Hispanics* estiment que les "hamburgers ne conviennent qu'aux gringos". Même disparité dans les assaisonnements, avec "des" ketchups plus ou moins sucrés, "des" moutardes douces, fortes ou extra-fortes, "des" petits ou gros cornichons. "Si, avec treize franchisés, c'est le désordre, comment fera-t-on quand nous en aurons doublé leur nombre ?" se demande Kroc. À partir de cette disparité, il va bâtir un réseau où le client va trouver toujours et n'importe où "e-xac-te-ment" la même qualité. Un premier restaurant de la "chaîne" (le mot n'est pas encore inventé) est ouvert à Des Plaisnes, commune proche de Chicago, et va servir de prototype. Rigueur dans les achats. On précise les parties de la bête d'où il faut prélever la viande à hacher. "La galette de viande ne doit contenir ni cœur, ni foie, ni céréales." Elle est placée dans un pain mollet, avec feuille de salade, tomate, deuxième galette de viande (option), fromage (re-option), le tout enduit d'une sauce "exclusive", d'une rondelle de cornichon, une rouelle d'oignon, une giclée de moutarde et une autre de ketchup. À défaut de faire "mieux", on fait "beaucoup", en multipliant les produits que peut contenir le petit pain, mais toujours les mêmes choses, dans les mêmes proportions. Pas moins de rigueur pour les frites[17] McDonald's. Un premier bain d'huile durant trois ou quatre minutes pour les teinter, puis elles seront replongées dans l'huile bouillante au moment de la commande. Le prototype de Des Plaines marque le début de l'ascension de McDonald's... et la naissance d'un restaurant dont les méthodes sont totalement inspirées de l'industrie.

En 1955, Oscar Mayer, qui se faisait appeler le "roi du hot dog", décède. Le roi du hot dog est mort, vive le roi du hamburger ! Comme pour saluer l'accession au trône du nouveau souverain, un journal rapporte qu'un mineur bat le record de la grande bouffe en ingurgitant, sans s'arrêter, soixante-dix-sept hamburgers ! Philip Yadzick (c'est son nom) était furieux de n'être pas allé plus loin, les flashes des photographes l'ayant rendu nerveux !

*Le mint julep, le colonel Sanders, et le poulet*

Chaque premier samedi de mai, à Louisville dans le Kentucky, est consacré à un derby pour chevaux de trois ans. C'est aussi pour les spectateurs l'occasion de consommer d'imposantes quantités de bourbon sous forme de *mint julep*, mais dans le périmètre du derby, on boit ce nectar des dieux dans des gobelets en carton[18]. Le *mint julep* gagne à être servi dans un verre givré, avec des feuilles de menthe qui dépassent pour ajouter au goût le plaisir visuel. C'est précisément au derby que Harland Sanders est venu fêter ses soixante-dix ans, quatre ans après sa décision de parcourir le pays à la recherche de franchisés. Il avait beaucoup voyagé pour convertir quatre cents (déjà) cuisiniers à adopter son poulet et à appeler leurs établissements "*Kentucky Fried Chicken*". Son périple avait débuté à Salt Lake City dans l'Utah, où son ami Leon Harmon tenait un petit café de seize places, le *Do Drop Inn*. Harmon avait un jour fait compliment à Sanders de son poulet, et c'est ce souvenir qui avait conduit le colonel chez lui. Le petit café est agrandi et connaît un succès instantané[19], ce qui a encouragé Sanders à poursuivre. Le colonel rencontre aux courses, son verre de *mint julep* à la main, un certain John J. Brown, jeune avocat dynamique[20] qui imagine ce que l'on peut tirer de la recette du colonel. Cette rencontre informelle débouche sur une très formelle association entre le cuisinier et l'homme d'affaires. La société Kentucky Fried Chicken va devenir une énorme entreprise. John Brown fait représenter dans tous les médias le folklorique colonel Sanders, coiffé d'un chapeau sudiste, exhibant moustaches et barbichette blanches (qui le font ressembler à Buffalo Bill). Dans son costume immaculé et intemporel de propriétaire sudiste, avec une cravate lavallière noire et tenant toujours la même canne, le colonel répète sans jamais se lasser que son *Kentucky fried chicken* est délicieux et qu'il en détient la recette authentique. Kentucky Fried Chicken atteint treize ans après le chiffre d'affaires de huit cents millions de dollars. Heublein, qui s'était intéressé en son temps à la vodka Smirnoff, devenu un grand de l'agroalimentaire, fait une offre alléchante et acquiert l'entreprise. Le colonel Sanders, qui était devenu, selon le *Reader's Digest*, l'"Américain à barbichette le plus connu après Abraham Lincoln", a, du haut de ses panneaux publicitaires, contribué directement au montant de cette offre.

À l'autre extrémité du marché de la restauration, les adresses chics se multiplient aussi. Les concepteurs du *Four Seasons* n'ont reculé

*Les Français tiennent le réduit de la gastronomie…*

devant rien ! Une toile de décor de théâtre de Picasso, des tapisseries de Miró, des sculptures d'artistes de grand renom, un dessin exclusif de Eero Saarinen… pas de rideaux, mais des chaînes de boules d'aluminium anodisé, qui "ondulent d'une façon originale, grâce au souffle d'air conditionné sortant de buses savamment dirigées le long des énormes baies vitrées" ! Le designer a pensé à quatre arbres de couleurs différentes, pour symboliser les quatre saisons, mais n'est-ce pas un peu fou de changer, à chaque saison, la couleur de tout, absolument tout : la carte, les serviettes, les nappes, les fleurs, les plantes, les housses des fauteuils, les uniformes du personnel, les accessoires, les tickets de vestiaire et même le ruban des machines à écrire[21] ? La cuisine se veut résolument "haute américaine". On achète toute la récolte de carottes d'un fermier de l'Oregon parce qu'elles sont de la taille prescrite. On impose la forme qu'auront les légumes dans les potages, un "artiste" cubain est chargé de "sculpter" chaque jour de gros légumes qui trônent sur le chariot des hors-d'œuvre. Peut-on s'étonner, dans de telles conditions, que le *Four Seasons* ait, tout en refusant du monde, enregistré des pertes durant les quinze premières années ? D'autres restaurants "aussi exclusifs" de la même société, The Restaurant Associates, vont compenser. *Mama Leone's* sert de la cuisine italienne pour Américains, la *Fonda del Sol* s'est spécialisée dans la cuisine sud-américaine aseptisée, la *Brasserie* fait croire à un implant français à New York et, enfin, au *Forum of Twelve Ceasars,* les flambages font penser à l'incendie de Rome au temps de Néron. La mode des péplums quitte les écrans pour s'imposer dans les nouveaux restaurants, et le phénomène est contagieux. Le nouvel *Hilton* de New York n'hésite pas à habiller les serveurs de petites jupettes dans son *Roman Pub,* pour qu'ils semblent plus vrais que les Romains de la Rome antique.

## Paris rive gauche, 1963
*Le pop'art, témoin de l'ubiquité du fast-food*

Ce n'est pas un restaurant qui est le premier à présenter le fast-food aux Parisiens, mais la galerie d'art *Sonnabend,* qui expose une œuvre en plastique rembourré de Claes Oldenburg appelée *Hamburger* ! À côté, une sculpture dans la même matière représente un sandwich avec une saucisse tachée de jaune, sans doute de la moutarde, dont le nom est tout simplement *Hot Dog* ! La photo d'une œuvre aux couleurs vives et dégoulinantes, visible au Museum of Modern Art de New York, *Two Cheeseburgers with Everything,* est là pour, selon l'artiste, "permettre d'imaginer le goût qu'aurait la chose sur la langue". Les attributs du fast-food sont à Paris plus vrais que les vrais et remplacent, à en croire un critique, "la vision traditionnelle que l'Amérique a d'elle-même[22]". Le hamburger est-il le moyen de se moquer du généreux passé alimentaire des États-Unis ? Peut-être, mais ce qui est sûr, c'est que le pop'art a introduit au musée des représentations du fast-food, témoignant de l'existence du phénomène et dépassant la controverse entre les gourmets qui accusent la restauration minute de tuer le goût et le public qui cherche un moyen de calmer une petite faim. Le pop'art ne se limite d'ailleurs pas à immortaliser un sandwich, puisque le pape du mouvement, Andy Warhol, représente dans ses tableaux une boîte de Campbell Soup. C'est, selon Warhol, un sujet de nature morte, au même titre que la figuration de fruits, légumes, poissons, gibiers à poil, à plume, ou autres aliments. Campbell, avec 80 % du marché américain de la soupe en boîte, est aussi familière aux États-Unis que le sont d'autres aliments que l'on trouvait dans la cuisine et, par conséquent, qui étaient représentés dans les natures mortes. Pendant un siècle, tous les médias ont créé, stimulé, poussé, exploité et exalté les envies d'un bon plat de soupe. Il est donc normal que Campbell, qui signifie "boîte de soupe la plus célèbre du monde", accède à l'immortalité en devenant le modèle d'un grand artiste. La boisson indissociable du fast-food, le Coca-Cola, ou plutôt sa bouteille, sert de modèle au même Andy Warhol, qui place côte à côte deux cent dix bouteilles de cette marque. Le pop'art est aussi la célébration de l'incontournable bouteille de ketchup de Heinz. Nous sommes loin des débuts de Henry Heinz qui mettait en pots, à l'âge de seize ans (selon la légende !), du raifort pour la cuisine familiale. L'entreprise grandit et les ambitions aussi, comme en témoigne la mappemonde[23] du vitrail du siège social de Pittsburgh, signe de la volonté de distribuer le ketchup partout. Pour Heinz, le roi, c'est le marché, pas le gastronome : "Nous ne produisons pas des délices pour épicuriens", phrase à rapprocher des messages publicitaires de l'industrie française qui, par superlatifs interposés, assure de la qualité gustative de ses produits. Le ketchup vient en tête chez Heinz : il a vite remplacé celui que l'on faisait à la maison[24]. En fait, l'école pop critique la civilisation de consommation, tout en témoignant de l'émergence du fast-food. C'est à cette époque que le *New York Times* consacre le mot "fast-food" en titrant : "Vous voulez manger vite, voilà le fast-food[25]."

Le *Drugstore Publicis* présente le hamburger sur sa carte, avec la bouteille de ketchup, bien visible sur la table, mais ce n'est pas encore du fast-food. *The Great American Disaster,* rue de Ponthieu, en fait autant, mais ce n'est pas non plus du fast-food. Les Français connaissaient un peu le ketchup, pas du tout la soupe Campbell, buvaient du Coca-Cola (moins qu'ailleurs en Europe) et le hot dog était assez répandu. Il faut attendre qu'un cadre, Jacques Borel, quitte en 1958 un bon poste pour que l'avant-garde du fast-food arrive en France. Celui-ci a la fièvre d'entreprendre et il aurait pu devenir l'inventeur d'une restauration populaire, à la française, dans la lignée des *Chez Dupont,* mais c'est le résultat financier qui l'intéresse, pas le style du restaurant. Il capte une partie des soixante mille Parisiens qui mangent à midi un sandwich en introduisant la version anglaise du hamburger, appelée wimpy. Les Français ont le sentiment d'être maltraités et approuvent que l'on juge Borel d'"ennemi public numéro un de la gastronomie française".

*Gault-Millau, la fin de la critique de papa*

Deux journalistes de *Paris Presse* tenaient la rubrique "restaurants" et tournaient le dos à la presse gastronomique "qui, dans un style dégoulinant de sauce à la crème, narrait dans un comique involontaire les agapes de gros messieurs apoplectiques[26]". Le succès de la rubrique amena l'éditeur Julliard à leur faire concevoir un guide des restaurants de Paris. Plus de classement suivant une sorte de dogme immuable, mais plutôt un avis, une opinion. On cherchait le talent du cuisinier dans un restaurant à nappes en papier ou avec voiturier. Après le *Guide Julliard,* la sortie du magazine *Gault-Millau* annonce la couleur dès la couverture : "*Michelin,* n'ignorez plus ces 74 étoiles." On ose dire qu'à *La Tour d'Argent,* c'est le décor qui "épate la riche clientèle américaine, mais irrite le gourmet français". Ils relèguent à un niveau inférieur *Ledoyen,* qui réagit en traitant Gault et Millau de "fossoyeurs de la cuisine française". On cite *L'Archestrate* et *Le Duc,* on donne une bonne note à *Lous Landès.* Le chemin à parcourir est long, mais en cette année 1969, alors que des vieilles barbes voulaient faire revivre l'œuvre d'un Carême, le magazine *Gault-Millau* a fait vieillir de cent ans la cuisine d'un Escoffier.

---

1. *The Saturday Evening Post* (1947). Littéralement, "manger et fuir", ou "délit de fuite".
2. Cent trente restaurants en 1935 et deux cent trente en 1950, implantés à Philadelphie, New York, Washington, Rochester, Hartford, Camden, Boston, en plus des implantations d'origine à Milwaukee et Detroit.

*Les Français tiennent le réduit de la gastronomie...*

3. Vingt-six millions de véhicules enregistrés en 1945 et quarante millions en 1950.
4. En français dans le texte.
5. Christian Guy, *Histoire de la gastronomie en France*, Nathan, 1985.
6. Robert Courtine, *Mangez-vous français ?*, Sedimo, 1965.
7. Le restaurant *La Couronne* était un établissement de grande qualité. Son passé était plus glorieux encore puisque le *Guide Michelin* lui attribuait trois étoiles en 1933 (première année des étoiles Michelin).
8. En français dans le texte.
9. Rapporté par *The New Yorker*, 23 décembre 1974.
10. Paul Bocuse a rendu hommage à Julia Child en la représentant (en compagnie d'Escoffier, des frères Troisgros et d'autres chefs éminents) à l'entrée de son restaurant à Collonges-au-Mont-d'Or sur la fresque *Rue des Grands Chefs*.
11. Ainsi nommée à cause de l'initiale du nom de son inventeur, Ansel Keyes, qui voulait qu'elle contienne tous les éléments nutritionnels d'une journée.
12. En lettres capitales.
13. Les plus savants purent souffler à leurs voisins qu'il s'agissait d'une tortue dont le potage était très apprécié.
14. Christian Guy, *op. cit.*
15. La Pan American Airways.
16. Chacun d'entre eux comptant six têtes à mixer.
17. Bien avant qu'elles ne soient congelées.
18. Ce qui équivaut, remarque la journaliste Mary Blume, à "boire du château-lafite dans un verre pour brosse à dents".
19. Le restaurant existe toujours dans les années quatre-vingt-dix et une plaque indique : "C'est ici que tout a commencé."
20. Il deviendra gouverneur de l'État du Kentucky après avoir vendu la société Kentucky Fried Chicken.
21. Gael Greene, *Bite*, New American Library, 1972.
22. Robert Hugues, *The Schock of the New*.
23. J. Gooding, "Heinz Battles for Space on a Worldwide Shelf", *Newsweek*, 1970.
24. Kenneth Roberts (un puriste) évoque dans *Trending into Maine* le bon ketchup maison. Pour lui, un ketchup sucré "est une offense contre le bon Dieu et contre les hommes". Or, le sucre est majoritaire dans le ketchup industriel, parce que le mélange acide-sucre fait passer la sauce. Des restaurants reviennent, à la fin du XX$^e$ siècle, au ketchup maison.
25. En anglais, le texte est plus percutant : "*You want food fast, here is fast-food.*"
26. Henri Gault, *Gault et Millau se mettent à table*, Stock, 1976.

∽ *Chapitre XIII*
*Le fast-food va-t-il envahir le monde,
alors qu'émerge une cuisine moderne ?*

*"Ce que je veux, c'est de l'argent, exactement comme l'on entend
que la lumière s'allume lorsqu'on appuie sur l'interrupteur."*
Ray Kroc, rapporté par Gunther Wallrass, *Tête de Turc*, La Découverte.

**Grenoble (Isère), 1968**
*Un "gros mec" pour Miss Janet Lynn*
Aux Jeux olympiques d'hiver, l'athlète américaine Janet Lynn, section patinage, n'a réussi à décrocher aucune médaille. Elle serait restée une parfaite inconnue si un journaliste de la chaîne de télévision ABC ne l'avait interviewée. On la découvre donc sur le petit écran, aux États-Unis, minaudant : "Ce qui me manque le plus ici, c'est un bon hamburger." La direction de McDonald's, informée de l'appel éploré d'une jeune Américaine perdue dans une terre inhospitalière, affrète un avion, y installe les appareils à produire l'authentique *Big Mac* et embarque quatre cents galettes de viande, les petits pains, les pommes de terre qui vont devenir les frites, la sauce exclusive, le ketchup et les cornichons.

## Le Ketchup et le Gratin

Les retrouvailles avec Janet furent télévisées, afin que tout le monde sache en Amérique que McDonald's ne pouvait la laisser dans une telle situation de manque. Des journalistes français firent découvrir dans la presse écrite à leurs compatriotes ce qu'était le *Big Mac,* que certains, voulant faire un jeu de mots facile, avaient traduit par "gros mec". Depuis l'achat de McDonald's par Ray Kroc, les affres du début s'estompent. Cette opération aéroportée confirme sa position de leader. Grenoble est, grâce à l'autoroute, proche de Bocuse et d'autres jeunes chefs comme Alain Chapel, pas loin de Georges Blanc qui conduit, à Vonnas, les cuisines de la maison familiale. Plus près encore, Roger Vergé (qui n'avait pas encore son *Moulin*), en charge du plus grand restaurant du village olympique… mais ni lui ni les autres n'auraient pu soigner le mal du pays de Janet car c'était un hamburger qu'elle voulait. Il n'y avait pas d'espoir non plus du côté des bouchons lyonnais, avec leurs *mâchons de cochonnaille du Beaujolais,* leur *caviar du Puy* ou leur *salade de pissenlits aux lardons et à l'œuf mollet,* qui valent, selon nous, tous les fast-foods.

Les Français sont sensibles au principe "*Time is money*", mais ils n'ont pas trop changé leurs habitudes, qui "encombrent[1]" le temps rendu libre par l'utilisation des appareils électriques. La gestion du temps, invention américaine, est importée chez nous. Même à l'Élysée le temps des repas est minuté. Ce parallèle pourrait paraître incivil au général de Gaulle, depuis dix ans président de République, qui a beaucoup fait pour garder une France indépendante des États-Unis, mais la coïncidence est grande. On sait que "la grande cuisine, le général la tolère, il s'en restaure parce qu'elle est liée à sa fonction". Quand il prend un repas à Baumanière, il fait préciser qu'il n'a que trois quarts d'heure[2]. En somme, selon l'épouse d'un ministre, "l'Élysée n'était pas un relais gastronomique". Mais quand il faut honorer le chef d'État Américain, John Kennedy, époux de Jacqueline Lee, d'ascendance française, les repas offerts sont somptueux : *langouste à la parisienne, noix de veau Orloff, foie gras du Périgord en gelée*. À leur tour, les Kennedy invitèrent le général et madame de Gaulle à l'ambassade des États-Unis à un véritable repas français, avec un nombre de plats supérieur à la règle instaurée à la Maison Blanche[3].

*Un Français au piano de la Maison Blanche*

John Kennedy avait un passé de bonne fourchette. Quand il était candidat à la présidence, il commandait à *La Caravelle* de New York du *poulet, sauce champagne*, et de la *vichyssoise*, pour ses voyages en avion. Lors de son séjour à la Maison Blanche, ses services avaient tenté de débaucher Bui Van Han, cuisinier de l'ambassade de France à Londres, connu pour ses sauces délicates et son excellent canard. Le cuisinier refusa l'offre et l'ambassadeur Jean Chauvel évita de créer un incident diplomatique. Les Kennedy engagent alors le Vendéen René Verdon, qui, à son coup d'essai, prépare un magnifique déjeuner au Premier Ministre anglais… Un journaliste[4] traduit : "La cuisine française est idéale pour les bonnes relations anglo-américaines." Depuis Thomas Jefferson, qui avait un chef français, aucun des trente Présidents qui lui ont succédé jusqu'à J.F.K. n'avait osé adopter aussi nettement la cuisine française. En avril 1961, Jacqueline Kennedy invite ; à cette occasion, un buffet est dressé dans la plus pure tradition américaine, avec une présentation de chaque plat très française. Les invités eurent vite fait de s'émerveiller de la *"french touch"*… L'émerveillement grandit encore à la vue des deux cygnes en glace, grandeur nature, qui flanquent le buffet. Conçue par un Français spécialiste des sculptures alimentaires (anachroniques), cette complication enlevait à la cuisine française une nouvelle chance d'adoption par un peuple cherchant la simplicité pour se nourrir.

La simplicité se trouvait plutôt sous les arches de McDonald's érigées dans la capitale fédérale. Les ventes du géant du fast-food grimpent et s'étalent, sous forme du chiffre consolidé de hamburgers débités, sur les enseignes géantes des restaurants. Idée simple, qui valorise plus la taille que ce qui est bon, le chiffre de deux ou trois milliards de hamburgers devenant une garantie de qualité. Mais, sur quatre milliards, des petits millions en plus ou en moins perdent de leur impact. Il faut donc trouver mieux : "Dix Boeing 747, ou plutôt cent. Mais cent 747 ne suffisent pas, alors prenez-en cinq cents. Videz-les de leurs équipements, sièges et cloisons. Remplissez-les de tous les hamburgers produits par McDonald's, et vous verrez qu'ils ne suffisent pas. Doublez leur nombre, vous êtes loin du compte. Il faut deux mille quarante et un Boeing pour contenir les six milliards de hamburgers produits." En termes d'image évoquant un bon repas, il y a eu la nature morte, la photo de gens heureux à table et d'autres choses, mais on n'avait jamais pensé à un avion farci de viande hachée ! Le succès de McDonald's ne peut pas être dissocié de celui des frites, qui s'appellent là-bas *"french fries"*. Moins de 2 % des pommes de terre finissaient leur carrière en frites dans les années quarante car le pays aime le maïs, les pâtes et les pommes de terre (pas frites). Devenus champions toutes catégories de *McFries* (substitut, dans le langage populaire, de *french fries*), les Américains absorbent (sous cette forme) le quart de la récolte de pommes de terre de leur pays ! Dans *Time,* qui consacre à la chaîne l'une de ses couvertures, on voulait "évaluer les produits de McDonald's, [sans aller jusqu'à] proposer au *Guide Michelin* d'attribuer une étoile à la chaîne". Quatre chroniqueurs en vue (dont Gael Greene, inconditionnelle de la cuisine française) vont trouver les "*McFries* bonnes, croustillantes et meilleures que certaines servies dans de bons restaurants". Les qualificatifs des autres produits allaient de "colle", pour le "fromage du *cheeseburger*", à tout juste "avalable", pour la viande du *Big Mac*. La sévérité de ces propos donnait plus de relief à l'avis de Paul Bocuse qui s'est dit prêt à attribuer aux "Mac frites une médaille d'or[5]".

### Washington, 20 janvier 1969
*Le Nixonburger barre la route à Nixon*

Richard Nixon[6] devient Président des États-Unis et, pour accéder au poste suprême, il eut à mener plusieurs campagnes, dont celle contre Kennedy alors qu'il était vice-président. Pour contrer les goûts éclectiques du riche candidat démocrate, Nixon évoquait ses origines modestes et rappelait que sa famille mangeait plus de hamburgers que de rôti de bœuf. Il parlait dans ses discours de ses goûts simples et le hamburger était idéal pour symboliser son origine populaire. Son père exploitait en 1919 une petite boutique de produits alimentaires dans une banlieue de Los Angeles, où le jeune Richard aimait, disait-il, "hacher la viande des hamburgers, vendue 22 *cents* la livre". Au fil de ses harangues se profilait l'image d'un garçon issu d'une famille pauvre, attaché à servir des clients modestes. "Il y avait aussi du roastbeef, mais nos clients optaient le plus souvent pour les hamburgers, surtout quand ils avaient plusieurs bouches à nourrir." Pour rendre son discours plus crédible, il avoua avoir préparé un jour des hamburgers à partir "de morceaux de viande à ragoût, plutôt qu'à rôtir", et il justifiait sa faiblesse par la nécessité d'arriver à "un prix à la portée des clients du magasin[7]". Cette relation avec le hamburger a finalement joué en défaveur de Nixon. La boutique, devenue restaurant, était gérée par le frère du candidat, qui avait ajouté sur la carte un sandwich baptisé *Nixonburger*. Malgré cette prestigieuse spécialité, la clientèle ne se bousculait pas et le restaurant accumulait des pertes. Le frère emprunta 205 000 dollars à une société qui, par ailleurs, soumissionnait à des marchés de l'État fédéral. Drew Pearson, journaliste, vit un lien possible entre ce prêt et l'influence que pouvait avoir le vice-président des États-Unis dans l'attribution de marchés. "Il faut, concluait le journaliste, qu'un homme public n'entretienne jamais de relations d'affaires avec une personne morale, même par membre de sa famille interposé." L'intérêt de garder dans le patrimoine culinaire du pays le *Nixonburger* n'a pas été un argument convaincant… C'est John Kennedy qui l'a emporté, sans démontrer la relation entre le goût de Nixon pour les hamburgers et son échec.

Les locataires successifs de la Maison Blanche ont leurs habitudes alimentaires. Calvin Coolidge mangeait au petit déjeuner des *corn muffins,* des œufs au bacon, toasts, crêpes de sarrasin et saucisses frites, pour éviter le repas de midi (onéreux et inutile, selon lui). Herbert Hoover avait un faible pour la soupe au maïs, le potage Parmentier, la pastèque et les cerises, qu'il faisait inclure dans les menus. Franklin Roosevelt réduisit le nombre de services des repas officiels, ce qu'adopta Truman, sauf quand il voulut faire goûter à Elizabeth d'Angleterre (alors princesse) et à son époux du jambon du Missouri. Eisenhower fit disparaître deux plats des dîners officiels et il préparait, accoutré d'un tablier de cuisine, du ragoût de bœuf pour les repas privés. On aurait pu penser que Nixon, élu à sa seconde tentative, allait favoriser le hamburger. Or, c'est le champagne Pol Roger qui est choisi pour sa première réception, car *"it was the gracious thing to do"*. Mais les viticulteurs nationaux ne l'entendaient pas de cette oreille et l'attaché de presse dut promettre que les vins américains seraient désormais présents aux repas. La chose fut faite. On servait désormais aux invités des repas officiels du cabernet sauvignon de Californie… les mauvaises langues ajoutèrent que lors de ces mêmes repas, Nixon se faisait verser du château-margaux, les étiquettes de toutes les bouteilles étant cachées par une serviette ! Au cours de son voyage en France, ce sont encore des vins français qu'il sert au général

## Le fast-food va-t-il envahir le monde...

de Gaulle, dans un repas très américain (menu en anglais) : *New England clam chowder* suivi d'un *roast sirloin of beef Kansas City, baked stuffed Idaho potatoes,* d'*asperges de Californie, sauce hollandaise,* et pour finir de *Boston lettuce with Wisconsin cheddar cheese.* À l'évidence, le hamburger était bon pour les discours électoraux, mais pas pour représenter la cuisine de son pays dans un repas officiel.

Le Texan Lyndon Johnson, qui a occupé la Maison Blanche entre Kennedy et Nixon, préférait convier ses invités dans son ranch, où un autre Texan, Walter Jetton, surnommé le "Barbecue King", était en charge du repas. Ce dernier transportait "du bœuf et des haricots pour trois mille personnes[8]" et pouvait servir dix mille pommes de terre au four. Jimmy Carter a également donné un coup de pouce à la cuisine régionale de son pays. L'ambiguïté d'un menu en français pour des invités ne connaissant pas la langue culinaire était levée par un menu rédigé en anglais. Le *potage arrosé de xérès* (de l'Ohio) était suivi du canard à l'orange, qui, dans le texte, s'écrit *"duckling"*, pour éviter le mot "canard". Grâce au très américain "riz sauvage", ce plat bien français prenait la nationalité américaine ! Le vin était du beaujolais (de Californie) et le *chiffon*[9] *aux myrtilles sauvages* était, malgré le nom "chiffon", un dessert bien de là-bas. Restait une petite dérogation : servir la salade après le repas, alors que les repas américains commencent par de la salade. Le point final était une coupe de champagne (de l'État de New York). Le café faisait une petite concession à la langue française, parce que n'existait sans doute pas en américain l'équivalent du mot "demi-tasse". La réception, toasts et discours compris, ne dépassait pas le cap de vingt et une heures. D'autres mandats, comme celui de Rutherford Hayes, à la fin du siècle dernier, étaient autrement plus austères, car toute boisson alcoolisée était bannie, au point de surnommer l'épouse du Président "Lucy la Limonade". Cette austérité était d'ailleurs peu prisée par le Président, qui se faisait secrètement servir des oranges vidées de leur pulpe pour contenir une bonne lampée de rhum. Avec les Carter, c'est plutôt un américanisme de bon aloi qui entre à la Maison Blanche.

*Chicago, capitale de la deep pan pizza*

Cette année 1969 n'est pas seulement l'année qui voit Nixon à la tête des États-Unis. C'est aussi celle qui donne à la pizza la tête du peloton dans la restauration rapide. Un sondage montre en effet que les jeunes préféraient la pizza au hamburger. Cette bonne nouvelle ne compensait pas l'agacement du président de Pizza Hut, qui venait de lire un rapport disant que des clients de la première boutique ouverte en Allemagne sous cette enseigne demandaient fourchette et couteau pour manger leur pizza. Frank Carney enrageait car, sur les cent trente-cinq établissements *Pizza Hut* déjà installés (aux États-Unis), personne n'avait encore réclamé de couverts. Selon lui, le plaisir était décuplé quand on prenait la tranche de pizza avec les mains. L'ironie voulait que ce soit l'américain Pizza Hut qui introduise en Allemagne la pizza, alors que les Italiens plus proches n'y réussissaient pas aussi bien. Dans l'histoire du fast-food, le refus des Allemands d'en manger sans fourchette ni couteau n'était au fond qu'un petit incident de parcours, car la diffusion de la pizza avait bien progressé depuis la décision de Carney de placer ses économies (600 dollars) dans une pizzeria de sa ville natale de Wichita. Il choisissait chaque année le concurrent qu'il fallait dépasser, et y arrivait. En 1968, la cible était *Shakey's*[10], dont le succès restait un mystère, avec une enseigne qui portait le surnom dont on avait affublé le fondateur lors d'une crise de paludisme, un décor rappelant un pub anglais, et de la bière brune comme boisson pour accompagner la pizza. Pourtant, de nombreux[11] *Pizza Parlors* faisaient de meilleures pizzas que *Shakey's* : *Marra's Restaurant* de Philadelphie, par exemple. Des matières premières proches de celles de Naples et une pâte étendue à la main sur la plaque de marbre[12] faisaient notamment la fierté du patron de *Marra's,* mais les Américains préféraient un nappage moins parfumé, expliquant en partie le succès de *Shakey's* et plus tard de *Pizza Hut*. Quand Pepsico rachète Pizza Hut, elle fait coup double : Pizza Hut distribue un bon dividende et l'actionnaire verrouille la distribution de son soda dans la tranche du marché qui marche bien. (Pizza Hut se classe en 1980 dans les dix grands du fast-food mondial, avec huit millions de personnes qui avalent tous les ans sa production dans ses cinq mille établissements).

*Marra's Restaurant* apportait la preuve que l'imitation de la pizza napolitaine plaisait aux puristes, mais démontrait aussi que cette pizza-là n'était pas du goût de la masse des Yankees, et encore moins du goût des Texans. Ike Sewell, pur texan, voulait, au début des années quarante, ouvrir un restaurant mexicain à Chicago. Il avait le bon emplacement et le bon gérant, mais ce dernier ne connaissait rien à la cuisine mexicaine ! Après en avoir discuté, ils y goûtent, mais passent une mauvaise nuit et jurent de ne jamais plus manger mexicain (alors que le local avait déjà été décoré de scènes de corridas). Il fallait trouver une solution de rechange et, le hasard faisant bien les choses, ils tombent sur une pizza qu'ils jugent être "plus un hors-d'œuvre qu'un plat". Ils pensent alors à une pizza riche, beaucoup plus riche, donc assez creuse pour recevoir tout ce qu'ils voulaient y incorporer. Ils commandent des poêles profondes et concoctent un "plat unique pour gros appétits américains". Le menu est bouclé par une sorte de salade soi-disant italienne, des glaces dites "à l'italienne" et du café américain qualifié d'italien. Tout est donc prêt pour ouvrir la *Pizzeria Uno,* sauf la clientèle. Un soir, un jeune G.I. ayant fait la campagne d'Italie, devenu journaliste au *Chicago Sun,* a envie de pizza et se retrouve à la *Pizzeria Uno.* Il fait un papier d'une touchante sincérité sur une pizza meilleure que "toutes celles qu'il avait goûtées en Italie" et affirme qu'un dîner à la *Pizzeria Uno* est "une inoubliable expérience romantique". Le Tout-Chicago accourt, et le restaurant ne désemplit plus. Des suiveurs imitèrent la *deep pan pizza* ou la *Chicago style pizza*, élargissant le marché de ce plat typiquement américain[13].

Un autre entrepreneur, Tom Monaghan, cherchant un créneau dans la livraison à domicile de plats préparés, constate que le hamburger arrive à destination ni chaud ni en bon état et il choisit la pizza, qu'il agrémente de salami piquant (*pepperoni*). Avec cet ingrédient en plus, sa pizza offre un prix raisonnable et une livraison (pizza chaude) dans la demi-heure chrono... c'est la révolution. Par l'ouverture de points de vente qui rayonnent chacun sur un tout petit territoire, *Domino's Pizza* (c'est le nom de l'entreprise) couvre les États-Unis (et quelques autres pays) en moins de vingt-cinq ans. Les paysages urbains des grandes villes se sont enrichis de centaines de livreurs qui sillonnent les rues, transportant dans un récipient isotherme la pizza préparée à la demande. Pour des millions de célibataires, divorcés et autres catégories sociales, qualifiés par les experts en sociologie de "monoménages", c'est la fin de la cuisine, c'est même la fin de l'ouvre-boîte, c'est plus encore la fin de l'obligation de sortir pour manger.

*Le fast-food concurrence les conserveurs*

Le succès de la méthode inquiète les "fabricants" de hamburgers. La formule secrète de la sauce, l'ensemble des composants des doubles hamburgers ne suffisent plus pour lutter contre la *pizza connection*. La mode des régimes fait craindre le taux élevé de matières grasses du fast-food et conduit les salades à occuper quelques lignes dans les menus. On va jusqu'à mettre en place des "*salad bars*", où les clients se servent à volonté pour le même prix. L'invasion de "croissanteries"

*Le fast-food va-t-il envahir le monde…*

laisse présager une nouvelle concurrence dans la restauration minute, mais la vogue est de courte durée. Tout le monde parle ensuite de quiche. Elle voit le jour aux États-Unis et disparaît aussi vite, achevée par un petit livre, peut-être sponsorisé par ceux qui ne souhaitaient pas son succès, au titre *Les vrais hommes ne mangent pas de quiche*[14]. Cette propension à déserter le foyer pour manger ailleurs[15], ou à commander des plats livrés chauds, inquiète aussi les conserveurs. On avait suivi le client absent de son domicile chez le restaurateur, en proposant à ce dernier des composants de plats ou des plats tout prêts qu'il suffisait de réchauffer. Mais les "débits de fast-food" maîtrisent toute la filière, sans utiliser de conserves, d'où la nécessité de changer de stratégie. L'état-major de Pillsbury décide en 1967 de faire l'acquisition de Burger King, afin de récupérer une partie du marché alimentaire perdu. Arrivé tard sur le marché, Burger King avait en 1959 cinq boutiques quand McDonald's en comptait deux cent cinquante, mais elles ont fait beaucoup de petites sœurs et Pillsbury achète en fait un réseau de deux cent soixante-quatorze enseignes. Le diminutif "burger" va supplanter "hamburger", mais de nouveaux venus s'éloignent à la fois des hamburgers et autres burgers pour des *Tads, Beefsteack Charlie's, Jack in the Box,* ou adoptent encore des noms du show-biz, comme *Roy Roger's,* acteur de films de série B. Toute la profession applaudit quand un feuilleton télé montre le héros s'esquiver en vitesse d'une grandiose réception, donnée pour le remercier d'avoir sauvé l'ambassadeur, à la vue des canapés de caviar. Dans la scène suivante, le héros se délecte d'un hamburger !

Gael Greene, cette critique très calée en cuisine française, décida un jour d'organiser un itinéraire initiatique, espérant ainsi faire en sorte que les très américaines papilles gustatives habituées à la bouillie de maïs fussent en mesure de saisir les subtilités d'un très français "brie fait à cœur". Gael trouva le cobaye idéal en la personne de sa toute jeune nièce Pamela, qui n'avait jamais quitté son "trou" de Bloomfield Hills. La culture gastronomique de l'adolescente se limitait aux hamburgers bien cuits ! Le mot "fromage" n'évoquait pour elle que le *cottage cheese* et elle n'avait, bien entendu, jamais goûté de vin. Bref, Gael Greene et sa nièce se mettent en route pour une tournée des meilleurs restaurants de New York. Première étape : le *Café Chauveron* (s'il vous plaît !), avec, comme première épreuve, d'expliquer à la novice chaque ligne de la carte rédigée en français. "– La terrine de caneton ? C'est du canard à la façon du pain de viande préparé par grand-mère. – L'œuf en gelée ? Tu connais l'œuf à la coque ? Non ? Alors l'œuf dur… eh bien, c'est un œuf dur, mais pas tout à fait dur, entouré de, comment dire ?, entouré de *Jell'O*[16], mais pas aussi sucré que la *Jell'O*, avec un goût de soupe de poulet. – Le "melon et Parme" ? Du jambon cru et du melon, servis ensemble, mais oui, dans la même assiette." Gael Greene ne pouvait expliquer ce qu'étaient le homard, les crevettes ou les filets de sole aux saveurs parfaitement inconnues de Pamela, tout comme les foies de veau, cervelles ou autres rognons de la carte. "– Tiens, voici quelque chose qui te plaira : le bœuf bourguignon. Des morceaux de bœuf, cuits comme tu les aimes, avec un jus épais dans lequel on a ajouté du vin…" Le choix de Pamela se porte sur l'œuf en gelée et le bœuf bourguignon. En attendant les plats, elle grignote le petit pain, qu'elle aime parce qu'il ressemble à un *bagel*. Quand l'œuf en gelée arrive, c'est le désastre… Ce jaune visqueux qui s'étale ! Et puis cette tache noire ! "– Mais c'est une raclure de truffe ! Un produit qui coûte plus de 60 dollars la livre !" Peine perdue, elle ne goûtera pas. Pamela finira par avouer qu'elle n'a jamais mangé de jambon cru non plus. Encore une chance, le bœuf bourguignon lui plaît. Au dessert, la mousse (*moose*[17] ?) au chocolat est bien accueillie, c'est pourtant la première fois que Pamela en mange. Il en va de même pour les morceaux de sucre apportés à table avec le café ; à Bloomfield Hills, en effet, personne n'a jamais vu un morceau de sucre puisqu'il est en poudre dans des sachets... Au-delà de l'aspect anecdotique d'une telle expérience, c'est une illustration de la distance entre les deux pays en matière culinaire. New York constitue un pôle incomparable d'opportunités professionnelles et offre un éventail étonnant de plaisirs gustatifs. Tout y est, individus, moyens matériels et tentations culinaires, tout existe pour prolonger l'expérience de Gael Greene. Mais New York n'est pas l'Amérique et il y a peu de chances que les Pamela, devenues adultes, changent dans leur désintérêt du goût. Il s'agirait de trouver quelles occasions peuvent provoquer une mutation ou simplement une évolution.

**Paris, 24 mai 1976**
*Des vins californiens pour neuf palais français*
Les dégustateurs étaient Michel Dovaz, professeur à l'Académie du vin et membre de l'Institut œnologique de France ; Pierre Tari, secrétaire général des Grands Crus classés ; Aubert de Vilaine, directeur du domaine de la Romanée Conti ; le sommelier de *La Tour d'Argent* ; Raymond Oliver, propriétaire du *Grand Véfour* ; et quelques autres personnalités... soit neuf palais de tout premier plan. Les crus californiens devaient être dignes des juges. En blanc, les chardonnays de Château Montelena 73, Spring Mountain 73, ainsi qu'un 73 de chez Santa Cruz Mountains, et pour les rouges des cabernets sauvignons de belle tenue : Stag's Leap 73, le 70 de chez Martha's Vineyard, pour n'en citer que quelques-uns. Il fallait un standard pour juger ces vins californiens, ce qui a conduit à sélectionner de grands blancs de Bourgogne, puligny-montrachet 72 de chez Leflaive, meursault-charmes 73 de chez Roulot, et de beaux rouges de Bordeaux. Les bouteilles recouvertes d'une

serviette cachant l'étiquette devenaient anonymes, et personne ne savait si le vin dégusté était américain ou français. Le patio de l'hôtel *Intercontinental* paré de drapeaux américains et français était le cadre de cette confrontation. L'idée de la supériorité des rouges de Bordeaux sur les cabernets sauvignons de Californie et des chardonnays de Bourgogne sur ceux d'outre-Atlantique était tellement ancrée dans l'esprit de tous que l'attention n'était peut-être pas aussi soutenue qu'il l'aurait fallu. Les blancs et les rouges supérieurs ne pouvaient être que des crus de France ; à l'inverse, les notes plus faibles allaient sans doute aux vins de Californie. L'impensable s'est pourtant produit, en ce 200$^e$ anniversaire de la naissance des États-Unis. Le Stag's Leap Wine Cellars de 1973 passait devant Mouton-Rothschild 1970 et le superbe Montalena 1973 laissait derrière lui les quatre bourgognes. Beaucoup d'arguments furent avancés après ce coup de semonce du vignoble américain : "les bordeaux de 70 n'étaient pas à leur apogée en 1976", "l'événement comportait un choix trop limité de bouteilles", mais le verdict demeure.

    Trois ans après, pour la première fois dans l'histoire des États-Unis, les ventes de vin ont dépassé les ventes d'alcools durs. La surprise qualitative de 1976 est complétée par les statistiques de 1979, et la boucle est bouclée. Nous sommes loin de la consommation par tête en France et on ne peut pas affirmer que le vin est devenu la boisson usuelle de l'Américain moyen, buveur de lait ou de breuvages à base de lait (ou d'imitation de lait), buveur de café (la façon dont il est préparé ne nous plaît pas), consommateur de bourbon, de gin et de vodka. Désormais, après les sodas, le lait, le café et la bière, vient le vin. Cette tendance, en se confirmant, risque, selon Raymond Dumay, de donner aux États-Unis une certaine suprématie. "Il est assez cocasse d'entendre des Français, dont l'ignorance géographique n'est pas suspecte, déclarer

*Le fast-food va-t-il envahir le monde...*

sans rire qu'un territoire dont la superficie est égale à vingt fois celle du nôtre ne saurait offrir aucune terre comparable à notre plus modeste terroir. Impossible de trouver vingt mille hectares qui représentent notre Champagne ! Pareille sottise se condamne d'elle-même." L'éveil du goût des Américains pour le vin a amené quelques "grands" français à s'installer en Californie. Piper Heidsiek est dans la vallée de Sonoma, où l'entreprise a multiplié sa production par trois de 1980 à 1982. Moët et Chandon s'est implantée dans la vallée de la Napa avec l'intention de produire cinq millions de bouteilles en 1984 (brut, blanc de noir, blanc de blanc et *blends*). Les Bourguignons ont découvert que le climat de l'Oregon était plus propice au pinot noir. Mouton s'associe avec Mondavi pour sortir le très bel Opus One.

Pendant que se déroulait la dégustation comparative des crus américains et français, Raymond Dayan, frais émoulu de la Hamburger University, ouvre la première boutique *McDonald's* à Créteil. Pourquoi la banlieue ? Parce que "ça se passe comme ça chez *McDonald's*". La réponse vaut pour le reste. Puisque l'on a toujours utilisé des chaises en plastique dans les points de vente américains, il n'y a aucune raison d'agir différemment ici, même si les bistrots les plus minables n'utilisent pas ce type de chaises. Les établissements *McDonald's*, où qu'ils se trouvent, doivent ressembler à s'y méprendre aux prototypes. Dayan sait qu'il faut obéir, mais la clientèle française n'est pas au rendez-vous. Pour séduire les *Frenchies*, il tente d'adapter les normes dès que les tenants de la doctrine munis de leurs normes et de leurs appareils de mesure ont le dos tourné. D'entorse en entorse, il a sans doute négligé ici et là quelques lois plus fondamentales, pensant que les Américains, avec leur névrose de l'asepsie, demandaient un peu trop à leurs franchisés. Les inspecteurs ne lui pardonnent pas les coups de canif qu'il s'est permis de faire au dogme. Des faits graves et authentiques lui sont reprochés, d'autres, plus périphériques, sont montés en épingle, et comme le marché français présente des possibilités insoupçonnées que le contrat avec Dayan empêchait d'exploiter, on l'accable un peu plus. McDonald's peut alors débarquer en France.

À Asnières, autre banlieue de Paris, le *Pot-au-feu* fait le plein tous les soirs et, malgré le monde qui se presse à sa porte, son jeune chef, Michel Guérard, est en butte aux vieilles rigidités dogmatiques culinaires. Celui qui va être qualifié de chef le "plus inventif du dernier quart du XX$^e$ siècle" est l'objet de sarcasmes de la part des maîtres ès gastronomie. Mais Michel Guérard refuse de croire au précepte du Club des purs-cent, selon lequel la rencontre du foie gras et de la salade est sacrilège, et ose accompagner de foie gras sa *salade folle à la vinaigrette*. Guérard, l'homme de "l'ouverture dans la continuité" des Bocuse, Troisgros et Chapel, est porté aux nues par les tenants de la "nouvelle cuisine" car il a très directement contribué à la faire, alors que ce sont les plagiaires et leurs excès, qui rapprochent les goûts de n'importe quoi avec n'importe quoi, qui méritent qu'on les épingle. Il va donner tout son sens à la nouvelle cuisine, s'appliquer à parfaire sa "cuisine minceur" en l'éloignant des tristes plats de régime. Il utilise des produits de qualité, n'hésite pas à inclure dans ses recettes des produits de synthèse comme l'aspartam et présente des plats faibles en calories néanmoins délicieux. En associant son nom à celui d'une grande entreprise de produits congelés, il fait comme les grands couturiers. Ces derniers ont prêté leur griffe (et tout ce que cela comporte) à l'industrie du prêt-à-porter, et Michel Guérard fait de même, réconciliant gastronomie et agroalimentaire. C'est une première réponse à l'invasion de la "bouffe" industrielle et il évoque même la nécessité de "trouver une riposte, une formule de fast-food à la française ou [de] réinventer, pourquoi pas, la qualité même du hamburger".

*Le fast-food va-t-il envahir le monde...*

**Washington, 1977**
*Les souris grignotent, les hommes dînent*

Manhattan compte une population (résidante ou en transit) d'une densité jamais atteinte auparavant. Les nouveaux immeubles, comme les deux tours jumelles du World Trade Center, grimpent plus haut pour abriter plus de personnes par mètre carré au sol. Pour nourrir ceux qui viennent travailler tous les jours dans les deux tours (population équivalente à celle de la ville d'Orléans) ou qui ne font que passer par là, il a fallu planifier les points d'approvisionnement. Au sommet tout d'abord, un restaurant de classe, *Windows of the World,* capable de servir mille couverts tous les midis, avec une vue grandiose sur New York. Au rez-de-chaussée, c'est une soixantaine de commerces du type snack, placés à des points stratégiques, où l'on peut manger vite, debout ou assis. Entre le bas et le haut, les 43$^e$ et 77$^e$ étages abritent des restaurants de spécialités et d'atmosphères différentes. Les composants de base de ces snacks ou de ces restaurants sont conçus dans une cuisine centrale unique, acheminés par des ascenseurs réservés à la logistique alimentaire et assemblés dans une petite cuisine locale. Joseph Baum, qui est en charge de cet "hénaurme" ensemble, promet que ce ne sera pas "l'endroit le plus élégant ou l'endroit le plus cher, mais les New-Yorkais aimeront venir ici, pour faire un bon repas[18]". Baum a une longue expérience dans la restauration avec la création dix années plus tôt du *Four Seasons* et d'une dizaine de restaurants à thème. C'est d'ailleurs un opposant farouche du grignotage qu'il réserve "strictement aux souris, alors que les humains parlent durant les repas. Des affaires sont traitées. Des idylles amoureuses naissent. Les souris grignotent. Les hommes dînent. Sommes-nous des souris ou des hommes" ?

Dans le milieu des affaires, la ville attire une forte proportion de gagneurs, jeunes diplômés qui deviennent des cadres ambitieux. D'une entreprise à l'autre, la mobilité est grande. Les cas de carrières brillantes et d'accessions éclairs aux postes de commande sont amplifiés par les médias, et l'ambition se nourrit de la mythologie de la réussite. Les jeunes aux dents longues n'ont pas d'intérêt pour ce qu'ils mangent, étant surtout préoccupés par leur réussite professionnelle. Quelques jeunes ont un itinéraire différent. Leur vie sociale débute dans un petit appartement de Manhattan, qu'ils partagent souvent avec un camarade de promotion. Pizzas, canettes de bière, sodas (Coca-Cola en tête) et, quand on a un peu plus d'argent, bouteilles de *"hard liquor"*, bourbon ou vodka. Les premières invitations à dîner, si elles sont plus formelles, se font autour d'une bouteille de *jug wine*[19], d'un plat de spaghettis et du contenu de boîtes (des conserves ou des surgelés). Ces petites "bouffes" restent décontractées et le cercle s'élargit (collègues, partenaires de tennis). Succès et récompenses sont à New York des synonymes, échec et punition en sont les corollaires. Rester au même endroit est vécu comme une sanction si l'avancement n'est pas rapide. Dans cet itinéraire, l'obtention d'une carte de crédit professionnelle est la première marche symbolique de la réussite. Et aussi le moyen d'accéder à une catégorie de restaurants supérieure avec des plats plus sophistiqués, et d'entrer – un peu comme Pamela, entraînée par sa tante – dans un monde nouveau, inconnu.

*Les restaurants spécifiques à une profession*

Il existe des restaurants où la clientèle correspond, dans sa grande majorité, à un secteur déterminé. C'est dans ces endroits, fréquentés par les confrères, que le jeune cadre ambitieux prend ses repas, même quand il sort avec des amis. On devient épicurien si son milieu l'exige… mais s'il importe d'être vu dans un endroit où l'on mange mal, c'est là qu'on ira. Il faut des endroits chics pour tous ces ambitieux. Dans les restaurants du Grand Hyatt de New York, créé en 1980,

*Le fast-food va-t-il envahir le monde…*

l'inflation du décor est présente, avec des choses de fort bon goût et d'autres sans aucun sens de la mesure. Mais, au-delà du jugement que l'on porte sur l'atmosphère, il y a (encore aujourd'hui) confusion entre la nécessité de donner du spectacle (pour leur argent) aux clients fortunés et la bonne cuisine. Quand *The Palace,* nouvel hôtel du groupe Helmsey, a vu le jour, certains critiques français ont estimé que la salle à manger avait été conçue pour les Texans ou des princes arabes. C'est peut-être vrai, mais les concepteurs ont surtout visé une certaine catégorie de New-Yorkais. Le Tout-New-York n'est pas toujours sensible à cette débauche de luxe dans le décor, mais il existe une clientèle autochtone, prête à payer le prix incroyable des repas de ces nouveaux endroits. C'est ainsi que, avec la complicité du restaurateur-homme d'affaires (psychologue) et du client-homme d'affaires (un peu infantile), la confusion des valeurs se perpétue, les critères s'inversent, et on finit par avoir la conviction que c'est bon parce que c'est cher. Il n'y a pas que cela. On va même jusqu'à dire que la cuisine commence à attirer d'authentiques talents, comme ce jeune avocat, avec un avenir brillant, David Liederman, qui abandonne son métier pour ouvrir un restaurant ! C'est à Roanne, chez Troisgros (dit la légende), qu'il a la révélation de sa vocation : à son retour à New York, il crée le *Manhattan Market,* qui devient un très agréable endroit où l'on mange une authentique cuisine américaine, fondée sur les techniques culinaires françaises. Il s'agit d'un courant nouveau, qui va marquer le style des restaurants de la fin du siècle et dont l'origine se trouve à Berkeley, en Californie.

En effet, pas loin de l'université de Berkeley, rendue célèbre par les événements de mai 1968, une ancienne boutique d'un plombier devient en 1971 un restaurant à l'enseigne *Chez Panisse*. Ce restaurant allait voir passer les plus fins gourmets des États-Unis, les critiques américains et étrangers les plus éminents, les vieux chefs qui cherchaient à s'expliquer le succès inattendu de cette adresse et les plus jeunes qui, après avoir appris leur métier, portaient ailleurs la bonne parole et la bonne cuisine. Alice Waters, petit bout de bonne femme, fraîchement diplômée de langue française à l'université de Berkeley, était tombée amoureuse de la cuisine française lors du voyage qu'elle avait fait en France à la fin de ses études. Elle découvre que les Français consacrent un soin tout particulier à la qualité de ce qu'ils mangent, ce qui la conduit à se consacrer à l'éducation de tous ses concitoyens en cette matière, plutôt qu'à l'instruction de la langue française.

*La nouveauté en cuisine vient de Berkeley*

Sans études de marché, sans conseils en relations publiques, sans décorateur à la mode, sans argent (elle emprunte 10 000 dollars à ses parents), elle décide d'ouvrir un restaurant. Elle fixe au mur une affiche de Dubout pour le *Fanny* de Marcel Pagnol, afin d'expliquer (aux rares Américains qui connaissent le film !) le nom du restaurant. Elle s'équipe en mobilier simple et se concentre sur ce qu'il y aura dans les assiettes. Le premier menu (il n'y a pas de carte) est constitué d'un *pâté maison* (qu'elle prépare elle-même), d'un *canard aux olives* et d'une *tarte aux amandes* (et rien d'autre). Et… le miracle se produit. Les Américains, habitués à de pâles saveurs, se bousculent. Le succès du départ se perpétue au fil des mois, au fil des ans, et permet à Alice Waters de laisser sa place en cuisine à un chef français, Jean-Pierre Moullé, originaire des Charentes, puis à de jeunes cuisiniers américains. Un premier livre de recettes prolonge la réputation du restaurant. C'est plus qu'un livre de recettes, c'est un moyen de révéler qu'on peut trouver de la bonne huile d'olive en Californie, de dire qu'il faut prendre son temps pour manger et que c'est la chose qui développe le plus le sens de la communication avec autrui. Les plats inspirés très directement de la cuisine française s'américanisent sous le double effet de l'usage des ingrédients locaux et du besoin de s'inspirer du patrimoine culinaire du pays. D'autres jeunes chefs, encouragés par le succès d'Alice Waters, "osent" inventer des saveurs nouvelles : ils les lancent à Santa Monica, près de Los Angeles (*Micheal's*) ou à New York (*Lavin's*), constituant autant de relais à la nouvelle vague culinaire qui s'empare des États-Unis. Les années soixante-dix et quatre-vingt ne sont donc pas seulement marquées par une sorte d'apothéose du fast-food, mais aussi (aux États-Unis) par l'émergence d'une nouvelle façon de bien manger.

Est-ce à dire que tous ces cadres dynamiques mangent tout le temps au restaurant ? Ils mangent aussi chez eux, mais pas souvent, et quand c'est le cas, on ne cuisine généralement pas. On fait appel à un traiteur ou on achète en rentrant des plats tout prêts que le four à micro-ondes réchauffe. Beaucoup de couples divorcent, et les mêmes habitudes sont transférées dans les monoménages. On cuisine rarement, de plus en plus rarement, mais on cuisine tout de même. La méthode la plus pratique n'est-elle pas dans le livre de cuisine, dans beaucoup de livres de cuisine ? On n'y trouve pas tant un enseignement que le moyen de briller. Ces livres offrent plus de belles photos que de recettes pratiques derrière leurs titres accrocheurs : *Comment épater son mari en préparant un vrai repas en quinze minutes*. Des compositions de salades pour flatter la rétine plus que les papilles... et de belles pâtisseries que seul un vrai pâtissier expérimenté saurait préparer. Jamais il n'y a eu autant d'ouvrages[20] sur la cuisine dans l'histoire de l'édition, mais on ne mange pas mieux pour autant ! Seule une minorité cuisine vraiment pour son plaisir. Il y a des cours de cuisine pour tous les goûts, des diabétiques gastronomes au "*chinese cooking*", et même des voyages spéciaux en Europe pour pénétrer les secrets de la cuisine italienne, pour faire un stage au *Cordon-Bleu* à Paris, sans

*Le Ketchup et le Gratin*

compter la télévision, les séances de dégustation. Il reste que les invitations "dehors" (traduction littérale de *"dining out"*) sont plus courantes que les dîners à la maison.

1. *Histoire de la vie privée*, sous la direction de Philippe Ariès et Georges Duby, tome V, Seuil, 1987.
2. Nicolas de Rabaudy, *Léonel, cuisinier des grands*, Presses de la Renaissance, 1978.
3. Jacqueline Kennedy avait ramené, à la Maison Blanche, les cinq services protocolaires à quatre.
4. Il est vrai que le journaliste, Craig Claiborne, est un grand admirateur de la cuisine française.
5. *Newsweek*, 3 octobre 1977.
6. *The New York Times* du 18 janvier dévoile à ses lecteurs que l'apéritif préféré du nouveau Président est le dry martini, mais qu'il boit également de temps en temps un Dubonnet et du vin pendant les repas, et parfois après.
7. Max Boas et Steve Chain, *Big Mac*, New Library, 1976.
8. *The New York Times,* 25 novembre 1964.
9. "Chiffon" est devenu depuis fort longtemps un mot américain, dans son acception de gâteau : *chiffon pie*.
10. "*Shakey*", déformation argotique de "*shaky*" : qui a tendance à trembler, instable, faible, qui peut s'avérer défectueux.
11. Chiffre approximatif pour l'année 1984, trente-six mille établissements, dont la moitié d'artisans.
12. Ou *panconea*, sur laquelle le pizzaïolo aplatit la boule de pâte pour en faire le support de la pizza.
13. L'auteur, partant pour Chicago, à la fin des années soixante-dix, s'est vu chaudement recommander par un Américain à Paris la *Pizzeria Uno*, comme servant "la meilleure pizza du monde". Il lui a fallu trente-cinq minutes d'attente avant d'entrer.
14. Bruce Feirststein, *Real Men Don't Eat Quiche*, Pocket Books, 1982.
15. Gerry Schremp, *Kitchen Culture*, Pharos Books, 1991. En 1982, la moitié des dépenses de nourriture hors foyer des Américains est consacrée aux cent premières chaînes de fast-foods.

*Le fast-food va-t-il envahir le monde...*

16. Vieille marque de dessert à base de gélatine colorée, sucrée et fortement parfumée, encore très appréciée des jeunes Américains.
17. "*Élan*" en anglais.
18. *The New York Times,* 14 octobre 1970.
19. Vin de table vendu en gallon ou demi-gallon.
20. Moins de cent livres édités au début des années soixante, plus de cinq cents en 1980. Multiplication par huit, et bientôt par dix, qui laisse des traces sur la culture des individus, moins sur leur comportement. Autre indice : le tirage cumulé des revues spécialisées en matière de goût, de gastronomie, de cuisine ou d'art de la table.

        *∽ Épilogue*
*Autour de l'an 2000*

> *"Je me suis demandé si quelqu'un a jamais pensé à faire goûter aux membres des Famous French Chefs notre cuisine — ragoût d'huîtres, clam chowder, gumbo, jumbalaya, pudding de maïs, tartes — ou a pensé les emmener dans un de nos supermarchés ou encore dans un des magasins de crèmes glacées Baskin-Robbins."*
> Nika Hazelton, *National Review*, 6 février 1976.

*Modèles alimentaires éloignés ou homogènes ?*

La gastronomie et le fast-food, deux pôles entre lesquels, tout le long du siècle, ont évolué les façons de manger en France et aux États-Unis. À première vue, la gastronomie[1] ou l'"art de la bonne chère" s'oppose au fast-food[2], sans pourtant s'appliquer à la même catégorie de consommateurs ou aux mêmes occasions de consommation. Nous sommes donc dans le cadre du postulat d'Euclide, transposé à la cuisine, qui édicte que ces deux pôles ne se touchent pas. Si par contre nous optons pour la définition de Courtine, qui, après avoir cherché à situer les limites de la cuisine et de la gastronomie, aboutit à la "technique d'une cuisine bien comprise", on peut affirmer qu'il y a eu de fréquentes rencontres, parfois violentes, entre ce que les deux mots recouvrent. Comme "fast-food" est un vocable américain et que ce sont des marques américaines qui l'ont exporté, on fait un pas de plus en englobant le peuple des États-Unis tout entier, comme s'il se nourrissait exclusivement de fast-foods. L'amalgame inverse, qui fait des Français un bloc homogène de gourmets, a cours aussi et des chroniqueurs français (ainsi que quelques Américains) ont laissé croire que, sans la France, la cuisine se serait "fondue dans le commun des snacks et autres marchés de drogues (*drugstores*)[3]". À cela s'ajoutent le progrès des techniques de conservation et le travail des femmes hors du foyer, qui ont généré les produits "préparés" par les industriels à la place des produits bruts du marché. Innovation qui participe au goût final du plat, s'opposant à la tradition de la gastronomie[4] et au caractère personnel (la ménagère) ou artisanal (le chef) de la cuisine. À cette source de tension franco-américaine se superpose celle du conflit entre les tenants de la tradition et ceux qui ont opté pour la modernité. La suprématie, prétendue incontestable, de la cuisine française a été remise en cause par l'effet combiné de ces facteurs (et de quelques autres), laissant la place à une certaine emprise des mœurs alimentaires américaines. Les trente dernières années de ce siècle confirment le succès de l'exportation du modèle alimentaire américain, et son adoption par beaucoup de citadins français, mais il faut y apporter des nuances et des corrections.

*Preuves de l'inspiration culinaire américaine*

Dans le New York des années soixante-dix, à toute heure, de jour comme de nuit, partout et n'importe où, les gens mangent et le repas se poursuit comme si la ville ne cessait de manger. Le phénomène s'observe dans d'autres villes des États-Unis, n'importe quelle ville… et autour de ces mangeurs, des sollicitations à manger toujours plus. Images en couleurs, photos de petits pains longs avec une saucisse, ou ronds avec une galette de viande, tranches de fromage débordant d'un sandwich, calicots, affiches, ubiquité des machines automatiques qui servent en dehors des heures d'ouverture. Dans cette sarabande de couleurs, de bruits, de lumières, les chaînes de fast-foods envahissent "par le nez", qu'on nous passe l'expression car des odeurs de graillon annoncent la boîte de "petite bouffe" ; par les yeux, car les mille enseignes se battent entre elles, ou parce que en baissant la tête les emballages, papiers gras et détritus jonchent le sol. Les "cuisines ethniques", tellement attrayantes pour les habitués d'une nourriture souvent insipide, sont présentes, avec les *falafels*[5], *giros* ou *souvlakis*[6]. Tout ce qui peut paraître exotique, qui est susceptible d'être préparé en masse, débité d'une manière uniforme et de tenir dans une main devient de l'"ethnic fast-food". Il y a eu la pizza, hier considérée comme ethnique, aujourd'hui devenue plus américaine que le hamburger. Vient tout de suite après la *mexican food* avec ses *tacos*[7], qu'ils soient *giant, macho* ou *super*. Pour ne pas contrer l'immense Kentucky Fried Chicken, on donne à son *fast chicken* la nationalité japonaise par la grâce d'une sauce, inconnue au Japon, sous l'enseigne *Chick* (pour "*chicken*") *Terry* (pour "*teriyaki*"). C'est d'ailleurs le Japon qui inspire les *japanese noodles* et les *sushis*[8] à base de riz. L'on pourrait continuer par la Chine et par chacune des cent ethnies dénombrées dans la Harvard Encyclopedia of American Ethnic Groups, au risque d'être fastidieux. Par le jeu conjugué de la publicité des chaînes de fast-foods, des industriels de l'agroalimentaire et des sollicitations locales, le message alimentaire acquiert là-bas une force qu'il n'a jamais eue. Les choix offerts n'obéissent à aucune des contraintes horaires imposées par des siècles d'éducation occidentale. Il suffit de s'arrêter devant une boutique ouverte : on peut commander sans parler la langue ni savoir lire, car on peut montrer du doigt sur la photo en couleurs ce que l'on souhaite manger. Ceux qui consomment sur place, à une table ou au comptoir, restent peu de temps, les plus nombreux mangent debout et "sna(quent)[9]" en marchant. Au jeu des besoins conditionnés des individus et du potentiel de satisfaction omniprésent, le New-Yorkais des années quatre-vingt dépassait chaque jour la vingtaine de contacts avec des snacks.

Les quartiers populaires de Paris ont bien des ressemblances avec ceux de là-bas, pas seulement parce que les enseignes des chaînes de fast-foods sont les mêmes, mais parce que la pizza, les sandwiches grecs[10], les *sushis* et autres spécialités de traiteurs asiatiques sont aussi présents. Certes, le grignotage n'a pas pris l'importance du snack aux États-Unis, même avec trente ans de décalage, mais la publicité télévisée, tel un rouleau compresseur, incite des millions de Français à remplacer le repas par "deux doigts coupe-faim". Le pop-corn est dans toutes les nouvelles salles de cinéma, ainsi que les grandes marques de glaces américaines. Les jeunes, plus sensibles à ces sollicitations, vont garder plus tard, devenus adultes, certaines de ces nouvelles habitudes. Mais ce changement n'affecte pas que le goût. La préférence donnée aux produits "américains" par opposition aux plats "français" touche le rythme même des repas et leur composition. C'est donc un changement plus structurel des habitudes alimentaires françaises que nous vivons en cette fin du deuxième millénaire. Cette analogie alimentaire entraîne l'analogie des conséquences. Les journaux font état d'études sérieuses sur le poids des Français qui affirment que nous grossissons. Parmi les causes de cette émergence de l'obésité, toutes les études citent le déséquilibre alimentaire. Pour retrouver le bon poids, la publicité martèle qu'il faut adopter sous forme de milk-shakes des formules américaines pour redevenir *slim,* vite, ou recourir à des méthodes plus durables qui passent par la consommation de plats surgelés Weight Watchers ou par l'adoption de produits *light*, sans se rendre compte que c'est encore américain.

*"Cheese" est loin d'être la traduction de "fromage"*

Il est passé le temps où les Américains venaient en France pour s'inspirer des plats et des manières qu'il fallait avoir à table. Par exemple, ce visiteur aux "cheveux poivre et sel et vêtu d'un élégant complet à carreaux" qui, un jour de 1926, se présenta à l'adjoint au maire de Vimoutiers dans le Calvados comme étant Joseph Knirim[11], médecin à New York. Il expliqua dans un français approximatif que, selon lui, le camembert était le seul fromage digne d'intérêt et qu'il avait "fait des milliers de kilomètres pour venir spécialement en Normandie rendre hommage à Marie Harel". Il comptait déposer au pied de son monument funéraire une couronne de lauriers en métal doré, "en humble témoignage, disait-il, de ma grande admiration et de celle de milliers d'amis aux États-Unis". À Vimoutiers, on finit par trouver dans le cimetière de Champosoult un caveau portant ce nom, ce qui permit entre-temps à l'Américain de déposer sa couronne, "cravatée de soie aux couleurs franco-américaines" ! Il suggéra de faire ériger un monument, car, selon lui, "il n'y avait pas d'aussi grand bienfaiteur de l'humanité que madame Harel[12]". À cette époque, la consommation annuelle de fromage aux États-Unis ne dépassait pas trois kilos par tête, le camembert n'occupant qu'une place marginale. Ce ne sera pas une statue, mais deux, qu'aura Marie Harel. En 1956, le maire de Vimoutiers et l'ambassadeur des États-Unis en France gagnaient en cortège la nouvelle halle au beurre, pour dévoiler la seconde. Une cérémonie analogue se déroulait le même jour, dans une ville perdue de l'Ohio, Van Wert, aux fromageries de la Borden's Cheese Company, le personnel ayant subventionné la statue. La résonance de cette manifestation dépassait les limites du département de l'Orne et, même quand l'authentique camembert-de-Normandie-au-lait-cru-moulé-à-la-louche rejoignit[13] le cercle des fromages d'A.O.C., on ne vit pas pareil déploiement de drapeaux. La consommation annuelle de fromage aux États-Unis dépassait dix kilos par tête en 1980. Le roquefort, le comté, le reblochon complétaient le choix des fromages consommés outre-Atlantique et, "durant la période de Noël, un supermarché de Chicago a vendu quatre tonnes de brie[14]". Quant au fromage de chèvre, tous les chroniqueurs de là-bas se mirent à en faire l'éloge, faisant oublier à certains de leurs compatriotes le cheddar industriel et insipide, pour les conduire à des saveurs plus complexes, même si les pâtes de fromage fondu restent majoritaires.

Kraft automatisa la découpe et l'emballage individuel de tranches fines[15] d'un de ses fromages dès les années cinquante. On avait ainsi facilement un "sandwich de fromage grillé", ancêtre du *cheeseburger* qui, avec quelques années de décalage, est venu en France. D'autres spécialités à base de fromage facile à étendre (avec épices et arômes) furent lancées aux États-Unis sous la marque Cheese-Whiz. Cette habitude s'est retrouvée en France avec Tchise des fromageries Bel, sous forme de pâte à tartiner en tube, que la publicité, encore plus éloignée de la tradition française, a présentée en "fast"Tchise". D'autres spécialités fromagères plus proches du goût français sont depuis présentes sur un plateau de fromages. La publicité de Tartare ou de Boursin traite du goût, mais aussi de la facilité à l'étendre sur du pain ou du caractère pratique de l'emballage. Les Américains venus en France pour importer le goût des produits laitiers bien de chez nous sont remplacés par des techniciens français qui se rendent là-bas pour acquérir des équipements de microfiltration, produisant de "nouveaux" fromages[16], pour négocier des licences de fabrication pour l'un des dix mille[17] produits alimentaires nouveaux, pour acheter des édulcorants de synthèse, des colorants chimiques ou des levures sélectionnées en laboratoire.

Car le camembert industriel est fait, en France, à partir de lait pasteurisé et de levures incorporées, ce qui rétrécit le marché des pâtes fermières faites au lait cru et de ses propres levures, dont la palette de saveurs est bien plus large. La *Belle des Champs* et autres *Chaumes* évoquent la tradition sans rien avoir de traditionnel et permettent à ceux qui les fabriquent d'entretenir leur image, d'occuper le segment des fromages à la coupe et de jouer leur rôle culturel en exportant du "goût français" aux États-Unis !

*Patricia Wells en France, Gault-Millau aux U.S.*

Quand, en 1962, Pierre Lamalle, inspecteur du *Guide Michelin,* avait été invité par *Life,* il avait aimé, dans ce pays, "les avions, les voitures, les gratte-ciel, les autoroutes et les supermarchés américains – et même quelques-uns de ses plats[18]", comme le steak tendre et vigoureux du *Stock Yard Inn* de Chicago, les crêpes Suzette de chez *Ernies* de San Francisco et le canard aux pêches du *Pavillon* de New York. C'est un spectre culinaire plus large que déniche *Gault-Millau,* en 1969, avec des adresses françaises expatriées mais aussi des restaurants américains classiques ou des endroits que découvrent les Américains eux-mêmes. "Mon expérience la plus mémorable, c'est à Berkeley que je la fais, *Chez Panisse,* où un petit bout de femme, Alice Waters, prépare chaque soir un menu unique avec [des produits comme] des moules, du veau, du poulet de ferme, du beurre, des champignons des bois, aussi bons que leurs meilleurs équivalents français." Un guide sur New York (en français) suit en 1979 et un autre en 1981, mais c'est le guide en anglais (paru au début des années quatre-vingt) qui constitue une innovation par rapport à la règle du "chaque chroniqueur dans son pays". Nous sommes dans le cadre de l'ancienne règle tant que Patricia Wells publie un article sur les endives dans l'*International Herald Tribune*. On ne s'émeut pas plus quand elle publie *The Food Lovers Guide to Paris* puisqu'elle s'adresse à des Anglo-Américains. Néanmoins, des chefs et des chroniqueurs, qui n'apprécient pas que les commentaires viennent d'une femme, de surcroît originaire "du pays du Coca-Cola et de Burger King[19]", s'insurgent pour faire barrage. Un jour pourtant, *L'Express,* bien de chez nous, lui propose de tenir une rubrique régulière. De la même manière que les professionnels aux États-Unis ont fini par accepter les éloges et éventuellement les critiques de *Gault-Millau,* Patricia Wells est entrée dans le cénacle des critiques écoutés… par les Français. Parallèlement à l'"intrusion" américaine en matière de critique gastronomique, s'ouvrent des restaurants américains, qui pratiquent à Paris une bonne et une (beaucoup) moins bonne cuisine. La cuisine régionale du Sud en est la meilleure représentation : la profusion d'enseignes tex-mex n'est pas forcément ce qui se fait de meilleur. On observe une courte apparition de la cuisine californienne, mais aussi des adresses avec des décors inspirés de la mode new-yorkaise ou avec des accumulations de guitares électriques, Cadillac roses et autres Harley Davidson, sans soin particulier pour le contenu des assiettes. Et pourtant, une restauratrice parisienne[20] gagne le premier prix au concours du meilleur chili con carne devant un jury de connaisseurs texans, et le restaurant parisien *Papa Maya* reçoit le trophée du meilleur restaurant de cuisine étrangère[21] en décembre 1985.

Les restaurants américains (des États-Unis) bougent. Larry Forgione suit les cours du Culinary Institute of America, fait un stage chez Michel Guérard, dirige l'excellent *The River Café* et crée à New York son propre restaurant, *An American Place*. Là, il donne libre cours à l'innovation en utilisant des patates douces, du foie gras produit dans l'État de New York et des crabes à carapace molle du Maryland. D'autres jeunes chefs[22] ou gérants de restaurants tentent comme lui de trouver un goût propre aux États-Unis, en partant de produits locaux. Ils sont suivis par des jeunes qui adaptent par exemple la cuisine chinoise[23] pour mieux l'intégrer dans le "nouveau melting-pot culinaire". Une nouvelle génération de restaurants à prix abordables, avec une atmosphère décontractée et un soin particulier apporté à chaque plat de la carte, suit l'exemple des restaurants à thème, mais avec des chefs responsables localement[24]. Bill Higgins, dirigeant de Lettuce Entertain You Enterprises, conçoit avec ses associés des restaurants qui ne désemplissent pas. Il prend un soin particulier au décor, au thème, mais aussi à la qualité de la cuisine. Son premier restaurant de San Francisco (*Fog City Diner*) et d'autres comme celui ouvert en pleine Napa Valley (*Mustard's*) sont typiques d'une nouvelle cuisine américaine. Il s'agit de bien plus qu'une énumération de restaurants, de chefs ou de plats, mais d'une prise de conscience de l'existence d'une bonne cuisine américaine autonome[25]. Dans cette même Napa Valley, Thomas Keller concocte pour les clients de *The French Laundry* de la très grande cuisine. Dans un article[26] qu'il lui consacre, Gilles Pudlowski le compare à un Rebuchon ou à un Girardet, et il conclut son article par "où va-t-on si l'un des meilleurs chefs du monde est américain ?" Les viticulteurs de la Napa Valley encouragent ce renouveau, estimant que cette cuisine va promouvoir les vins américains. Robert Mondavi crée, dès 1972, dans ses chais, une école de cuisine dirigée par un gourou de la cuisine de Los Angeles, Michael James. Les cours coûtent cher (mille dollars par jour), mais on fait la queue (un tiers des participants est constitué de professionnels). Passer une semaine avec Julia Child ou Roger Vergé est pour les Américains quelque chose d'important, pas seulement pour apprendre à cuisiner, mais parce que savoir manger fait désormais partie du style de vie. Entre les pôles de la nouvelle cuisine et les restaurants décontractés, la restauration se transforme un peu partout. À Norfolk, en Virginie, Joe Hoggard refait la carte de son *Ship's Cabin,* après avoir rapporté de France le saumon cuit à l'unilatéral, le bar en croûte de sel ou la pissaladière de thon à la tapenade. On le voit, la volonté d'hégémonie de l'industrie agroalimentaire américaine n'a pas phagocyté l'ensemble de la filière restauration. Cette renaissance venant d'Américains et de petites entreprises (tout est relatif), malgré la puissance industrielle du pays, est un signe que cette "fin de la cuisine", tant de fois annoncée, n'est pas inéluctable. Pendant ce temps à la Maison Blanche, sous Reagan, les repas officiels comportent une cuisine américaine sans complexe. Il faut dire que les grands de la restauration et de la critique ont apporté leur contribution à cette accession du patrimoine culinaire américain à ce qui devrait être la première table du pays. Tant pis si Clinton a montré, sur le plan des saveurs, une indifférence très "américaine" et a indiqué qu'à titre personnel il préférait le hamburger à toute autre chose.

*Intervention française dans le "fast foude"*

*Time Life Books* publie une série de livres sur les cuisines régionales américaines en déterrant de très vieilles recettes, mais en honorant dans la foulée les nouvelles initiatives. La branche *"food"* ou *"cooking"* des maisons d'édition connaît un développement sans précédent. On[27] cite une certaine Nina Kaminer, de vingt-neuf ans, qui travaille et ne cuisine que dix fois par an, mais qui est "abonnée à trois magazines de cuisine, achète et lit régulièrement de nouveaux livres de recettes et passe un temps considérable à la télévision devant les *Cooking Shows*". Les *Cooking Shows* deviennent plus sophistiqués, utilisent des effets spéciaux, des dessins animés, des graphismes et gardent leur bon score à l'Audimat. Julia Child est devenue plus âgée, alors elle ne cuisine plus elle-même devant ses millions de fans, mais elle participe à la prestation de jeunes chefs et commente leurs préparations. Même si l'Américain mange de plus en plus au restaurant, commande des plats tout prêts et cuisine rarement, il s'intéresse à ce qui se dit sur la cuisine. Jean-Paul Aron le notait déjà : "Le discours sur la nourriture est comme un substitut de la nourriture elle-même." Préparer à manger, activité jadis obligatoire, a évolué comme le sport. On consomme de l'information relative à la nourriture au même titre qu'un amateur de base-ball le fait avec le sport. C'est aussi une tendance qui montre le coin de l'oreille en France et on pourrait se demander qui sont ceux qui utilisent les recettes joliment illustrées de *Madame Figaro* ou quel est le pourcentage des lecteurs de *Saveurs* qui réalisent à la maison les plats décrits, et combien de fois. Il faut néanmoins nuancer les observations du journaliste de la revue *Les Marchés* à propos des "ménagères françaises [qui] ressemblent de plus en plus à leurs voisines d'outre-Atlantique [et qui] n'aiment pas faire la cuisine". Nous ne vivons pas une sorte de servile copie de ce qui se passe aux États-Unis. Il y a des différences notables qui tiennent à la culture et à l'environnement, comme nous avons pu le répéter tout au long de ce livre. Mais il est tout de même remarquable que l'on parle en France de copie de ce qui se fait aux États-Unis, et non plus, comme dans la première moitié du siècle, de copie américaine des habitudes françaises. Il reste que les mœurs à table des deux peuples se rapprochent. Le "service à l'américaine", ancêtre du plateau (des avions, du train, des restaurants en libre-service) et de l'assiette unique (buffet où chacun se sert), existe désormais en France. Pour ne donner qu'un exemple, constatons que le "service à l'assiette", qui a remplacé les services à la française et à la russe, est pratiqué dans les restaurants américains (à nappes).

De même, la façon de manger dans une chaîne de restauration

## Le Ketchup et le Gratin

minute s'est imposée des deux côtés de l'Atlantique... et la campagne de publicité montre qu'en France aussi "ça se passe comme ça chez *McDonald's*". Parallèlement, les réactions à l'invasion de ce qui s'écrit "fast foude" restent souvent virulentes. Comment accepter ces débits sur les Champs-Elysées ? Ou accepter que sur la place principale de Poitiers le "restaurant à la plus grande façade de la ville" vende des hamburgers ? Les chefs les plus en vue ont proposé, ici ou là, des recettes de cuisine minute, plus conformes au goût français. Mais la tendance du hamburger consommé en France existe. *Gault-Millau* d'avril 1982 se départ de la "critique résistance" pour la "critique constructive". C'est l'occasion pour Bocuse de dire avec bon sens : "Si les fast-foods se développent, c'est qu'ils doivent plaire, et pas seulement par mode." Les gens, qui, dans les années soixante-dix, ne donnaient aucune chance à l'avenir du fast-food ici, sont obligés de revoir leur copie quelque trente ans après, face aux deux mille établissements servant un cinquième[28] des repas pris hors domicile par les Français. Il est vrai que "la France possédait des structures alimentaires trop rigides[29]" qui l'ont protégée jusqu'ici des taux de pénétration du fast-food que connaissent l'Angleterre ou l'Allemagne. La pression reste néanmoins énorme avec les chaînes à capitaux français[30] de restauration rapide qui emboîtent le pas et utilisent, elles aussi, des marques à consonance américaine. Dans le créneau des clients visés, on pense que "c'est meilleur, parce que c'est américain" ! Mais les campagnes de promotion des Quick et autres Burger français cherchent à se positionner au-delà et représentent une foule d'Américains qui traversent l'Atlantique pour choisir le "hamburger made in France". D'autres[31] entrent dans le secteur en partant de produits comme la brioche, le croissant et les tartes, et en exportent, jouant sur la double connotation : "rapide" et "français". D'autres encore, comme l'enseigne de *Pomme de Pain* qui voit le jour en 1980, choisissent la vocation de l'alternative "croustillante" aux hamburgers américains et à leur pain mou en offrant "ce que tout Français connaît bien depuis son enfance, le goût du bon sandwich confectionné avec des produits du terroir". On revient toujours au terroir, en France, et on fait croire que l'on se distingue des vulgaires chaînes industrielles ! Des cafetiers se regroupent dans des associations qui valorisent la qualité de leurs vins, et comme ils ont de bonnes cochonnailles et des fromages à appellation contrôlée, leur clientèle mange des "en-cas", très au-dessus de tous les fast-foods du monde. Même les cafés accusés de vendre des sandwiches au jambon-plastique voient venir le danger de la défection et essaient de faire mieux (mais le phénomène reste marginal). Adoptant une attitude intermédiaire, *Oh ! Poivrier*[32] propose une version de "restauration rapide" sur pain au levain, servie à table, avec de vrais couverts et des verres. Les restaurants *Pizza Hut* cherchent aussi à se positionner au-dessus des restaurants de fast-food (alors qu'ils servent bel et bien du fast-food), avec service à table, possibilité de boire du vin ou d'avoir de la bière pression, tirée dans un verre "en verre". À un niveau plus proche du restaurant classique, des entreprises comme *Hippopotamus*[33] pour la viande ou *La Criée* pour le poisson servent rapidement et à de bons prix. Ici aussi, pour se démarquer de l'image négative de la "chaîne" et de la cuisine centrale préparant à des centaines de kilomètres des plats conservés sous vide et réchauffés dans leur poche en plastique au moment de servir, on ajoute sur la carte le plateau de fruits de mer avec coquillages ouverts sur place ou la salade folle qui vient d'être assaisonnée.

*Tradition et technologie, mariage ou divorce ?*

On ne trouve plus sur les menus l'annotation des années 50-60 précisant que "la maison n'utilise pas les conserves". Les conserveurs ont produit pour les familles et les particuliers des salades composées qui permettent à chacun de choisir "son plat". La surgélation ne fait pas peur non plus, et dans les années quatre-vingt-dix, les ventes des plats tout prêts, surgelés, ont des taux de croissance qui étaient à peine pensables quelques années auparavant. Plus pratiques, d'une maîtrise plus souple et de meilleur goût pour le produit final, les plats cuits sous vide, préparés et présentés avec des composants (sauces d'accompagnement) séparés, ressemblent à s'y méprendre à de la cuisine traditionnelle longuement mitonnée. Beaucoup d'étoilés ou de toqués ont participé à la mise au point de ces portions pour une personne, congelées ou conditionnées sous vide. Les noms de Senderens, Loiseau, Bocuse et Robuchon sont sur les rayons des supermarchés pour promouvoir tel potage, tel bœuf bourguignon ou telle paella. La cuisine sous vide[34] est, pour les particuliers, le moyen de manger "bon", sans cuisiner. Quand la technologie du sous-vide se marie avec la tradition, elle donne naissance à des bistrots sans cuisine et sans cuisinier qui offrent des plats de daube, de cassoulet et de petit salé aux lentilles. Les restaurateurs qui ne veulent pas faire complètement le saut trouvent là le moyen d'avoir une carte (plus) longue et (plus) diversifiée. Mais il faut savoir s'arrêter à temps sur cette pente. De là à offrir de servir à n'importe quelle heure de la journée, il n'y a qu'un pas, provoquant une pression nouvelle en faveur de la destructuration des repas dans la lignée des snacks sans être des snacks. Heureusement, les études de marché indiquent une forte résistance des Français qui, dans l'ensemble, ne cèdent pas sur ce point. Pour eux, manger bon n'est pas seulement se nourrir, et encore moins quand il s'agit de plats anciens transformés en "techno-aliments". Il est vrai que ce vilain terme s'applique plutôt à des produits beaucoup plus manipulés que les plats issus de la cuisine sous vide.

Avec ou sans plats sous-vide, de grands chefs ouvrent, "à côté" ou "en face" de leur restaurant, des bistrots et des rôtisseries qui offrent des plats avec la griffe du cuisinier étoilé. Sorte de prêt-à-porter de grand couturier appliqué à la restauration, loin des prix du sandwich, mais également loin du prix des étoilés, à la fois tentative de démocratisation de la gastronomie et de rejet des "techno-aliments". Citons dans cette lignée l'expérience des jeunes chefs ayant fait leurs classes dans les grands restaurants, qui choisissent l'indépendance et offrent à leurs clients pour des additions raisonnables des plats du terroir (*La Régalade, L'Os à Mœlle, L'Avant-Goût*) ou une cuisine décidément moderne (*La Dînée, La Verrière* d'Éric Fréchon, *L'Épi Dupin*). Ailleurs, des étoilés se mettent eux-mêmes au piano, comme Le Stanc à Nice (qui dirigeait les cuisines du *Negresco*) ou Maximin près de Nice (qui dirigeait également ces dernières). Ils préparent la relève de la (vraie) cuisine avec des senteurs du (vrai) terroir sans "techno-aliments", satisfont des clients qui veulent manger bon (c'est-à-dire la majorité des Français) sans pour cela s'éterniser à table. Mais ce renouveau ne se fait pas sans incidents ni accidents. "1996 a été clairement l'*annus horibilis* de la gastronomie française[35]", avec pour la première fois dans l'histoire du *Guide Michelin* un trois-étoiles qui dépose son bilan, et un appel de quelques grands chefs[36] pour sauver la cuisine française du métissage. Cet appel, dans la lignée des textes de Curnonsky, qui considérait que les cuisines étrangères sont "la" grande menace pour l'"éminente et millénaire supériorité de la cuisine française", a failli casser en deux le "gratin" de la profession. Le danger du métissage par apports "d'aromates (thaïs) et de techniques sino-californiennes" a toujours existé en effet dans l'esprit de gastronomes imbus de leur supériorité (amalgame de leur propre supériorité avec celle de la cuisine française). Mais les choses se sont calmées, Pierre Gagnaire retrouvant des fourneaux à Paris, Marc Veyrat poursuivant son activité et Alain Ducasse s'intéressant à une carte que l'on pourra "composer comme un jeu de dominos, avec épices d'Asie, saveurs d'Amérique ou de Méditerranée[37]". L'autorité d'un Ducasse, avec ses cinq macarons[38], rassure et permet d'affirmer que ce n'est pas tellement dans les assiettes que l'on "mélange tout et n'importe quoi", mais plutôt dans les déclarations quand il s'agit de chercher (de fausses) explications à la crise qui frappe la cuisine française.

*Grands crus américains et beaujolais nouveau*

L'industrie française agroalimentaire avance (parfois) à pas de géant. On voit apparaître le surimi, issu de protéines de poisson lavées, mises en pâte, aromatisées au "goût" de langouste ou de crabe, colorées au paprika, "étirées" par des machines en continu, débitées en rouleaux, découpées et extrudées (ouf !), pour leur donner la pseudo-forme, la pseudo-couleur et le pseudo-goût de pseudo-langoustines ou de pseudo-pattes de pseudo-crabes. Et les Français en consomment ! Et les Français en trouvent dans des restaurants ! Dans le même temps (1991), une émission américaine de télévision se fait l'écho d'Alice Waters qui, en ouvrant à Berkeley *Chez Panisse,* avait dit et répété qu'elle souhaitait utiliser des produits frais et donner à ses clients la chance de manger sans stress "comme en Provence". Une autre fois, ce n'est plus la cuisinière qui parle à la télévision : ce sont des médecins[39] qui font le rapprochement entre la plus grande longévité des Français (par rapport aux Américains) et une consommation plus large d'huile d'olive, de fruits et de légumes frais, et de vin. Ces médecins constatent aussi que les Français mangent moins de snacks et que leur style de vie les fait rester à table le temps qu'il faut, avec en prime 40 % de problèmes cardiaques en moins ! L'échantillon qui a permis de tirer ces conclusions comporte essentiellement des buveurs de vin.

Le vin américain fait d'ailleurs de grands progrès. Plusieurs dégustations dans les années 1980-1990 confirment que beaucoup de

## Autour de l'an 2000

viticulteurs de là-bas savent fort bien vinifier. Dans nombre de dégustations à l'aveugle, les Américains confirment le score de l'année 1977 à l'hôtel *Intercontinental* et viennent en tête. Lenz, de Long Island, à une petite heure et demie de Manhattan, fait des chardonnays très typés bourgognes "qui damnent bien des fois le pion" à des corton-charlemagnes. Mondavi a organisé des dégustations dans six villes d'Europe, avec un total de trois cent cinquante-deux dégustateurs différents. On savait que les grands crus de Mondavi étaient fort bien faits, chers et réservés à quelques privilégiés, mais on ne savait pas qu'ils tiendraient la route face à nos meilleures bouteilles. Les caves de Bronstein avec leurs Diamond Creek Lake recèlent d'excellents cabernets sauvignons qui ont réussi à tenir la dragée haute à des vins de France. Les grands restaurants des grandes villes américaines ont une carte de vins français, mais aussi de forts bons vins américains. Le vin de France continue à bien s'exporter aux États-Unis. Les "bistrots" (français) s'exportent aussi très bien et réussissent dans des villes comme New York ou San Francisco. Aidés par le beaujolais nouveau, ils marquent des points. Ceux qui acceptent de prévoir pour le déjeuner des sandwiches et une soupe, ensemble idéal pour le repas de midi des Américains qui mangent assis, pénètrent plus vite le marché d'outre-Atlantique. En venant en France en touristes, les Américains ont mille occasions de parfaire leur culture du vin par *wine bars* interposés, ou encore en se rendant dans les vignobles où ils sont reçus plus amicalement qu'il y a un demi-siècle. Chez Dubœuf, par exemple, ils vont en plus faire un tour en petit train, qui n'est plus l'apanage des seules caves de la région champenoise. Bien sûr, certains critiquent les notations de nos vins par Robert Parker, mais beaucoup de viticulteurs les mettent en avant pour mieux vendre leur production. Certains autres voient (à tort) un danger quand Bobby Kasher importe des vins qu'il a fait vieillir spécialement dans du bois neuf pour plaire au "goût américain". Ceux-là perpétuent, dans une langue actuelle, les vieux fantasmes d'un goût français qui doit s'imposer à tous, sans aucune concession. Avec le temps, on a fini par reconnaître que l'exigence de Kasher a fait faire à la vinification des progrès – même quand le vin était vendu en France. Ils devraient de la même façon encourager et non rejeter la nouvelle génération de négociants qui préfèrent vendre de bonnes bouteilles d'un monocépage, parce que c'est plus simple à maîtriser et plus facile à apprécier par les acheteurs. Tout le monde convient que, par ce biais, les négociants, s'ils sont scrupuleux dans la qualité de leurs produits, font de nouveaux adeptes pour le vin de France, et par ricochet pour les vins de terroir.

C'est cette vogue du vin qui a été l'un des facteurs déclenchants de l'appel venant d'Amérique pour tourner le dos au soi-disant progrès de la restauration rapide, au progrès des "techno-aliments" et pour que l'on prenne son temps pour bien manger. Cet appel nous conduit à applaudir les bouchers et les boulangers français qui résistent bien, et qui nous offrent de la viande non conservée sous atmosphère contrôlée et de la baguette fraîche sans additifs. Les artisans sont chez nous plus nombreux (relativement) qu'aux États-Unis et contribuent sans doute au maintien d'une cuisine saine et de la santé de ceux qui la consomment. Dans cette perspective, comment ne pas citer le *Willi's Wine Bar* à Paris qui a toujours offert à ses clients américains (fort nombreux) les meilleurs vins de la vallée du Rhône, ce qui en soi est un moyen de prévenir les ennuis coronariens ! En plus, la cuisine qui y est servie part toujours de produits du marché, comporte des senteurs provençales par huile d'olive, herbes et tapenade interposées. Les Américains attablés sont obligés de prendre leur temps, car le patron est un "militant" de l'association qui a pris le nom de *"Slow Food"* ! En somme, *Willi's* a fait suivre aux Américains le

## Autour de l'an 2000

"régime" préconisé dans le *Paradoxe français* bien avant que ce livre ne paraisse aux États-Unis et en France.

*Le nouveau sens du ketchup et celui du gratin*

Dans ce brouhaha et ce foisonnement d'idées, on apprend le dépôt d'un brevet en France pour une machine pourvue de buses de tailles diverses, devant permettre d'étendre différentes couches de produits et destinée à faire du "gratin industriel en continu" ! À peu près à la même époque aux États-Unis, le sacro-saint ketchup, produit industriel qui a remplacé partout la préparation que l'on faisait chez soi au début du siècle, redevient un "produit maison" au *Fog City Diner* de San Francisco. Cindy Pawlcyn, qui veille sur les cuisines de ce restaurant, a fait le *housemade ketchup*[40] quand elle a trouvé une vieille recette dans un livre utilisé par sa grand-mère. Elle l'a d'ailleurs rectifiée en y mettant moins de clous de girofle, et ce ketchup, nous dit-elle, "est servi avec des hamburgers, des saucisses, des frites, des oignons frits et du foie de veau". De la vraie cuisine ! Et elle vient des États-Unis.

---

1. Dans l'acception du *Larousse* en trois volumes.
2. Apparition dans les dictionnaires américains des années soixante : "Nourriture préparée et/ou consommée sur-le-champ, prête à manger ou presque prête. Par extension, définit le type de repas servi dans les chaînes de restauration industrielle."
3. Robert J. Courtine, *La Gastronomie,* Presses Universitaires de France, 1970.
4. Le mot remonte à 1800. Utilisé comme titre de l'ouvrage de Berchoux.
5. Boulettes frites de fèves pilées avec coriandre et carvi, répandues en Égypte et en Israël. Un calicot indiquait à New York : "Le seul aliment sur lequel juifs et Arabes sont d'accord." On en trouve à Paris autour du faubourg Montmartre."

6. Viande grillée sur une broche tournante. Les débits se sont multipliés à Paris dans les quartiers du prêt-à-porter.
7. Crêpes de maïs d'origine mexicaine qui, pliées en deux, permettent de contenir des aliments généralement épicés. Les boutiques spécialisées dans la vente des *tacos* s'appellent des *Taco Stands*. Moins courants à Paris.
8. Spécialité japonaise se présentant sous forme de rouleaux de riz et de poisson. Débits à Paris, rue Sainte-Anne.
9. Le mot "*snack*", qui s'emploie en américain aussi sous forme de verbe pour dire "grignoter", est au sens littéral du "*fast-food*" puisque sa fonction est de nourrir instantanément.
10. On ne sait pas très bien pourquoi les enseignes maintiennent presque toujours "grec" au singulier.
11. Joe Knirim, "Creator of Eatpilsener Sanatorium in New York City", indique le procès-verbal du 17 mars 1926 à 15 heures.
12. Première statue inaugurée en avril 1928, en présence d'Alexandre Millerand, ancien président de la République, sénateur de l'Orne. Le docteur Knirim n'a pas pu y assister, étant décédé. C'était peut-être mieux, car "la" Marie Harel dont il avait fleuri la tombe n'était pas la bonne ! La statue a été détruite par un bombardement de l'aviation américaine en 44.
13. En août 1983.
14. Gerry Schremp, *Kitchen Culture,* Pharos Books, 1991.
15. La seule salle que l'on ne montre pas au public, lors des visites d'usine chez Kraft, est précisément celle où l'on découpe et emballe les fines tranches de fromage, parce que l'équipement est secret.
16. Que la réglementation française n'autorise d'ailleurs pas à appeler "fromages".
17. Chiffre de l'année 1990, en croissance de 10 % par an et dans lequel les produits laitiers gardent une part importante.
18. *La Cuisine des provinces de France,* Time-Life Books, 1974.
19. Mark Seal, *Gumshoe with an Appetite,* American Way Magazine.
20. *Susan's Place* à Paris.
21. C'est la première fois que la cuisine américaine est honorée par le Comité d'action pour la gastronomie et le tourisme. Il s'agit toutefois de savoir quelles sont les compétences en matière d'arts culinaires de ce Comité d'action.
22. Jimmy Smidt (*London Chop House,* à Detroit) et Bradley Ogden (*An American Restaurant,* à Kansas City) sont inclus dans la "Première vague de chefs de la nouvelle cuisine américaine" d'Ellen Brown – *Cooking with the New American Chefs.*
23. *The New York Times,* 2 mars 1988, cite le canard laqué (américanisé) servi au *China Moon Restaurant* de San Francisco.

## Autour de l'an 2000

24. Le "restaurant à thème" fonctionne souvent comme une chaîne où tout est centralisé, cuisine comprise.
25. Différente des restaurants à thème avec cuisine centrale et plats identiques servis dans tous les restaurants de la chaîne.
26. Gilles Pudlowski, "Le Rebuchon nouveau est américain", *Le Point,* 27 mars 1999.
27. *The New York Times,* janvier 1989.
28. Le pourcentage est très supérieur en Allemagne, en Grande-Bretagne et aux Pays-Bas.
29. Claude Fischler, rapporté par *Top Santé* d'octobre 1993.
30. *Casino* doit être le premier "restaurateur" français avec plusieurs enseignes, pas toutes classées en fast-foods.
31. Le Groupe Le Duff et La Croissanterie, tous deux très actifs en France et dans plusieurs pays étrangers.
32. Des enseignes sont exploitées par les grands de la restauration collective, les bars à vins *L'Écluse,* la restauration sur les autoroutes *Bœuf Jardinier,* les grillades *Courte-Paille…*
33. Vendu par son fondateur au groupe *Flo* qui a multiplié ses implantations.
34. Vendue dans les rayons "frais", avec vingt et un jours de conservation au réfrigérateur.
35. Alexandre Lazareff, *L'Exception culinaire française,* Albin Michel, 1998.
36. *Libération,* "Soufflé patriotique en cuisine".
37. *Le Point,* 28 novembre 1998, "*Spoon, Food & Wine*".
38. Il s'agit de macarons Michelin, bien entendu. Trois pour son restaurant parisien et deux pour le *Louis XV* de Monte-Carlo.
39. Lewis Perdue, *Le Paradoxe français,* A. Barthélémy, 1995.
40. Cindy Pawlcyn, *Fog City Diner Cookbook,* Ten Speed Press, 1983.

## Bibliographie

ABEL, Dominick, *Guide to the Wines of the U.S.*, Cornestone, 1979.
ADAM, Paul, *Vues d'Amérique*, Ollendorf, 1906.
ALGREN, Nelson, *America Eats*, University of Iowa, 1992.
BEARD, James, *Delights & Prejudices*, Smithmark, 1964.
BEHR, Edward, *The Artful Eater*, Atlantic, 1992.
BESPALOFF, Alexis, *New Signet Book of Wine*, New American Library, 1971.
BLOND, Georges, *J'ai vu vivre l'Amérique*, Arthème Fayard, 1957.
BOORSTIN, Daniel, *Histoire des Américains*, Armand Colin, 1981.
BRANDT KERR, Mary, *America. Regional Recipes from the Land of Plenty*, Chartwell Books, 1987.
BRITCHY, Seymour, *The Restaurants of New York*, Random House, 1979.
BROWN, Dale, *La Cuisine américaine*, Time Life, 1969.
BRYSON, Bill, *Made in USA*, B.C.A., 1994.
CAPATTI, Alberto, *Le Goût du nouveau*, Albin Michel, 1989.
CARTIER, Raymond, *Les Cinquante Amérique*, Presses de la Cité, 1974.

CHASTENET, Jacques, *L'Épopée des vins de Bordeaux,* Librairie académique Perrin, 1980.
CHELMINSKI, Rudolph, *The French at Table,* Morrow, 1985.
CHEN, Jack, *Chinese of America,* Harper and Row, 1980.
CLAIBORNE, Craig, *Favourites of the New York Times,* Bonanza Books, 1984.
CONAWAY, James, *Napa,* Houghton Mifflin, 1990.
*La Conquête du hamburger,* Quick Hamburger Restaurant, Nathan, 1986.
CORNUT-GENTILLE, Gilles, *Florence Gould,* Mercure de France, 1989.
COURTINE, Robert, *Mangez-vous français ?,* Sédimo, 1965.
CRESPELLE, Jean-Paul, *La Vie quotidienne à Montparnasse,* Hachette, 1982.
CRÉTÉ, Liliane, *La Vie quotidienne en Californie au temps de la ruée vers l'or,* Hachette, 1982.
CURNONSKY et ANDRIEU, Pierre, *Les Fines Gueules de France,* Firmin-Didot, 1935.
DUMAY, Raymond, *Du silex au barbecue,* Julliard, 1971.
EGERTON, John, *Southern Food,* University of North Carolina, 1993.
ESCOFFIER, Auguste, *Souvenirs inédits,* Jeanne Lafitte, 1985.
ESCOFFIER, Auguste, *Le Guide culinaire,* Flammarion, 1921.
*États-Unis,* guide Baedecker, Ollendorf, 1905.
FARB, Peter et ARMELAGOS, George, *Consuming Passions. Anthropology of Eating,* Washington Square Press, 1980.
FEIBLEMAN, Peter, *American Cooking. Creole & Acadian,* Time Life, 1971.
FISCHLER, Claude, *L'Homnivore,* Odile Jacob, 1990.
FISHER, M.F.K., *The Art of Eating,* Vintage, 1976, 5 vol.
FOHLEN, Claude, *La Vie quotidienne au Far West,* Hachette, 1980.
GONTARD, Jean, *Au Pays des gratte-ciel,* Pierre Roger, 1925.
GOY, Sylvain, *La Cuisine américaine,* L'Art Culinaire, 1915.
GRANT, Angela, *Les Grandes Traditions culinaires,* Time Life, 1995.
GROFF, Betty, *Country Goodness Cookbook,* Doubleday, 1981.
GRUHIER, Fabien, *Les Délices du futur,* Flammarion, 1988.
GUILLEMARD, Colette, *Les Mots de la cuisine et de la table,* Belin, 1991.
GUY, Christian, *Histoire de la gastronomie en France,* Nathan, 1985.

*Bibliographie*

HEMINGWAY, Ernest, *Paris est une fête,* Gallimard, "Folio", 1964.
HUYSMANS, J.K., *À rebours,* Fasquelle, 1965.
JONES, Evan, *American Food,* Vintage, 1981.
KASPI, André, *Les États-Unis au temps de la prospérité (1919-1929),* Hachette, 1980.
LACOURT-GAYET, Robert, *Américaines insolites,* Mazarine, 1986.
LEONARD, Jonathan Norton, *American Cooking. New England,* Time Life, 1970.
LOVE, John F., *Sous les arches de McDonald's,* Michel Lafon, 1989.
MARIANI, John, *America Eats out,* Morrow, 1991.
MARIANI, John, *Dictionary of American Food and Drink,* Ticknor & Fields, 1983.
MARCEL, Jean-Claude, *La Sale Bouffe,* Bernard Barreau, 1990.
MAUROIS, André, *USA 1917-1960,* Presses de la Cité, 1962.
MEYER, Jacques, *La Vie quotidienne des soldats pendant la Grande Guerre,* Hachette, 1966.
MORAND, Paul, *New York,* Flammarion, 1930.
OLIVER, Thomas, *The Real Coke, The Real Story,* Random House, 1986.
OMBIAUX, Maurice des, *L'Amphytrion d'aujourd'hui,* Dorbon Aîné, 1936.
OMBIAUX, Maurice des, *L'Art de manger et son histoire,* Payot, 1928.
PAWLCYN, Cindy, *Fog City Diner Cookbook,* Ten Speed Press, 1983.
POMIANE, Édouard de, *Cuisine et restrictions,* Correa, 1940.
REVEL, Jean-François, *Un Festin en paroles,* Jean-Jacques Pauvert, 1979.
ROOT, Waverley, *Food,* Simon & Schuster, 1990.
ROOT, Waverley, *The Food of France,* Vintage, 1986.
ROOT, Waverley et ROCHEMONT, Richard de, *Eating in America,* Eco Press, 1976.
ROSSO, Julee et LUKINS, Sheila, *La Cuisine des Américains,* Hachette, 1987.
ROUSIERS, Paul de, *La Vie américaine,* Firmin-Didot, 1892.
SALINGER, Pierre, *La France et le Nouveau Monde,* Robert Laffont, 1976.
SIEGFRIED, André, *Les États-Unis d'aujourd'hui,* Armand Colin, 1947.
SMITH, Jeff, *The Frugal Gourmet Cooks American,* Avon Books, 1987.
SOKOLOV, Raymond, *Fading Feast,* Farrar, 1981.

*Le Ketchup et le Gratin*

STEINBACH PALAZZINI, Fiora, *Coca-Cola Superstar,* Barron's, 1989.
SUZANNE, Alfred, *La Cuisine et la Pâtisserie anglaises et américaines,* Jeanne Laffite, 1982.
TRILLIN, Calvin, *American Fried,* Vintage Books, 1974.
VILLAS, James, *American Taste,* Arbor House, 1982.
WALTER, Eugene, *American Cooking. Southern Style,* Time Life, 1971.
WILLIAMSON, Jefferson, *The American Hotel,* A.A. Knopf, 1930.
WILSON, José, *American Cooking. The Eastern Heartland,* Time Life, 1971.

*Remerciements*

L'auteur tient à remercier Juliette, son épouse et sa première lectrice. Ses remerciements vont également à tous les amis qui l'ont encouragé à réaliser et à terminer *Le Ketchup et le Gratin*. Plus particulièrement à Michel Dovaz, qui lui a donné des conseils précieux sur le contenu du manuscrit, des indications sur sa taille idéale, une aide pour trouver l'éditeur et qui enfin a accepté de préfacer son livre ; à Lory Leschin, qui a réuni, avec une patience et une constance tout à fait exemplaires, la documentation américaine ; à Joe Hoggard, qui l'a rejoint dans ses voyages aux États-Unis pour que restaurateurs et vignerons le reçoivent et qui lui a fait remarquer les différences de perception des Français et des Américains devant un plat ou un vin ; à Michel Bettane, qui, par ses commentaires au cours de dégustations, a directement contribué à une perception plus fine du goût du vin ; à Jacques Lapayre, qui a lu et commenté les différentes versions du manuscrit ; à Gerry Brace, qui a lancé l'idée d'une éventuelle édition américaine ; à Christiane Nebon, qui a composé et corrigé les textes ; à Gilbert Legay, qui l'a poussé à persévérer ; enfin, aux dirigeants successifs d'Océ France, notamment Michel Vinsonneau et Adrien Gimenez, qui ont permis de réaliser un premier petit tirage du manuscrit.

Achevé d'imprimer en février 1999 par la
Société Nouvelle Firmin-Didot à Mesnil-sur-l'Estrée.
Dépôt légal : avril 1999 - N° d'impression : 46687

*Imprimé en France*